SeaEagle

SeaEagle

【令人不可思議的宋王朝】

一讀就停不下來的大宋史

重文輕武的宋朝，
國力真的有這麼弱嗎？

僅僅一夜，造反點檢就成為天子！
開國天子離奇之死
李元昊標新立異創西夏
大遼的沒落／北宋江山毀於誰手？
智障的度宗／宋詞最多情

劉觀其——著

前言

「春花秋月何時了，往事知多少？小樓昨夜又東風，故國不堪回首月明中。雕欄玉砌應猶在，只是朱顏改。問君能有幾多愁？恰似一江春水向東流。」這首南唐後主李煜的詞——《虞美人》，寫的是亡國之君的無奈與辛酸。然而，幾家歡喜幾家愁，滅南唐卻是北宋皇帝的夙願，終於宋太宗沒有讓**「他人在臥榻之側酣睡」**，進一步統一天下。比較之下，李後主是否顯得懦弱昏庸，安逸享樂？但是對於這位浪漫到生於七夕也死於七夕的「千古詞帝」，何嘗不是「別是一番滋味在心頭」？這不禁讓人感慨，到底怎樣才能稱為好皇帝？甚至聯想到作為一個普通人，面對選擇時是要識時務者為俊傑，還是為留清名在人間？

北宋開國皇帝趙匡胤原為後周的殿前都點檢，而後於陳橋驛發動兵變，成功奪取政權。也許這裡，歷史不談曾經，只是以成敗論英雄，成王敗寇。

都說紅顏禍水，也許後蜀的花蕊夫人就是這樣一位絕世美女。世人皆說因為花蕊夫人，後蜀才會滅亡得如此之快。但是，被擄至宋的花蕊夫人戀戀不忘舊情，又讓人唏噓憐惜。也許，因為愛情，孟昶和花蕊夫人都此生無憾。

然而，紅顏禍水不是女子唯一的稱謂，兩宋戰火之間還有清幽淡然的女詩人李清照。看著這個兵荒馬亂的世界，淒涼愁苦的生活也造就了一首又一首的名詞。「昨夜雨疏風驟，濃睡不消殘酒。試問捲簾人，卻道海棠依舊。知否？知否？應是綠肥紅瘦。」

後人都將岳飛與秦檜相比，就在於他們不同的人生選擇，面對他族來侵，岳飛在背上刻下「精忠報國」，在沙場上為國為民馳騁著，而秦檜卻在思量自己的小惠小利，面對誘惑終於成了辱國之賊。

在歷史的長河中，一個人的選擇與作為都可以交由後人去評說，而一個國家、一個王朝又何嘗不是如此？兩宋雖戰亂不斷，卻是以文治國的。宋太祖一早就收武將之權，崇尚文治，實行中央集權，而且對於大臣是防之又防，可是結果卻不能如願。文治的兩宋一直受辱於少數民族政權，多次低頭簽訂和約，委屈求全。國內政治也是差強人意，不僅官僚機構臃腫，冗官冗兵冗費，而且奸臣一再當道，國運衰敗。當然，會有憂國憂民之君如宋仁宗、宋神宗想要改革，但是結果都未能如願，小人作祟，積重難返，更重要的是，改革並未切中要害，也不切實際。更讓人失望的是一再有荒唐之君，演出些讓人啼笑皆非的鬧劇。不僅有身心俱病的宋英宗，還有縱情於聲色犬馬的宋哲宗，更有喜歡昂貴石頭、愛好文藝的宋徽宗。宋徽宗在國難之際，竟然慌忙之中將皇位傳於太子，這樣的不負責任之舉很難讓人相信是一國之君所為。

沉重多難的兩宋卻也有璀璨的一面。宋代文臣多具文采，先天下之憂而憂的范仲淹，也寫下自己「酒入愁腸，化作相思淚」的羈旅鄉愁。更有「蘇黃米蔡」四大書法家，即蘇軾、黃庭堅、米芾（音浮）、蔡襄。還有畢昇發明了活字印刷術，為出版書籍、傳播文化提供了便利。沈括更是舉一世才華寫出了百科全書《夢溪筆談》。如此，兩宋沉重著，屈辱著，也輝煌著。

目錄

第三章：掃蕩群雄

第四章：內憂外患

第五章：後宮與朝堂之爭

第六章：宋夏逐鹿疆土

第七章：絕地逢生

第八章：江山欲穩還亂

第十一章：大勢將去

第十二章：國破家亡

第十三章：北宋殘餘南遷

第十四章：戰戰和和

第十五章：權臣欲挽狂瀾

第十六章：再次流亡

第十七章：兩宋精神

第一章：天子命中定

五代亂世，一個青年迷茫著，不知路在何方。這個青年正是後來的宋太祖趙匡胤，是什麼改變了這個普通青年的命運呢？是累累戰績，抑或危難時機的聰明才智？無論如何，歷史呈現給我們的是趙匡胤成功地於陳橋驛發動了兵變，開了大宋一朝。

亂世青年闖天下

五代亂世，兵荒馬亂，戰事連連，百姓過著水深火熱的生活。但是再辛苦的生活也不能阻止一個青年憧憬美好的未來。一千多年前，一個俊秀青年望著戰火四起的遠方，想著自己未來的路，期待著，迷茫著。

開封城內，朝陽剛剛升起，一個土坯巷子內，這位年輕人懷著複雜的心情，在家人的目送下，戀戀不捨地離開家，外出謀生。此人正是趙匡胤，未來的大宋開國皇帝，此刻卻覺得未來一片灰色。

趙匡胤的父親趙弘殷曾經是唐時一個國家底層官員，俸祿微薄，勉強可以維持生活。從五代伊始，他處事便是戰戰兢兢，謹慎小心，如履薄冰，在亂世中學得一套獨特的生存法則，在不斷的朝代更迭中，他總是能夠謀得一官半職，儘管稱不上富足，但總可以養家糊口。在這亂世之中，最重要的是活下去。然而，隨著家中人口的增加和孩子的不斷成長，戰亂日益頻繁，經濟日益蕭條，趙家的生活越不如從前。

趙匡胤作為家裡的長子，當時已過弱冠之年，而且娶妻生子，更應該獨立謀生。儘管割捨不下父母妻子，但作為家裡的男人，趙匡胤選擇於亂世闖天下。

俗語說：在家靠父母，在外靠朋友。而幾乎沒有人生經歷的趙匡胤不知何去何從，只能投奔父親趙弘殷的舊友。就這樣趙匡胤南下到了隨州，投奔這裡的刺史董宗本。趙匡胤非常順利地在這裡謀得一份差事，儘管沒有權力與高薪，但是能夠填飽肚子，偶爾給家裡一些貼補。

趙匡胤豪邁不拘小節的性格使得他很快就跟周圍的人打成了一片，領導才能逐漸顯露。趙匡胤的大名不脛而走。有個人開始對趙匡胤看不順眼，此人正是刺史董宗本的兒子董遵海。董遵海是養尊處優的公子哥，極為高傲，走到哪裡都出盡風頭，看到趙匡胤受到大家喜愛，而自己卻為大家甚至自己的父親忽視，心生嫉妒。所以董遵海開始在父親董宗本那裡說趙匡胤壞話。畢竟血濃於水，縱使是兒子董遵海的不是，董宗本也就睜一隻眼閉一隻眼了，給趙匡胤一些盤纏，打發他離開。

趙匡胤因為太優秀而搶了旁人的風頭，在隨州僅僅待了半年就丟掉了生計。但他並未就此失落歸家，而是選擇繼續自己的闖蕩生涯。

離開隨州，趙匡胤又到了復州，這裡的防禦使王彥超是趙弘殷以前的部下。王彥超一聽是趙弘殷的兒子前來投奔，立刻盛情款待。趙匡胤飽餐一頓之後，心想王彥超如此痛快，暗想自己肯定能在這裡謀得一官半職。然而，這位青年高興得太早。第二天，王彥超就派人送來一些盤纏給趙匡胤，後者猶如被一盆冷水潑在頭上，只好垂頭喪氣地離開。

趙匡胤不知要去哪裡，天下之大，不知何處才是安身之地。他想到了家中的親人，可若是就這麼回去了，男子漢大丈夫的臉面何存，自己就要如此平庸下去嗎？

一天，走著走著，趙匡胤累了，看路旁有個破舊的寺廟，走近一看，匾上書曰「清幽觀」，便走進觀裡休息。這個時候，一陣哭泣聲傳來，趙匡胤頓覺蹊蹺，在觀內左找右找，找到一間被鎖住的暗室，原來女子的哭泣聲是從這裡傳出。趙匡胤將女子救出，一問才知這女子名趙京娘，本是開封人氏，跟隨父親出遊遭遇土匪搶劫，被困於此。趙匡胤看此女孤單一人，不忍其一人回家，便與之結為兄妹，千里送其回家，一路上對趙京娘體貼關懷，令趙京娘感激涕零。趙京娘便向其表達了愛慕之心，此時的趙匡胤正處在人生低谷，整日憂心忡忡，哪裡還有心情談情說愛，便婉言拒絕。這便是後來流傳至今的趙匡胤「千里送京娘」的故事。

原本打算不闖出一片天地就不回家的趙匡胤，後來陰差陽錯地還是回到了家中，這一年來家鄉開封發生了太多的事。一度強盛的契丹這時已由於耶律德光暴病身亡而逐漸衰敗，迅速分裂。分裂後的契丹實力大打折扣，已經沒有力量去統治中原地區。

契丹一走，已在太原建立後漢政權的劉知遠一支勢力自然不費吹灰之力就得到中原地區。然而，好景不長，劉知遠登基僅一年有餘就病逝，他的兒子劉承佑繼承他的大業。這年，劉承佑十八歲。

劉氏輕而易舉得天下，自然根基不穩固。對於這個剛剛上任的少年皇帝，部分手握重兵的節度使對其採取漠視的態度。而劉承佑也確實不爭氣，每每上朝時，在金鑾殿上竟然哈欠連天，毫無帝王風度。於是李守貞、趙思綰和王景崇三名節度使趁機舉起了反旗。

叛軍打到家門口的時候，劉承佑驚恐萬分，驚慌失措的他竟然不知道如何是好。臣子們終於認清了主子不爭的現實，為今之計，就是找出個有威望的人來，以其威名領軍抗敵。

面對世事多變的家鄉開封，趙匡胤做出了自己的人生選擇，自此開始了帝王之路。

【知識鏈結】

宋太祖趙匡胤（九二七—九七六），是軍人之後。九四八年，投後漢樞密使郭威幕下，屢立戰功。

九五一年，郭威稱帝，建立後周，趙匡胤任禁軍軍官，周世宗時官至殿前都點檢。九六〇年，他以「鎮定二州」的名義，謊報契丹聯合北漢大舉南侵，領兵出征，發動陳橋兵變，黃袍加身，代周稱帝，建立宋朝，定都開封。在位十六年。在位期間，加強中央集權，收武將之軍權，提倡文治。

郭威露鋒芒

大軍將臨，而後漢少皇帝仍然六神無主，只是驚慌失措，不知如何是好。這叛軍來勢洶洶，大有取而代之之勢，劉承佑不知怎樣應對，派誰應對。其實這個時候有個非常合適的人選，此人便是大將郭威。不過，劉承佑對於這位久經沙場的大將軍又敬又畏，不敢輕易將統領權交給郭威。然而形勢刻不容緩，決定大將之選迫在眉睫。

郭威手握重兵，掌握著後漢的軍政大權，這讓小皇帝感覺如虎在側，寢食難安。生在亂世的劉承佑清楚地知道，誰掌握軍權，誰就掌握了一切。自從登基以來，劉承佑飽受質疑，深受無權之苦，父親留給他的基業，自己卻無法完全掌握在手，完全被架空的滋味不好受。叛臣來犯，機遇與挑戰並存。劉承佑想趁此機會培養出自己的親信，建立自己的威信，到時候能夠大權在握，實現一箭雙雕的結果。所以，他明知道郭威是最佳平叛人選，但還是要捨近求遠，棄之不用。

劉承佑未經深思熟慮，就找了三個無名小卒領兵出征。幾個月下來，連連戰敗。在事實面前，劉承佑不得不放棄自己虛幻的完美計畫，只能起用大將郭威，希望戰勝叛軍。老練的郭威履歷豐富，知道小皇帝不敢重用自己的小心思，但他並無心計較。對於一手打下來的江山，他不會在它危在旦夕之時而袖手旁觀。

郭威領兵出征，畢竟是威高望重，除後漢正規軍之外，更有眾多壯丁來投奔，趙匡胤就是其中的一員。趙匡胤的父親曾經與郭威有過一面之緣，憑著這層關係，趙匡胤在郭威身邊謀得一份親兵的職務，從此趙匡胤開始了自己的戎旅生涯。

話說趙匡胤陰差陽錯地回到開封，羞於一個大男人卻在家裡吃白飯，便想再次外出謀生，但卻不知何去何從，再無親朋好友可投靠，趙匡胤必須從此靠自己。父親趙弘殷便想讓兒子跟隨自己，在自己手下幹點事情。但是年輕氣盛的趙匡胤心比天高，打定主意不再依靠家人救濟，一心想要自己去闖出一片天地。恰在這個時候，郭威領兵出征，趙匡胤便立即前去投奔，於是走入了人生的戰場，而他的命運也從此改變，這是他本人也無法想像的。他以此為契機，竟一發不可收拾，最終登上了權力的最高峰，留名青史。

郭威雖威望有餘，但是對於這次平叛也不是十拿九穩，緣由在於三個叛臣是同時起兵，李守貞據守河中，趙思綰據守永興，王景崇據守鳳翔，而叛臣之一的李守貞也是同郭威齊名的老將，手握重兵不說，郭威所率士卒中眾多都是李守貞的舊部，這樣一來，自己手下的士卒肯定不會輕易對曾經的首領刀戈相向。況且，李守貞平素對士卒甚是慷慨大方，深得軍心，所以他才有恃無恐，公然反叛。若是郭威軍中這些李守貞舊部心緒不穩，念著舊情，在戰場之上倒戈相向，郭軍必然軍心大亂，必敗無疑。郭威輾轉反側，心緒不寧，看來，拉攏軍心是當務之急。這時，郭威想到了五朝元老馮道。

馮道是一個具有傳奇色彩的人物，他一生歷經五朝，並且每朝每代都擔任要職，擔任過中書省長官、宰相、三公、太師等職務。這在常人看來很難以置信，亂世之中，朝代和皇帝輪流轉，唯獨馮道有泰山壓頂而不倒的能耐，是個了不得的人物。更為神奇的是，馮道雖歷經數朝，侍奉數位皇帝，但仍然被列為忠君之行列，這不得不讓人佩服他的個人魅力。

當時，馮道跟郭威同朝為官，關係非同一般，知郭威因出征之事而愁眉不展，便獻上良策。正如司馬遷所說，天下熙熙皆為利來，天下攘攘皆為利往。馮道深知人性的弱點，便提出以利誘為方式收買軍心。郭威接納了馮道的建議，賞賜士卒毫不吝嗇，並且獎勵軍功，定出賞罰分明的政策，允諾立功者酌情授予官職。郭威此舉甚是有效，士氣一下子被鼓舞起來。

郭威一路行軍，趙匡胤跟隨左右，不久就到達了河中。河中城城門緊閉，城下攻城軍將其圍得水泄不通，李守貞被困於城中。李守貞作戰無數，自然是有一些謀略的，他高築城牆，加強防備，攻城軍一時難以攻克城門。郭威也不是容易對付的人，一招不成，再生一計。

李守貞被困於城中，死守無援，糧草更是日益消耗，若再得不到及時供應，就難以維持，所以李守貞必定會出城籌備，這個時候就是一個攻城的大好時機。攻城軍只要守在這裡，耐得住性子，就可以以最少的傷亡獲得最大的勝利，這可真是一個萬全之策。

於是，郭威即刻命人在河中城下紮營築寨，很快地，城南、城西、城東三面就築起連續不間斷的營寨。郭威如此心思，士卒大為不解。李守貞已經是甕中之鱉，諒他插翅也難逃，若是趁此士氣旺盛之際，一鼓作氣，拼盡全力，必定可以將河中一舉拿下。帶著這樣的懷疑，士卒除了焦急的等待，別無他法。

自此，拉鋸戰正式上演了。李守貞多次出城，攻打郭軍營寨，郭威便下令重建，如此三番兩次，郭軍士兵甚是焦慮。但是也不容忽視的是李守貞也受到了重創，每一次出城死傷不說，更是不乏逃跑者。

這日，士卒終於盼來了郭威攻城的命令。因被取勝之心磨得再也耐不住寂寞，郭軍幾乎不費吹灰之力就將已經疲憊不堪的河中城攻下，而且傷亡少之又少。士卒終於明白了郭威的一番苦心，以最小的代價換取最大的勝利，不禁紛紛對郭威表示信服。此後不久，永興趙思綰、鳳翔王景崇也相繼歸降。一代大將郭威再次用智慧謀略讓人敬佩。

【知識鏈結】

郭威（九〇四—九五四），邢州堯山（今邢臺市隆堯縣西）人，後周太祖。年少時孤貧，初為軍吏，後漢時拜為樞密副使，後起兵造反，建立後周。郭威崇尚武力，是五代時期軍人專權的代表人物。

天下改姓郭

平了叛軍，郭威率大軍凱旋，全軍上下沉浸在勝利的喜悅中，士兵們也都對將軍郭威推崇備至。這時，有一個人卻鬱鬱寡歡，焦慮不安，這就是後漢皇帝劉承佑，雖然打敗了叛軍，江山暫保，可是面對全軍和百姓對郭威的崇拜和尊敬，劉承佑生怕有一天會被取而代之，但又無計可施，只能望著歡呼雀躍的大家暗自歎息。

此後不久，劉承佑聽從心腹李業的建議借契丹再犯而調郭威去邊疆，進而試圖重獲民心。郭威一到邊疆，發現受騙，心生憤怒，於是決定領兵造反。聽聞郭威以「清君側」起兵的劉承佑一時氣火攻心，一怒之下將郭威家眷全部誅殺。郭威痛苦之中喪失了理智，便下達了一道命令，這道命令成為他一生中的汙點——只要攻入開封城，便可以隨意搶掠十天。大軍進入開封城，開封禁衛軍聽聞郭威之名紛紛倒戈，劉承佑看大勢已去，便準備逃跑，後來被郭威的部將殺死。隨後，郭軍便在開封城內一番搶掠，開封城市民死傷無數，郭威看燒殺搶掠一發不可收拾，立刻下令停止。國家沒有了君主，只餘太后垂簾聽政，郭威自立為監國，掌握了後漢的軍政大權。他雖無皇帝之名，但有皇帝之實。但是，國不可一日無君，第二年，郭威便正式登基稱帝，改國號為周，史稱後周。

歷朝歷代凡是開國皇帝登基伊始都免不了要論功行賞，以籠絡人心，郭威當然也是如此。郭威論功行賞，不論功勞大小，毫無遺漏。一片歡聲笑語，相賀之聲不絕於耳，郭威透過此舉大獲人心，於君於臣，皆大歡喜。正當舉國同慶之時，沒有人注意到一個小小的禁軍士卒正在唉聲歎氣，此人便是趙匡胤。不過，趙匡胤所作所為郭威早已經看在眼裡，記在心裡，沒過幾天，便把他升職為禁軍東西班行首。可是這個職位卻讓趙匡胤更加抑鬱。原來，這個職務的根本任務在於保衛皇宮的安全，趙匡胤很可能再無晉升的機會。俗語說寧做雞頭，不做鳳尾，趙匡胤要找個能讓自己大展身手的地方。打定主意的趙匡胤開始另覓賢主，最終挑中了郭威的義子柴榮。西元九五四年，郭威病死，義子柴榮即位，是為周世宗。

柴榮即位之時，北漢國主劉崇認為後周朝局不穩，決定舉兵侵犯中原。柴榮不顧眾大臣的反對，決定親征。同時柴榮與眾臣商量一統大計，根據王樸的建議，柴榮最終確立了他的戰略方向，即由南至北，一舉完成統一天下的霸業。

後周顯德二年十一月，柴榮命後周大將李谷統領大軍開始進攻南唐。後周軍隊勢如破竹，一路佔領了來遠、山口、上窯等地之後來到了淮河重鎮——壽州的城下。壽州是南唐的重要防線，只有拿下了它，攻打南唐才能有希望。但在後周強兵進攻了一個月之後，壽州城竟然奇蹟般地還留在南唐人手中。柴榮決定一面強攻，一面派人在壽州城外四處出擊，削減南唐的兵力。接受這個任務的正是當時血氣方剛又有勇有謀的趙匡胤。趙匡胤帶著柴榮給他的五千人馬，立即開往壽州城北面的塗山附近去攻打駐紮在那裡的南唐部隊。因為南唐的輕敵，趙匡胤憑藉區區五千兵力一舉將城北的南唐部隊殲滅，並斬獲了南唐兵馬都監何錫，在他第一次單獨領軍中充分展現了自己的勇氣和軍事才能。

完成任務後的趙匡胤讓後周軍中所有人都刮目相看。柴榮大喜過望，隨後又派他帶兵攻佔東邊的滁州。滁州是南唐都城金陵的西北門戶，是個極其險要之地。

趙匡胤依舊帶了五千人馬開到了清流關。第二天清晨，後周部隊就從後方殺向了清流關，南唐部隊被打個措手不及，連忙向滁州城撤退。然而退守到滁州城的南唐部隊還是沒能抵擋住趙匡胤的進攻，皇甫暉大敗，後周以迅雷不及掩耳之勢佔領滁州，柴榮下令趙匡胤駐守滁州。

正當一切即將步入正軌的時候，前方的戰況卻發生了急遽的變化。原來南唐因為談判不成，已經派了李景達率大軍收復了泰州和揚州。柴榮命趙匡胤帶兩千精兵火速趕去揚州，趙匡胤一路率軍急行，終於趕到了後周部隊撤退的必經之路——六合，命韓令坤立刻反攻，有敢退至六合者，即斷其足。而南唐部隊在李景達的率領之下在打敗韓令坤後直接繞道撲向了主戰場壽州。在他前往壽州的路上，迎接他的就是等待在六合的趙匡胤。

趙匡胤以兩千部隊對抗李景達兩萬精兵，面對如此危急的狀況，趙匡胤集中所有兵力拖住了南唐部隊。四天之後，雙方進行了決鬥，後周部隊在趙匡胤的帶領下背水一戰，打敗李景達部，南唐兩萬精兵只生還三千餘人。

四五月時正是南方的雨季，淮河與長江的水位頓時升高了不少，南唐的水軍開始發揮作用了，而面對水戰，後周軍隊一籌莫展。時局如此，柴榮只得率部北歸，他下令都虞侯趙匡胤隨他一同回國，而留下李重進掌管江北的事務。至此，後周結束了第一次的南唐之征。

柴榮因趙匡胤在南征的時候屢立戰功，封他為匡國軍節度使，拜殿前都指揮使。趙匡胤的命運從此發生轉折，將要開啟他一段嶄新的人生旅程。

【知識鏈結】

柴榮（九二一—九五九）是五代時期後周皇帝，九五四年至九五九年在位，出生於望族，年輕時曾隨商人頡跌氏在江陵販茶。史載其「器貌英奇，善騎射，略通書史黃老，性沉重寡言」。他是周太祖郭威的養子（柴榮本身是郭威的內侄），繼承皇位後，勵精圖治，銳意改革，南征北戰，揭開了結束分裂，統一天下的序幕。

借奇異天象而兵變

第一次南征後，後周於西元九五七年又進行了兩次南征，攻佔了壽州、濠州、楚州等戰略要地，但由於虎視眈眈的契丹的威脅而暫留南唐苟延殘喘。在與契丹的戰爭中，柴榮率軍親征，卻由於重病而歸開封。顯德六年（九五九），後周世宗柴榮駕崩，留下他的孤兒寡母和後周這個龐大的帝國。重病中的柴榮早已憂慮如何將江山託付給年僅七歲的幼子，做出種種安排。但是亂世江山難保，最終趙匡胤用一場陳橋驛兵變而奪取了天下。

柴榮死前封年輕有為的趙匡胤為殿前都點檢。此時，從北方邊疆的鎮州、定州傳來急報，北漢和契丹趁著後周新皇登基，皇帝年幼，國家還未穩定下來的空檔，竟然聯合起來向後周的邊境進犯。刻不容緩，第二天，也就是後周顯德七年正月初二，殿前都指揮使趙匡胤就率領後周大軍出征北上。為了防止大臣們懷疑自己叛變，趙匡胤還故意將另一大將韓通手下的大半兵力都調過來隨他北上出征，而將自己的親信主力留下來鎮守京師。但實際上，那些留在京城的殿前司人員——趙匡胤的親信，都是他日後起兵留在京城的內應。

後周顯德七年正月初三，大軍如期抵達了距離開封城四十里地的陳橋驛。此時天色已晚，天上也開始下起了小雪，趙匡胤抬頭看了看天空，停馬下令三軍在陳橋驛安營紮寨，養足精神，明日再行。安頓完畢之後，軍校河中苗訓悄悄對趙匡胤的親信楚昭輔說：「末將頗懂天數，我前日觀天，見日下復有一日，且黑光摩蕩者久之。兩個太陽正在搏鬥，猶如當今兩虎相爭，這是天命所歸！」楚昭輔不明其意，苗訓又對他說道：「天象如此，還有什麼不明白的。你和點檢如此親近，我不妨就對你實話實說。那先沒的日光，代表的是大周，而那後起的，便是太尉大人了。」楚昭輔大驚失色，又問道：「這天象何時會應驗呢？」苗訓答曰：「天象已經出現，應驗就在眼前了。」

苗訓和楚昭輔的此番談話在軍中迅速流傳開來，眾軍士聽聞都對此議論紛紛。不少人都認為，如今先皇已去，當今皇上如此年幼，又不懂政務，如今大軍出征，他們在戰場上奮力殺敵，出生入死，功勞卻不為人知。現在都點檢為人仁德又立有奇功，豈不是現成的天子嗎？天命所歸，不如先擁立都點檢為天子，再圖北進。

這樣的議論正合趙匡胤的心意，這也是古代非常常見的改朝換代之前先製造輿論的做法。為了即將發生的兵變，趙匡胤先暗中將自己的親信郭廷斌調回京城，和石守信、王審琦二人充當內應。以便在他率軍回城時給他打開城門。這一夜，趙匡胤喝得酩酊大醉，很快他就上床休息了，他睡得很沉，等他醒來，一場大戲就要上演。

第二日凌晨，趙匡胤還在沉睡之中，而一夜未眠的眾將士皆手握兵器圍在趙匡胤帳前，更有些將士準備進入帳內。一時之間呼聲四起，眾將士皆高聲喊道：「諸軍無主，願奉太尉為天子。」事情發展到了這個地步似乎就要結束了，接下來要做的就是大軍返回京師，逼柴宗訓退位，天下就是趙家的了。但此時，一個人卻從背後站了出來。

這個人便是趙普——趙匡胤的第一謀士，也是後來被趙家認為「同宗」之人。面對眾將士，趙普嚴肅地對他們說道：「太尉大人對當今皇上對大周忠心耿耿，天地可鑒，絕不會允許你們幹出如此大逆不道的事情！」趙普非常聰明，他深知趙匡胤代周建宋需要一個相對合理的理由，倘若一著不慎，就會背上亂臣賊子的「篡位」之名，對誰都不好交代。

於是他欲擒故縱，故意對意圖叛變的眾將士說了上述的話，這樣一來，趙匡胤就會是在眾人的「脅迫」之下，眾望所歸地登上帝位。被趙普呵斥的軍士們回到營帳後百思不得其解，但事情已經發展到了這個地步，如果不進行下去，他們都會以「忤逆」之罪被判處死刑。

果然，不久之後，這些人又回到了趙匡胤的帳前，堅持要擁立都點檢為帝。由於最終要的效果還沒有達到，趙普又「勸」他們道：「冊立之事，非同小可，不可輕舉妄動。如今北漢和契丹來犯，國家正處在危難之中，不如等到北征之後再做打算。想必太尉大人也是此意。」

眾人聽趙普之言，紛紛大怒，情況危急，現在不立都點檢為帝，性命就將不保了。於是他們言辭懇切地對趙普說：「當今皇上年幼無知，我們出征打仗，為國流血效忠，又有何人知道。不如先立點檢為天子，再圖北征吧！」這時趙匡義也站了出來，他義正詞嚴地對眾將士說道：「興王異姓，雖然是天命所歸，但也是人心所向。你們一定要管好自己的軍士，進城之後不要燒殺搶掠。只有開封府內人心安定，大事才可成，到時候天下易主後大家就可以共用富貴了。」

趙匡義這一番言語之後，趙普估計輿論鋪墊成熟，心內暗喜，立刻到帳內將沉睡之中的趙匡胤叫醒。此時的趙匡胤睡眼朦朧，走到帳外，眾將士立刻將一件黃袍披在了趙匡胤身上。眾人跪倒在地，高呼萬歲。趙匡胤象徵性地推辭了一下，便答應了眾將士的請求。事實上，這正是他所希望的。至此，這便是歷史上著名的「陳橋兵變，黃袍加身」。

【知識鏈結】

殿前都點檢：殿前軍由世宗創立，經過挑選，戰鬥力較強，地位在侍衛親軍之上。都點檢一職位高權重，世宗任命張永德（後周太祖郭威女婿）充當。顯德六年（九五九），世宗親自統兵北伐，中途病危，懷疑張永德，解除了他的兵權，命趙匡胤為殿前都點檢。次年，趙匡胤正是憑藉殿前都點檢一職發動兵變，代周稱帝，建立了宋朝。

點檢變天子

陳橋兵變之後，趙匡胤順利利用自己的智謀奪得軍心和王權。然而，回到開封都城，怎樣讓天下百姓和文武百官朝服自己，這仍然是個不容小覷的問題。

為了先讓開封城內穩定下來，以免大軍進入時帶來不必要的麻煩，趙匡胤派出了客省使潘美前去開封告知范質、韓通等人。潘美領命之後火速朝開封城趕去，到達開封之後，潘美不辱使命，他順利進入了皇宮，站在朝堂之上宣布了陳橋驛兵變，天下已然易主的消息。

同時，趙匡胤的大軍也浩浩蕩蕩地來到了陳橋驛方向的陳橋門，準備從這裡進入城內，完成大業。開封就在眼前，皇位就在眼前。然而讓興致勃勃的趙匡胤無奈的是，守城的將士堅持不給趙匡胤開門。此時的趙匡胤怒火中燒，慌亂之下的趙匡胤只得望向他的軍師趙普，趙普此時很平靜，提出了一個讓人忍俊不禁又非常行之有效的辦法。條條大路通羅馬，在趙普的建議之下，趙匡胤放棄了陳橋門，選擇從其他的城門入城。

本來應該北上抗敵護國的軍隊此時卻發生了兵變，消息從陳橋驛傳來，滿朝譁然，大臣們面面相覷，不知所措。當時宰相范質、王溥等人後悔不迭，當初悔不該不經深思熟慮就讓狼子野心的趙匡胤領軍出兵。

如今風雲變幻，想要靠朝堂上那些只會侃侃而談的大臣來力挽狂瀾是根本沒有任何希望的。或許韓通是當時剩下的唯一對柴榮忠心不二之人，為了他當年對柴榮的承諾，為了後周世世代代在柴家手中延續，明知手中的兵力根本不足以抵抗趙匡胤，他還是決定試一試。韓通試圖以趙匡胤家人為人質以此要脅他，但沒想到趙匡胤早先他一步將家人接走。待韓通馬不停蹄地向趙匡胤家趕去之時，趙匡胤的部將王彥升早早地就等在那裡，韓通一到，王彥升就毫不留情地將其斬殺。為了免除後患，韓通的妻子、兒女等眾多親人都沒能倖免。

事情發展得很順利，還沒有等開封府的官員和百姓反應過來，趙匡胤的大軍已經衝進了皇宮，衝上了朝堂。身披黃袍的趙匡胤在眾將領的簇擁下登上了明德門，這天下，轉眼就是趙家的了。站在城門之上的趙匡胤浮想聯翩，激動不已，經過重重阻難，他終於以勝利者的姿態回到了這個他成長的地方。

舉朝大亂之後，宰相王溥、范質等人無奈之下，只得在將士的逼迫下來到都點檢衙門面見趙匡胤。見到范質等人後，趙匡胤「淚流滿面」地對他們說：「我受先皇厚恩，本應該感恩圖報。如今出此下策，實在是為手下人所逼迫，我自己也是身不由己。大人們看現在該如何是好？」還未等范質等人回答，眾將士以散指揮都虞侯羅彥環為首，已經持刀上前。他們惡狠狠地對宰相等人說道：「如今我輩無主，今日必須立點檢為天子。」

范質等人即便胸有正氣，也只是一群文弱書生，連大將韓通此時都做了刀下鬼，面對冷冰冰的兵器和這樣的情況，他們皆知已經無力回天，為了留住性命他們只能拜趙匡胤為天子。史載最先屈服的是宰相王溥，隨後倔強的范質也不得已地朝趙匡胤拜了下去。

收復了范質等官員之後，事情可以說是成功了一大半。趙匡胤重新穿上了黃袍，走出了後周的殿前司官署，馬不停蹄地向皇宮趕去。在他要做皇帝之前還需要解決一個人，那就是周恭帝——柴宗訓。

出人意料的是，等到趙匡胤趕到皇宮之時，沒有見到他想見的人，柴宗訓和太后早已離開皇宮了。其實，在趙匡胤的大軍進入開封城時，驚恐萬狀的柴宗訓就由符太后帶出了皇宮，住進了天清寺。

當時的太后是柴榮的第二位皇后，也是大將符彥卿的女兒，被稱為小符皇后。符彥卿有三個女兒，其中兩個都嫁給了世宗柴榮，最後一個是趙匡胤的兒媳婦。這位小符皇后在嫁給柴榮之前是後漢李崇訓的妻子，也就是當時的朝廷重臣李守貞的兒媳婦。李守貞後來全家為郭威所滅，只有小符皇后一人倖免於難。

當趙匡胤領兵進城時，小符皇后真的不知該如何是好，現在的她沒有丈夫沒有任何依靠，可以說是一無所有。所謂「識時務者為俊傑」，為了留住後周的一線命脈，這位有勇有謀的皇后在大軍進城之時就帶著小皇帝柴宗訓離開了權力中心——皇宮，脫下了黃袍，住進了佛寺。這樣的舉動很明顯是一種政治避難，等於說是柴家放下了權力，向趙匡胤屈服，只為了能求留得柴家後代的性命。

雖然柴宗訓答應禪讓，但此時讓人為難的是，禪位詔書沒有準備好。正當趙匡胤和趙普等人驚慌失措，不知該如何是好的時候。翰林學士陶穀緩緩站了出來，從袖子裡拿出了早就準備好的柴宗訓的禪讓詔書，並當堂宣讀了它。

於是，趙匡胤穿上龍袍，登上大殿，開始接受眾臣的朝賀，是為太祖皇帝。因他所領的歸德軍在宋州，所以定國號為「宋」，改元建隆，定都開封。登基之後，趙匡胤下旨封後周廢帝柴宗訓為鄭王，皇太后符氏為周太后，從此遷居西京，再也不得干涉朝政，並規定從此，柴家的世世代代都受趙宋子孫的庇佑，不得對他們有任何傷害。

風雲變幻，就這樣，趙匡胤廢後周建大宋，自立為帝，一個嶄新的王朝——北宋開始了它漫長的歷史征程。

【知識鏈結】

宣慈符皇后（九三二—九九三），又稱小符皇后，是周世宗柴榮的第二任皇后，節度使、魏王符彥卿之女，宣懿大符皇后的妹妹。顯德六年（九五九），大符皇后病逝以後，世宗後來立皇后的妹妹為符氏。不久之後，柴榮病逝，其子柴宗訓即位。因小皇帝僅七歲，便由符太后臨朝聽政。顯德七年（九六〇），殿前都點檢趙匡胤發動陳橋兵變，廢黜柴宗訓，自立為帝，建立宋朝。符太后還西宮，號周太后。柴宗訓死後她出家修道，號玉清仙師。

第二章：帝王佐難坐

當上了皇帝的趙匡胤並非如常人所想過上優越而無憂無慮的生活，他反而寢食難安。原來透過非正常手段奪取江山的趙匡胤也怕有一天會有後周末帝一樣的境遇。輾轉反側，趙匡胤終於心生一計，召集眾大將，於是上演了杯酒釋兵權這歷史一幕。然而，對於小心謹慎的趙匡胤來說，這還遠遠不夠，他還要更為縝密地掌握一切大權，他又採取了什麼行動呢？

醉翁之意不在酒

趙匡胤在順利做了皇帝後，其實並非自此後顧無憂。建隆元年（九六〇）四月，趙匡胤建立宋朝剛剛一百多天，原後周昭義節度使李筠正式造反。趙匡胤御駕親征，最終順利平叛。而後，又解除心中大患李重進。然而，在謹慎小心又多慮的趙匡胤看來危險並未解除，朝中武將掌握軍權仍為其心中之憂。

這時，機敏的近臣發現了這一點，想幫趙匡胤排憂解難。趙普這人讀書不多，卻足智多謀，當上宰相之後，更是奮發圖強。到晚年仍手不釋卷，學識才智都大為長進，處理朝政事務「處決如流」，家人曾發現他的藏書只有一部論語，至此民間開始流傳「半部《論語》治天下」的佳話。在平定李筠之後，趙普擢升為樞密副使，名正言順地接管了全國的軍政要事。

趙普給趙匡胤指出一條路：削弱兵權、制約錢穀、收斂精兵、消除所有人的妄想，天下自當太平。這其實就是強幹弱枝。聽了趙普的話趙匡胤恍然大悟，在幾十天之後，他開始實踐這一套政策。他清楚地知道，趙普的方案能夠在短時間內對存在了幾十年的藩鎮割據、君弱臣強的局面一掃而淨，但是長遠來看呢？也許，趙匡胤早就明白，削弱兵權，收糧穀，斂精兵能夠強君權，防止內亂，但是最後也會把國家的活力和民族精神都壓抑到滅亡。但選擇強大的藩鎮，雖然可以保有國家的強盛，最後也可能使國家毀於內亂。出身武將的趙匡胤選擇了前者，他太需要一個穩定的君權來消滅內心深處的不安。

九六一年，趙匡胤開始自己的集權計畫。三月，宋朝最強的軍事人物慕容延釗和韓令坤一道進京，趙匡胤給了他們一個驚喜：他罷免了慕容延釗禁軍殿前都點檢一職，命他出任山南東道節度使，同時罷免韓令坤禁軍侍衛司司馬步軍都指揮使，命他出任成德節度使。韓令坤的職位由石守信擔任，至於慕容延釗的官位則再無他人了。石守信在升官一百多天之後，也被罷免。他們或許都該慶幸，自己還活著。

此時，趙匡胤也遭受了人生的一大低谷。他貴為天子，也是公認的孝子，這時他的母親杜太后生病去世了。杜太后的死讓他傷心欲絕，但這絕不是他一個人的不幸，在這位宋史中只有很少文字記載的老婦人去世之後，北宋兩件最大的疑案——「金匱之盟、燭光斧影」中的前者，就此發生。

在西元九六一年，還發生了一件大事，南唐皇帝李璟去世。李璟在治國治軍方面沒有聽取父親的臨終建議，至他死之時，國土已經喪失了一半，四鄰交惡，民不聊生，保他江山的長江也差點成為他落入大宋之手的理由。當年七月二十九日，太子李從嘉在金陵登基，成為第三代南唐國主，改名李煜。

七月註定是個動盪的年月，在長江以南的第一大國南唐新主登基，在江北的大宋發生了震動全國的政令改革。都城禁軍裡的高級將領們一夜之間都被革去官職，這些將領包括石守信、高懷德、王審奇、張令鋒、趙彥徽等人，一個個都是威震四方忠心耿耿的開國將領，旦夕之間，兵權盡解。按照常理一定是經歷了血雨腥風過程，但是事實上卻是如春風化雨，沒染上半點血腥。帝王如釋重負，將領們也拱手相慶。

史書記載，西元九六一年七月的某個夜晚，趙匡胤邀請親信到內宮喝酒，他說自己當皇帝之後非常不快樂，眾人忙追問原因，趙匡胤說了一句：「居此位者，誰不欲為之？」之後所有人伏地請罪，趙匡胤則「釋去兵權，出使大藩」為由，賜予他們田產和金錢。一干將領第二天便紛紛稱疾請罷，趙匡胤遵守諾言「日飲酒而歡，以終其天年」，給了他們新的分封：石守信為天平節度使，高懷德為歸德節度使，王審奇為忠正節度使，張令鐸為鎮寧節度使，石守信本人保留了侍衛司馬步軍都指揮使的虛銜，其他人的禁軍官職一併罷免。雖然都封了新的官位，但所有人都知道，「兵權不在也」。這就是千古流傳的「杯酒釋兵權」。開國皇帝趙匡胤在談笑間收掉了幾乎所有肱股將士的兵權，將軍事力量牢牢控制在自己手中，卻並未像劉邦、朱元璋等人那樣在天下一統後大開殺戒，而是放了大將們一條生路。

自此，宋朝確立了文人治軍的制度，徹底消滅了藩鎮割據的可能性，也使得宋朝的中央集權制大大加強了，為經濟文化的高度發展都創造了良好的條件，但是過分強化中央權力造成了冗官冗兵冗費，宋朝也因此漸漸走上了積貧積弱的滅亡之路。

【知識鏈結】

趙普（九二二—九九二），字則平，北宋初年宰相。出生於幽州薊縣（今北京），雖足智多謀卻不好讀書，趙匡胤曾勸說其要多讀書，於是開始研讀《論語》，有「半部論語治天下」之說。趙普給趙匡胤提供了許多錦囊妙計，幫助其鞏固一統江山。

酒杯再次端起

在宋代之前，丞相凡是上朝，皇帝必須在左邊的台階下面，文臣首位的地方擺放一把椅子，丞相落座之後再議事。如果需要丞相發言，他才會站起來，而且整個朝會期間，皇帝還要給丞相賜茶，讓他一邊討論政事，一邊喝茶。經過非正常手段奪取皇位的趙匡胤會延續這個傳統嗎？實際上，按照這種慣例，趙匡胤的大殿上也有一把丞相的椅子，但是不像以前，每個丞相都有椅子，他只給歲數最大，資格最老的范質準備了椅子。

陳橋驛兵變之後，趙匡胤僭越了臣子之禮，在眾位將軍的簇擁之下，半推半就地做了皇帝。依照前朝的慣例，為了穩定人心，表現自己的大度和寬容，他依然起用了前朝重臣范質、王溥和魏任甫為丞相，用來維繫整個國家的穩定，同時不至於讓整個政治體制因為皇帝的突然更換而出現癱瘓。但是由於這三位老臣畢竟是前朝元老，在趙匡胤面前會不經意地提到舊主周世宗，這讓趙匡胤十分不滿，他決定要滅滅他們的氣焰。

某天早朝的時候，范質朝拜完之後，按例坐在了大殿台階下唯一的椅子上，他聽著朝堂上的議論，偶爾喝口茶水，但是不多說話。宋朝的朝廷相對其他朝代來說，很民主。在早朝的時候，每個官員都可以隨意地發表自己的意見，爭論甚至爭吵都是很正常的，只要不是直接攻擊皇帝，都可以繼續討論，而趙匡胤則是樹立這些朝廷議事模式的典範。

當時的范質還像往常一樣端坐在自己的丞相交椅上品茶，而趙匡胤掃視著悠閒的丞相。趙匡胤突然咳嗽了一聲，整個殿堂之上，頓時鴉雀無聲。然後趙匡胤問：「范丞相，你的看法呢？」范質趕緊從椅子上站了起來，走到趙匡胤跟前，開始陳述自己的答案，趙匡胤聽完了范質的回答之後，沒有發表任何言論，就讓他歸位了。

范質謝恩以後，倒退回原來的位置，打算坐下的時候，發現椅子被撤掉了，此時他已經做出了坐下的姿勢，眼看著就要摔倒在朝堂之上，幸虧旁邊的王溥扶了他一把，他才勉強沒有摔倒。經歷過大風大浪的丞相不急不躁，他沒有趙匡胤預想中的暴跳如雷，而是平靜地站在了原來放椅子的位置。

范質心裡很清楚，皇帝趁著自己回話的工夫撤掉椅子，不是一個兒戲，而是一種態度，這就是要剝奪朝堂上丞相的特權。范質再也不能坐在椅子上看群臣議論政事了。這實際上是趙匡胤深謀遠慮之後表現出來的溫和手段，這個手段背後掩藏的實際用心讓范質心驚膽戰。

除了剝奪相權，趙匡胤再次端起了酒杯。當初他目送開國的將軍和元帥們遠去，即使是慕容延釗也被剝奪了和他戰功匹配的榮耀。而石守信接任要職的時候，絕對沒有想到，自己有一天也會再次被皇帝請上酒席，上演一幕小型鬧劇。如今正值用兵之際，江山還沒有穩固，四鄰還沒有完全臣服，潘美征戰南漢的腳步還沒有終止，那些馳騁沙場的大將，戰功赫赫，雖然不及慕容延釗一般留下史詩一樣的神話，但也是大宋戰場上的驍勇戰將。但是，沒有人能理解帝王的心，也沒有人明白帝王心中深深的不安。在戰亂四起的今日，在北漢未平，南唐依然沉睡在眼前的當下，趙匡胤又開了一場酒宴。

他又一次上演了一幕杯酒釋兵權的故事。此次的主要角色是天雄軍節度使符彥卿，天平軍節度使石守信，歸德軍節度使高懷德等十二人。與上次相比，這次多是節度使，而且戰功沒有前次的主角那麼卓越，但是在大宋立穩根基和開疆拓土的行程中卻也是立下了汗馬功勞的。當這些將軍們正雄心勃勃地希望自己為帝王盡力馳騁沙場，贏取生前身後功名的時候，帝王的邀請函就已經到了眼前。

心虛的是符彥卿，他就是當年那位在趙匡胤浪跡天涯的時候，將趙匡胤拒之門外的人，他一直因此事而擔驚受怕，趙匡胤的一串笑聲就揭穿了他的困擾。趙匡胤在一次酒酣耳熱的時候，當眾問符彥卿，為什麼拒絕他，符彥卿說出了藏在自己心中好多年的應答——一勺淺水豈能容納神龍。趙匡胤沒有再追究，但符彥卿的心中，這事依然是一個不可觸碰的禁忌。

於是，眾將軍紛紛表示自己已經辛勞多年，疾患纏身，需要解甲歸田，重回故土。和九年前一模一樣的情景，他們淒涼的歌聲傳遍了京城，也就此作別趙匡胤，斷送了自己的將軍夢。

無論是撤座，還是再次上演美酒與兵權的故事，趙匡胤無非都是在不斷加強中央集權制，他不斷地把所有的權力都集中在自己一個人的手中，甚至正常的征戰將軍手中都不能有他認為過多的兵權，以免讓發生在自己身上的事情再次上演，悍將奪主的事情他絕對不允許再發生第二次。

自此，不知這位大宋天子是否能從此睡個安穩覺？

【知識鏈結】

范質（九一一—九六四），字文素，賀營鄉范家營人。自幼好學，又十分聰穎，博學多聞。後唐長興四年進士，官至戶部侍郎。後周太祖郭威自鄴起兵入京，起用范質為兵部侍郎，樞密副使。范質還上書重修法令，編定後周的《顯德刑律統類》。北宋時范質又為趙匡胤所用，任宰相，制定了宋代的禮儀制度。

費盡心思為分權

趙匡胤收了武將兵權、打擊了丞相後，逐漸掌握一切大權。然而這位謹慎的平民天子還覺得不夠，又建立起一整套嚴謹的官僚制度，官官相治。

宋朝的權力機構分為中央和地方兩部分，中央又分為三省、六部、二十四司。三省為中書省、樞密院、三司。六部為吏、戶、禮、兵、刑、工。二十四司是把六部每部下分為四個部門。

地方政府分為三級：路、州（府、軍、監）、縣，趙匡胤時期，路也叫做「道」。全國分為十三道，道級單位中又有漕司、憲司、倉司、帥司。其他的府、州、軍、監、縣也有各自的正副之稱，級別清楚。

這其中的大部分設置都和唐代的相似，但也有不同的地方。首先是三省，在唐以前，只有丞相沒有三省，丞相能夠統管權、財、兵。三省中，中書省是最高行政機構，相當於今天的行政院，樞密院是最高軍事機構，三司是最高財政機構。趙匡胤接納了趙普的觀點，對付天下藩鎮，防止藩鎮割據謀反獨立，主張「削奪其權，制其錢穀，收其精兵」，而趙匡胤現在也拿這套思路對付宰相──趙普。趙匡胤先把宰相的兵權、財權、政權分去，然後再往下層層分割，所有部門的官員配置都依此進行。於是，中央的權力就分散到了各個職位上，自此再沒有權傾天下的宰相。

分權思想繼續貫徹著，到了地方政府，「道」的主管是轉運使，主要用來負責財務運轉。開始是用他來收奪藩鎮錢穀，時間久了之後，他也被懷疑了，因為他確實行使著唐朝藩鎮的權力。於是，趙匡胤就在轉運使下又設了漕司、憲司、倉司、帥司，再往下的府、州、縣都派了通判，名義上的副手，實際上是監郡。

即便分權到了這個地步，趙匡胤還不放心。職能部門的制度都設置妥當，但是如何監督官員行使這些權力呢？趙匡胤設計了官、職、差三分離。官位僅代表級別，職位代表榮譽頭銜，而差則代表只是臨時差遣。此之外，還有考核國家官員的審官院和考課院。審官院主要考察在京為官人員，而考課院主要考察地方官員和幕職，也就是地方官員。這種考核成為磨勘，一年一考，三考為一任。此考察，不考核政績，只考核有沒有犯錯，只要沒錯，一般都會升遷。

趙匡胤獨具匠心的設計，影響了後面許多朝代。他還設立了御史台，也就是言官，唐朝的言官是直接對著皇上說話，給皇上挑錯的，而宋朝的言官則要背對皇上，面對同僚，並且還有各種硬性規定。「月課」，百天之內沒有彈劾任何人，或者罷免或者降職，或者受罰，總之，不能當好好先生；「辱台錢」，只要敢於奏請彈劾，無論是否屬實，一律有賞。宋朝的官員那麼敢說話，也是因為有了這樣的激勵機制。

經過趙匡胤的深思熟慮，國家權力機構體系已經初見雛形，剩下的就是要知人善用了，而這點要比設置繁雜的職能部門體系困難得多。

宋朝的科舉考試只有兩級，第一級要通過各州的資格性考試，然後到京城禮部報到，進行省試。開寶六年，趙匡胤增加了殿試。從此歷朝歷代的最高級別科舉考試都是殿試，只要殿試成功，就能直接封官受祿，自稱天子門生，不必稱考官做老師。

趙匡胤給科舉制定的新規定在大宋國土上刮起了一陣讀書風，人們紛紛認為書中自有黃金屋，書中自有千鍾粟，書中自有顏如玉。一個人能改變一個王朝的走向，一個王朝會影響一個民族的心理，趙匡胤顯然做到了這一點。

如此繁複的官員體系，流動性如此強的官職制度，就是為了讓所有的官員都不可能長久維護自己的人脈，官官相護。各級官員在某個地區任職都會有期限，不給他們勾結地方勢力的機會。沒有哪個官員能夠終身守職，一旦犯錯，就會立刻下馬。這也造就了一批混吃皇糧的官員。

科舉制度在宋朝有了長足的發展。首先，要從參與考試的人員結構來說。趙匡胤希望天下所有和他一樣才智過人，和他一樣出身貧寒的人都能夠有機會平步青雲。他的個人心願得到滿足的同時，也給了廣大平民一個最大的公平競爭的平台，這次不是唐朝時候那個名義上的公平，而是真正的公平競爭。

趙匡胤加了殿試，讓所有參加殿試的考生，一旦金榜題名都可以自稱是天子門生，立刻加官晉爵，不必再成為主考官的門生。這有效地防止了政治體系中的新鮮血液被黨羽之爭所汙染，也能夠讓這些新人以最快的速度施展才華，有效地防止了官員結黨舞弊，也為皇帝直接培養人才提供了便捷的途徑。

但是，誰都不曾料到，就是這個皇帝的不安全感塑造的一個權力分配和人才選拔任用的完整體系，整整影響了中國一千多年，現在它的影響也仍然在繼續著。

【知識鏈結】

殿試為科舉考試中的最後一道程式。皇帝親臨殿廷，發策會試中選的貢士，稱殿試，也叫「廷試」、「廷對」。殿試源於西漢，武則天時為了尊君權，於天授二年殿前親策舉人，但尚未成定制。直到宋開寶八年，宋太祖於講武殿策試貢院合格舉人，並須定名次，殿試始為常制。

欲加之罪，何患無辭？

西元九七一年大將潘美奉趙匡胤之命平定南漢之後，眾人都以為趙匡胤的下一個目標就是南唐了。但是這時趙匡胤有更重要的事要做，於是宋軍沒有順風而下，而是接受恐慌的李煜的降和，一直持續了三年。在這位大宋開國之帝心中，什麼事比完成統一大業更重要呢？難道是國內又有風起雲湧？還是北方的契丹不斷侵擾？抑或是他突發重疾？都沒有。

這時，他開創了中國的殿試，就在他的講武殿上，把皇帝的面試當成了終極面試，天子門生的說法也從此開始。而對待附近的國家，他也沒有過多的動作，除了給南唐的君臣下了小小的絆子之外，值得一提的就是和契丹正式互通貿易。至於宋朝的政治體系，也因為更換宰相而重新洗牌，加封了趙光義為開封府尹外加晉王，就是這些煩瑣的事情拖住了趙匡胤和宋朝整整三年。

趙普在人們的心中一直是一個正直的丞相，他志存高遠，深謀遠慮，任何時刻都和趙匡胤配合得天衣無縫。生性謹慎的皇帝，對這位輔佐自己登上帝位的大臣有特殊的依賴，即使他犯了錯，趙匡胤也是睜一隻眼，閉一隻眼。

第一次是西元九七一年，南漢還未收入北宋，三司使趙玭告發趙普，說他違反國家法令，販運木料，趙匡胤大怒，直接質問宰相王浦，趙普應當定什麼罪。王浦卻笑著回答說趙玭誣陷宰相。最終，趙玭被下放汝州。

第二次，李煜送來了五萬兩白銀給趙普，但是兩利相權取其重，趙普沒敢要李煜的賄賂，直接送給了趙匡胤，趙匡胤的反應則是——可以收下，記得向李煜寫信致謝。此次是趙普奉命收受賄賂。而當李煜再次朝見趙匡胤時，趙匡胤多賞了他些金子，這些金子的數目恰恰是五萬兩白銀。李煜再不敢做任何僭越的事情，對趙匡胤的寬厚也感恩戴德。

第三次，趙匡胤突然到趙普家，看見他的牆邊擺著十個瓶子。趙普說瓶子裡是吳越王送給他的海鮮，打開一看，全是金子。這一次嚇得趙普連忙跪倒，聲稱自己不知道裡面是金子，而此時趙匡胤卻哈哈大笑一句「國家大事怎麼是書生能做主的」，就將此事帶過。趙普獨做宰相十年，即使犯了像上面那樣的錯，也能被趙匡胤網開一面，最後又怎會落得被貶黜的下場呢？

這要提到趙光義，此時的趙光義是開封府尹，他的權力一直很模糊，當趙匡胤在開封時，他處理的是開封的事務，當趙匡胤御駕親征時，他處理的是國家大事。他是哥哥的親信，是帝國穩定的基石，趙匡胤為了這塊基石的穩固甚至大力扶植，大力培養，為了讓趙光義建功立業，不惜遙授君命，讓他嶄露頭角。

趙光義也確實沒有讓哥哥失望，黃河決堤，財力不足的事情，最好的方法就是裁撤禁軍，而趙光義在不動禁軍的情況下，解決了這個問題，這不僅讓趙匡胤大吃一驚，還讓趙普的戒心大幅度提升。如今的趙光義，已經不再是在哥哥的呵護下，羽翼未豐的雛鳥，他已經在大宋帝國的各行各業，朝堂之上，都滲入了自己的力量。

趙光義不僅和京城的高官都交往甚密，甚至還開始賄賂遠在西川的知州，趙匡胤知道了，即使是自己的兄弟他也不能容忍，他也動用皇權，制止趙光義的行為。然而趙光義沒有停手，他甚至賄賂禁軍殿前司控鶴指揮使——田重進，這個日夜守衛趙匡胤安全的人。當時的趙匡胤一定感受到了刺骨的冰冷，兄弟情義在權力面前也變得如此脆弱。一面是和自己相互扶持十餘年的宰相，他的命令甚至已經高過了聖旨，一面是自己的親兄弟，他的勢力已經滲透到了大宋的各個支脈，隨時都可能讓大宋乾坤倒轉。

但是趙普的手上還沒有握牢打壓趙光義的武器，他就陷入了一場漩渦。首先是一直和自己在長春殿候旨的李崇矩不再於長春殿候旨了。李崇矩的女兒和趙普的兒子喜結連理，這是他們犯了一個大錯——專權。樞密使李崇矩手握軍權，與趙普合起來就等於掌握了宋朝的軍政大權，趙匡胤對此不能容忍。於是，李崇矩被降職，理由是收受賄賂，雖然最後查明是誣告，但仍不能改變他降職的命運。

到此，趙光義和趙普的矛盾還沒有浮出水面。當年四月，趙匡胤突然下令重選堂後官，並且三年一換，也就是撤掉了趙普的心腹。六月，那位告發趙普而被敲掉門牙的雷驤德的兒子來京告御狀，這次，趙匡胤處死了趙普的一個親信，並且封賞了雷驤德的兒子，這是一種態度——批趙普有功的態度。

最後壓垮趙普的人是盧多遜，他一次又一次地告趙普的狀，說趙普貪贓枉法，說他縱容手下。這次，趙普被趕出了開封，趙匡胤給了他河陽三城節度使，同平章事，掛著宰相的頭銜，讓他去休假。

他臨走前給了趙匡胤一封短信——外人謂臣輕議皇弟開封尹，皇弟忠孝全德，豈有間然。趙普走了，也許他只能陪趙匡胤走這麼遠，未來的路，他再也不能輔佐這位布衣帝王走下去了。

【知識鏈結】

趙光義，即宋太宗，本名趙匡義，後來因為避其兄趙匡胤的諱改名光義。太祖死後，三十八歲的趙光義即登基為帝，在位共二一年（九七六—九九七）。太宗在位期間，不僅繼續加強中央集權，並進一步向四面征伐，試圖一統天下，結果心願未成，遺憾而死。

天子離奇之死

宋代開國大帝趙匡胤不僅憑藉自己的勇謀奪得天下，還設立了一系列文武制度，但這一代明君的死卻仍是個謎。因為他死得太突然，太具有傳奇色彩，所以千年之後，仍然有執不同觀點的人為此爭論不休，趙匡胤遺留下的公案——斧聲燭影，也成為至今都無法揭曉的歷史謎題。不同的人根據不同的歷史記載，得出了不同的觀點，爭議的焦點在於，趙光義是否謀殺兄長，得位不正。

橫空出世的趙匡胤只用了十七年的時間，就讓中原和江南重新統一，四川地區的後蜀，嶺南和兩廣地區的南漢，以及上海一帶的吳越都被納入了宋朝的版圖之中，一統天下不再是夢想。但就當大宋帝國雄心勃勃地進攻北漢，向北發展，甚至勝利在望的時候，趙匡胤忽然死了，連那些攻城的大將們都無法理解，一個月前還在踐行宴上為大家送行的皇帝，他無病無災，怎麼突然就去世了。

宋朝的官方歷史上，只留下隻言片語：「癸丑夕，帝崩於萬歲殿，年五十。」也就是西元九七六年，十月二十日夜晚，趙匡胤死在了皇宮中的萬歲殿裡，時年五十歲。沒有記載過程，沒有記載原因，只是一個簡單的敘述。

人們總是對這些簡單得有些過分的帝王去世過程感到分外好奇，而且最後皇位傳給了趙匡胤的弟弟趙光義，沒有按照歷朝歷代的祖訓傳給嫡長子，所以這蹊蹺的傳位也是讓眾人不斷產生各種猜測的原因。沒有人親歷現場，所以，以訛傳訛也難辨真假。關於趙匡胤的死，人們都喜歡用「斧聲燭影」這段公案對他的死因進行揣測。

這揣測起源於一個和尚的描述，他在《續湘山野錄》中說：當趙匡胤和趙光義都是平民的時候，他們遇到了一個道士，當時趙家兄弟很窮，但這個道士準確地預測出了陳橋兵變，趙匡胤成為九五之尊的日期，因此，趙匡胤很是迷信這個道士。但從趙匡胤當了皇帝之後，這個道士就不見了，直到他臨死前，道士才又出現了。趙匡胤很高興，就告訴他，自己一直找他，想問問自己能活多久。

道士說：「如果在今年癸丑夜，天氣晴朗，你就能再活十二年，如果天氣很壞，你就必死。」到了這天，趙匡胤在皇宮的太清閣上遙望天空，天氣晴朗，星星璀璨的閃爍，他感到十分高興，但是突然間天色驟變，大雪夾著冰雹從天而降。這時趙匡胤召來弟弟光義，摒退了宮女太監，兩人在宮中喝酒。守在外面的人不斷隔著窗戶看到趙光義不時地離席後退，三更的時候，兩人都走了出來，所有宮人都看見趙匡胤拿著玉斧戳雪，然後跟趙光義說——好做，好做。

然後趙匡胤獨自回到寢宮睡覺，鼾聲震天。到五更的時候，宋太祖死去了。當天晚上，趙光義一直在皇宮中，他馬上接受了哥哥的遺命，在哥哥的靈柩前即位稱帝。

司馬光則認為，趙光義沒有在皇宮過夜，是一個太監找來了趙光義。當晚，趙匡胤死後，他的皇后宋氏命令宮中太監出宮召貴州防御史趙德芳，也就是趙匡胤的二兒子，這應該是讓德芳繼承皇位的意思。根據司馬光的記載，這個太監沒有找來德芳，而是找來了趙光義。宋太后見到趙光義很驚訝，然後立刻稱趙光義為皇帝，請求他照顧自己母子性命。

再後來，還有很多研究歷史的文人都不斷根據自己的理解對當初的一段謎團進行解釋。而對這段疑案人們不斷的追究是想證明什麼呢？在他們的心中，都有一個天平，天平衡量的是趙光義獲取皇位的手段是不是正當。

往前追溯，從當時發生的一些事情中或許能看到事情的端倪。從開封祭祖回來，趙匡胤曾「三幸光美府邸」，意在栽培其三弟趙光美。而趙光美登上大宋的政治舞台的作用只有一個——牽制趙光義。

但是，趙匡胤的疏漏就在於，他沒有料想到自己一向溫和善良的二弟會忍心痛下殺手，他沒有料到，作為一人之下，萬人之上的兄弟已經受夠了這樣在一人之下的感覺，迫不及待地想要坐在那至高無上的寶座上。對於趙匡胤的突然離去，最後一片痕跡就是「群臣謁見萬歲殿之東楹，號慟殞絕」，群臣痛哭，然後是皇帝的風光大葬，趙匡胤的謚號為「英武聖文神德皇帝」。

元代人修訂的《宋史》中給趙匡胤的定論是——**「五季亂極，宋太祖起介冑之中，踐九五之位，原其得國，視晉、漢、周亦豈甚相絕哉？及其發號施令，名藩大將，俯首聽命，四方列國，次第削平，此非人力所易致也。建隆以來，釋藩鎮兵權，繩贓吏重法，以塞濁亂之源。州郡司牧，下至令錄、幕職，躬自引對。務農興學，慎罰薄斂，與世休息，迄於丕平。治定功成，制禮作樂。在位十有七年之間，而三百餘載之基，傳之子孫，世有典則。遂使三代而降，考論聲明文物之治，道德仁義之風，宋於漢、唐，蓋無讓焉。烏乎，創業垂統之君，規模若是，亦可謂遠也已矣！」**

無論趙光義是怎樣獲取皇位的，無論趙匡胤是死於疾患，還是死於兄弟之手，這次突然的死亡確實給北宋帶來了深重的影響，不光是那些已經攻到太原城下的將軍們垂頭喪氣地撤了軍，更多的是未來幾百年的軌跡都發生了一些變化，民族的命運是否也隨著這一次的陡然轉彎而有所下滑，都是未知。

【知識鏈結】

燭影斧聲，也稱斧聲燭影，是指宋太祖趙匡胤離奇死亡事件。因為，太祖死前採取種種限制趙光義的措施，而且趙匡胤卻沒有按照傳統習慣將皇位傳給自己的兒子，而是傳給了弟弟趙光義，世人便懷疑趙光義謀殺兄長而篡位，至於真相還有待考證。

第三章：掃蕩群雄

自北宋建立起，大統一問題就一直縈繞在北宋皇帝的腦中。趙匡胤利用孟昶沉迷於聲色犬馬之中採取軍事行動，一舉將後蜀收入囊中，後又派潘美收復了南漢。而宋太宗更是發出「臥榻之側，豈容他人鼾睡」的怒喊，於是這位充滿雄心壯志的皇帝親自帶兵奔向南唐。

收後蜀入囊中

趙匡胤初建國時，面臨的最大的問題就是怎樣統一全國，而重之又重就是後蜀和後唐。趙匡胤面臨著一個問題，是先收後蜀還是先拿下南唐？南唐當時已經稱臣，新任國主李煜對趙匡胤畢恭畢敬，而後蜀的皇帝孟昶的表現則截然相反，不僅不臣服，而且主動進攻大宋。兩者截然不同的態度讓趙匡胤決定先攻打後蜀。

孟昶是五代中後蜀高祖孟知祥的第三個兒子，孟昶一即位，立刻收回了國政大權，一幅標準的聖明天子相。他衣著樸素，興修水利，重視農業，在他的一系列政策之後後蜀國勢日漸強盛，而他也志向高遠，將北線疆土擴張到了長安，只是後來曾敗給柴榮。

隨著時間的流逝，孟昶也放鬆了對自己的要求，他在富庶的天府之國安枕無憂，紙醉金迷，大修宮殿，網羅美女，過著逍遙自在的生活。有後主，自然就有諸葛亮，孟昶的諸葛亮是他從小一起長大的朋友王昭遠，此人最大的追求就是做真正的諸葛先生——出川北伐，平定天下。

急於建功立業的王昭遠帶著對理想的迫切渴望，和孟後主商量一番，就派人帶著寫好的蠟丸密信穿越整個宋朝疆土去見北漢皇帝。讓他們沒想到的是送信者趙彥超直接將信送給了趙匡胤，他出賣了自己的後主和樞密使。

這成了宋朝進兵的充分理由。乾德二年（九六四）十一月二日，趙匡胤以孟昶勾結北漢共謀犯宋為名，發兵六萬，出師後蜀。宋軍兵分北、東兩路，北路以忠武節度使王全斌為主帥，自鳳州沿嘉陵江南下；東路以趙光義為主帥，自歸州順長江西上，兩軍分進合擊，約定會師成都。

四川的地理位置，從東從北進攻，簡直就是以命犯險。趙匡胤給兩路主帥的踐行酒宴上，他也沒有十足的把握，他問——西川能取得否？凜然而坐的王全斌說，回皇上，西川若在天上，固然不能到，若在地上，到即掃平矣。

所有的皇帝都害怕，進入西川的將領會留戀那裡的富庶，自立為王。趙匡胤用人高明就在於此，他不僅相信王全斌，還給了他很大的自由決定權。為了鼓舞士氣，他甚至承諾，朝廷只要土地，以及器具糧草，其餘的全都歸將士所有。

對於這次戰爭後蜀也同樣的興奮，這雖是危險，但也是機遇。王昭遠一展抱負的時刻到來了，他懷著征討天下的豪情奉命抵抗宋軍。十二月，戰爭正式打響，宋軍一舉攻破了後蜀苦心經營的防線，繳獲了四十多萬斛軍糧，極大地鼓舞了士氣。王全斌急速狂飆，而後蜀主帥韓保正雖然坐擁精兵在興元城卻不寒而慄，數日之後，他竟然直接棄城而逃。無奈王全斌派出先鋒史延德，戰線推進到了後蜀境內。

劍門關當前，後蜀燒毀了棧道，王昭遠帶著大軍在天險後面的利州，企圖阻攔宋軍。王全斌在惡劣的自然環境面前表現出了卓越軍事家所具備的冷靜思考能力和敏銳的覺察力。在王昭遠看來，天險不可破，自己也高枕無憂。

宋軍緩速推進，他們在懸崖峭壁上重修棧道，王全斌迅速突破了劍門蜀道，撲上了嘉陵江。就在王昭遠發誓抵抗的時候，王全斌已經趕上了劍閣。戰爭開始了近一個月，王全斌雖然沒有在三十天內拿下後蜀，但王昭遠也明白，他不是諸葛亮，他現在想做一回姜維，守住險要關隘。

當然，主戰事仍在西南，王全斌捷報頻傳，而東路軍趙光義呢？他前面也是勝仗連連，一直到了夔州。此時，他拿出了趙匡胤給他的地圖，這上面有趙匡胤的親筆書信，囑咐他一定到了此地才能打開。

這是宋朝開國，君主第一次實行「圖陣形，規廟勝，盡授紀律，遙制地宜，主帥遵行」的祖宗家法，除了最後一條沒有實行「貴臣督視」之外，地圖上事無巨細的都加以標註。趙光義面臨的是一條水路交互組成的立體防線，但這樣的防線在趙匡胤的計謀下變得不堪一擊，沒有發揮任何作用，就失去了功效。守夔州的是後蜀寧江節度使高彥儔和監軍武守謙，雖然兩者都忠心耿耿，但他們都一樣獨行其是。宋軍兵臨城下，高彥儔主死守，武守謙主速戰。於是武守謙率領麾下千餘士兵衝出城門，趙光義不敢怠慢，派出了禁軍王牌張廷翰。兩軍相遇，沒有奇蹟，武守謙想要引開趙光義的軍隊，但沒有成功。

歷史記載，當日，宋軍就佔領了這座城池，高彥儔力戰不勝，身背十餘槍，左右皆散去，他望西北再拜，登樓，縱火自焚。劍門關上的王昭遠迎來的是王全斌的前後夾擊，這是劍門關歷史上的第一次正面失守，孟昶在他瀕臨絕望的時候，給他送來了自己的太子做援助，太子一路歡歌來到劍門關，然後放火燒了逃亡路上的城池，自此後蜀已經無力抵抗了。

這時丞相李昊站出來負責接洽投降事宜，他在四十年前起草了前蜀王衍的投降書，如今江山再次易主，他又一次把土地拱手送人了。

後蜀的征戰中，孟昶的夜郎自大，王昭遠的紙上談兵，王全斌的戰無不勝，趙匡胤的深謀遠慮，趙光義的初綻頭角，高彥儔的英雄氣節，以及丞相李昊的厚顏無恥，都一一烙在了歷史的長卷中，任後人評說。

【知識鏈結】

孟昶（九一九—九六五），後蜀末代皇帝，五代後蜀高祖孟知祥之子。孟昶原為晉朝尚書僕射，後起兵靖難。孟昶，在位三十一年，前段時期，勵精圖治，興修水利，重視農業，然而後期卻沉迷於花蕊夫人的美色之中，不理朝政，終於為趙匡胤所滅。

紅顏禍水

都說紅顏禍水，多少英雄因為難過美人關而一毀英名，這其中就包括後蜀皇帝孟昶。在孟昶的後宮中，就有這麼一位花蕊夫人，她十四歲以歌姬的身分進入後宮，十七歲便以洋溢的才情和國色天香的容貌壓倒眾妃，寵冠後宮。還有一句詩來形容她的美貌，「花不足以擬其色，蕊差堪狀其容。」

五代時期，前蜀亡後，後唐莊宗以孟知祥為兩川節度使，但孟知祥在唐明宗死後就在四川自立為王，一年後孟昶繼位。孟昶剛繼位的時候也能夠勵精圖治，四川十年不見烽火，不聞干戈，五穀豐登，斗米三錢，都下仕女，不辨菽麥，士民採蘭贈芬。孟昶本人也非常注重享樂，他廣征妙齡美女，將她們納入後宮，其中最為寵愛的便是「花蕊夫人」。花蕊夫人最愛牡丹和紅梔子花，因此，孟昶命官民廣種牡丹，發誓要「成都牡丹勝洛陽」，足見其對這位花蕊夫人的寵愛。至於紅梔子花，則據說是道士申天師所獻，開花色斑斕而紅，清香迷人。每當芙蓉花開時，沿城四十里，如同錦繡。花開一般近中秋月圓，這位風流皇帝帶著眾多嬪妃宮女泛舟浣花溪，鶯燕紛飛，三呼萬歲，這樣的風流韻事堪稱千古絕唱，孟昶也因此被尊為十月芙蓉花花神。

此時的中原大地上正上演著一齣趙匡胤黃袍加身的劇碼。他取代了後周，君臨天下，他整軍治國，南征北伐，矛頭已經指向了後蜀，花蕊夫人曾經勸解孟昶要勵精圖治，但孟昶總是認為依仗山川險要，無人能侵。

宋太祖乾德二年十一月，王全斌率領的北路軍和趙光義率領的東路軍合擊四川，會師成都，孟昶率部眾出城，他身穿白衣，口銜碧玉，負罪請降，就這樣他的美夢被打破了。天塹不可破的迷夢也在他背井離鄉的剎那間粉碎了。

趙匡胤沒有殺孟昶，但他再也不能在這片富饒的土地上繼續安享太平了。孟昶帶著家眷奔走到千里之外的開封。趙匡胤久聞花蕊夫人容貌豔絕人倫，但因不便專門召見，便封了孟昶為秦國公，檢校太師，兼中書令。

趙匡胤的重賞背後，是自己的私欲作祟。孟昶一家前去謝恩時，朝堂之上，花蕊夫人氣吐蘭香，千嬌百媚，眼波流轉，早已把這位生性克制，謹小慎微的皇帝迷倒了。七天後，孟昶暴疾而終，年僅四十七歲。

孟昶的死因歷史無證可考，但這已無關緊要了，亂世中，弱肉強食，成則王侯敗則淪為階下囚的命運能有幾人逃脫？人終有一死，敗軍之將，如高彥儔，死得何其壯烈，何其決絕。雖然花蕊夫人在城池失守之後說「十四萬人齊解甲，更無一個是男兒」，但男兒在邊關，死戰盡勳戎，貴婦深宮享樂，又憑什麼論英雄呢。孟昶被追封為楚王，葬在洛陽，家眷仍留在汴京，花蕊夫人一身素服前去謝恩，自此便被留在了趙匡胤的後宮。

花蕊夫人與孟昶確實真心相愛，如今國破家亡，又被趙匡胤強逼入宮，雖仍寵冠六宮，卻仍不忘先夫。一日在寢宮中拜念先夫畫像，卻被趙匡胤撞個正著，於是便謊稱是送子的張仙像，以此蒙混過關。

關於花蕊夫人的死，有兩種說法，一說是花蕊夫人後來介入了朝廷內部的權力之爭觸犯了趙光義，因此在一次打獵時被趙光義一箭斃命，太祖卻無從查起。一說是，花蕊夫人在趙匡胤死後鬱鬱而終。

不管怎樣，花蕊夫人雖然豔驚四方，一生飽嘗帝王摯愛，最終卻落得花敗人亡的下場。「江邊誰種木芙蓉，寂寞芳姿照水紅」，她從後蜀的雄關要塞中走出來，跋涉千里，卻換來了夫婿的暴斃，一個陌生的帝王從此強佔了她的後半生。在亂世中，沒有人能夠左右自己的命運，何況一名有絕色容顏的女子，古訓說「紅顏禍水」，但如果沒有花蕊夫人，孟昶又能活多久？

至於花蕊夫人，她能夠流傳千古，甚至不惜無限擴大她在後蜀滅亡後的價值和作用，不過是人們對歷史的期待。群雄爭戰的歷史裡，到處是血腥，到處是兵器，到處都彌漫著死亡和殘酷的味道，一個絕色美女的出現就猶如萬綠叢中的一點紅，妝點了世人看歷史的心情而已。

【知識鏈結】

花蕊夫人，後蜀皇帝孟昶的貴妃，五代十國時期女詩人，青城（今都江堰市東南）人。後為蜀主孟昶看中，賜號花蕊夫人。花蕊夫人長於寫詩詞，其宮詞描寫的生活場景極為豐富，用語以濃豔為主，但也偶有清新樸實之作。其《述國亡詩》亦頗受人稱道。後蜀滅亡後，被押送至北宋，不久，含恨而死。

有功無賞的潘美

滅了後蜀以後，趙匡胤將目光轉向了南漢。南漢第一任皇帝是劉龑，他窮奢極欲還好酷刑，嶺南人民稱他是「真蛟蜃」。待到趙匡胤把目光鎖定南漢的時候，正值劉晟（音盛）當皇帝。

劉晟十六歲即位，堪稱年輕有為，南漢在他的手上，比以前更強盛了，原因是劉晟的父親在西元九四八年突然出兵楚國，苦戰三年之後，奪得了宜州、連州等地，還打敗了全盛時期的李璟。

然而，劉鋹（音場）十分荒淫，把百分之九十的高官都變成太監，他寵愛一位波斯女人，賜號「媚豬」。由此趙匡胤藉口替天行道出兵南漢。方向一旦確定，剩下的就是要遴選人才了，他的腦海中出現了個身影，此人步履輕捷，神情英悍，連笑容都輕薄的如刀刃一樣銳利，這個人是潘美——大宋第一名將。潘美是河北大名人，父親是一個普通軍校，他起步很低，但胸懷大志，從後周開始嶄露頭角，到陳橋驛兵變時，他敢於一個人先回開封。在宋朝確立後，他又單騎入陝，帶回了趙匡胤的宿敵袁彥，其膽謀可見一斑。

至於潘美的功勳，和第一良將曹彬比較而言有過之而無不及，曹彬滅南唐，而潘美滅南漢，南漢是長途奔襲，難度更大。平南唐時，潘美是曹彬的先鋒，很多勝仗都是潘美的戰功。平定南唐之後，潘美又轉戰北方，為趙匡胤第三次征討北漢，那時的潘美正值全盛時期，戰場上勢如破竹，成功近在眼前之時，卻傳來了「燭光斧影」，第三次北征戛然中止。趙光義滅北漢之後，潘美成為第一任留守大將，和楊業親密合作，成為抗擊契丹最強大的屏障。

此時的潘美正躍躍欲試，然而，趙匡胤下達的第一道命令，不是讓潘美披掛上陣，而是立刻南下，讓李煜給劉鋹寫一封信，勸劉鋹投降。李煜真的寫了，因為戰火還沒有燒到南唐，所以儘管他看似承受了屈辱和諷刺，還是寫了這封勸降信。劉鋹收到信後暴跳如雷，扣押了南唐的使者，並且回了信，李煜看了之後，把信轉交給了趙匡胤。此時的劉鋹已經開始行動，他派兵進攻宋朝的道州。

直到這個時候，潘美才接到了進攻的命令。潘美傳信給內線發出行動的信號，一封匿名信悄然送到了劉鋹面前，然後劉鋹賜死了忠心耿耿而且有遠見卓識的內常侍邵廷絹。這時潘美才動身，宋朝向南擴張的第一戰就此打響。

潘美進兵第一個目標是富州，他迅速地攻克了這裡，然後攻陷了白霞，緊接著是賀州。潘美到了賀州，劉鋹著急了，他想要點將，卻發現沙場名將已經被誅殺殆盡了。於是第一權臣龔橙樞帶著皇帝的安撫聖旨來到賀州，但官兵對此十分冷淡。此時，皇帝只好求助於宿將潘崇徹，老將的牢騷還沒發完，劉鋹就換上了伍彥柔，率領一萬多人的伍彥柔被潘美的伏擊所傷，他被活捉之後又被潘美砍下頭示眾了。

拿下賀州城的不是潘美，而是負責調用軍用物資的文官轉運使——王明。潘美認為攻城不僅消耗時間、財物，更重要的是人員損耗大。王明直接帶著自己手下的千名兵丁，他們武器不全，就拿著鍬、钁、各種工具，填平護城的壕溝，攻下賀州。這時，潘美才明白，趙匡胤只給自己十州兵力的原因。

此時的北方也不太平，契丹帶六萬精兵突襲定州。趙匡胤派田欽祚帶三千兵馬守城，力挫契丹，獲大勝。開封城裡，趙匡胤又出演了一幕杯酒釋兵權的酒會，這次主要的目標是符彥卿、石守信、高懷德、武行德、王彥超、郭從義等十二個年過花甲，戰功赫赫的老將軍，他們唱著悲傷的歌走出了開封城——漫灑英雄淚，揖別帝王家。

只要衝進番禺，戰爭就結束了，這時劉鋹起用了潘崇徹，命他守住賀州，但真正的關塞是韶關，那是兵家必爭之地。劉鋹的大象陣法不僅沒有擋住潘美的進攻，而且正是大象帶著宋軍衝過了韶關。劉鋹派出馬巡做最後的反抗，馬巡修葺了他們心中的最後屏障，但那充其量不過是一道柵欄，一把火之後，興王府就在潘美眼前了。逃跑不成的劉鋹被潘美押回開封，任趙匡胤處置。

西元九七一年趙匡胤用布帛拴著劉鋹的脖子，拉他去太廟獻俘，然後就赦免了他，封他為右千牛衛大將軍，爵位是恩赦侯，從此他就過上了侯爺的生活，只是還在監控的範圍內。後來劉鋹於西元九八〇年死去，年僅三十九歲，對外宣稱是病死。

潘美雖然帶著弱兵出征一個國家，但能夠在長途奔襲，客境作戰的情況下擄回南漢皇帝和權臣，也自有他的一番智謀。但是因為最後沒有帶回南漢的財富，讓趙匡胤心生不滿。相較於王全斌，潘美自己戰績卓越，最後卻沒有帶回趙匡胤期待已久，甚至已經盤算好用途的財富，再加上後人的扭曲改寫，本來應該和曹彬一樣戰功卓越的潘美，就這樣日漸為世人所忘記了。

【知識鏈結】

潘美（九二五—九九一），字仲詢，河北大名人，北宋初名將。潘美受到趙匡胤重用，領兵平定了李重進叛亂，後鎮守揚州、潭州，累遷防禦使。開寶三年（九七〇），率軍攻滅南漢。後在平南唐、滅北漢、雁門之戰等重要戰役屢獲戰功，被封為韓國公。雍熙三年（九八六），因攻打遼國失敗，導致楊業全軍覆沒，潘美被降職。

出師未捷身先死

自從成功將南漢和後蜀收入囊中，並不滿足的趙匡胤便將目光投向了較為強大的北漢。經過深思熟慮，趙匡胤決定御駕親征，進攻北漢。第一次與第二次由於宋並未做好準備，均以失敗告終。

西元九七六年八月，趙匡胤下達了第三次北征的命令，五路軍隊齊頭並進，進攻太原。這一次，宋朝和前兩次比起來，國力更雄厚，兵力更強大，戰將更加輕車熟路，宋朝用的是百戰精兵，承接著平定江南的虎狼之勢，打算一舉攻下太原城，徹底攻佔北漢。北漢的劉繼恩現在已經無法振作士氣了，他集結了為數不多的守城部隊，向契丹發出了求救信號。

但是，現在的契丹和當年火速支援北漢的契丹已經不一樣了，首先，它已經和宋朝互相通交了使臣，有日常的禮尚往來了。然後是劉繼恩的北漢，近年來已經沒有什麼油水可撈了。劉繼恩抱著一線希望向新任的契丹皇帝求助，希望他能夠看清趙匡胤的真面目，幫助自己擊退宋兵。

再看宋朝的出場大將，都是駐守西北邊疆多年的老將，他們對進攻太原輕車熟路，有的甚至不止一次帶兵殺到了太原城下，這樣的任務對他們來說再合適不過了。其次，潘美、党進、或者郭進還有其他眾將領，都是銳不可當的戰將，他們如同鋒利的尖刀，渴望著將北漢撕成碎片。這場戰爭中趙匡胤派出的都是輕揚勇猛的戰將，沒有溫和善良的曹彬。

當年九月，契丹給了北漢的劉繼恩回應，契丹皇帝派出了南院宰相耶律沙，冀王塔爾帶領契丹重兵前來支援北漢，援救他們於水深火熱之中。

所有的信號都表明一場血戰近在眼前，處於巔峰時刻的宋朝軍隊和剛剛從遼穆宗昏庸中解放和甦醒過來的契丹鐵騎將直接交鋒，兩軍對壘，生死難卜，北漢花落誰家也很難預料，這場戰爭的結局甚至可能改變歷史的方向。那些在戰場上殺紅了眼的將士們甚至感到身上膨脹的血脈，那是大戰前的興奮和激動，那是對勝利的渴望，和對惡戰的恐懼，每個人都處於一種被激化的狀態，人人都在期待著兩個北方強國的終極對戰。

就在所有的人都感到危險臨近的時候，一個消息如同驚天霹靂，掀起了千層浪。那位英明神武，雄才偉略的帝王，不可一世的皇帝，那位在他們出征時還為他們送過行，本該還在開封的皇城裡等著他們凱旋的皇帝，竟然離世而去了。

趙匡胤的突然死亡引起了極大的震動，首先是已經兵臨太原城下的宋朝部隊又硬生生的折了回去。遺憾的是，趙匡胤征戰北漢的願望，到死也沒有完成，他在自己的雄兵猛將就要佔領太原城，攻下北漢的時候，離開了人世。

宋太宗即位後，首先平定了南方，而後轉向這未盡的事業，收復北漢。太宗不想重蹈覆轍，於是同趙普和諸位大臣一起制定了圍城打援、先退遼軍、後取太原（今山西太原，北漢國都）的作戰方針。於是，宋朝遣潘美、崔彥進、李漢瓊、曹翰、劉遇等大將，率各路兵直趨太原。北漢國主劉繼元聞訊之後大驚，趕忙向遼國求助。遼景宗耶律賢清楚，如果遼國不出兵，北漢就會變成大宋的疆域，這樣他就不得不直接和宋朝分庭抗禮，於是立刻派兵支援。然而於大澗為宋軍埋伏，大敗。

而後宋太宗親征，來到太原。太宗親征讓宋兵士氣大增，大家對著太原城虎視眈眈，士氣如此，定能拿下！當天，太宗就將各路兵馬集結一處，將太原城圍了個水泄不通。凌晨，太宗親自臨城督戰，數十萬弓箭手用弓弩向太原城內發射矢石，氣勢兇猛，北漢毫無喘息的機會。五月初一，宋軍攻破城西南忽微羊馬城，北漢馬步軍都指揮使郭萬超、北漢宣徽使范超等人投降。此時的北漢已是外無援軍內無強兵，劉繼元被迫於初六投降。北漢政權就此從版圖上消失。

統一了北漢，宋朝便等於統一了除了燕雲十六州之外的所有地區，唐朝的版圖，正在趙宋帝王的努力下漸漸恢復。太宗暗暗發誓，一定要趁著士氣，順勢拿下燕雲十六州，為自己的征戰業績畫上圓滿的句號。

【知識鏈結】

契丹，中世紀中國東北地區的一個民族。北魏時，始見契丹族名，而後於唐時期開始崛起。西元九一六年，遼太祖耶律阿保機稱帝，建立了奴隸制國家——契丹國。北宋建立後，遼朝先與北宋交戰，「澶淵之盟」後，雙方長期維持了一〇〇多年的和平。遼末，女真族起事，遼帝國迅速走向滅亡，一一二五年為金所滅。

軍臨金陵城下

前面介紹，趙匡胤對南唐的求和採取了暫時姑息的態度。但是，隨著統一大業一步一步進行，攻打南唐勢在必行。趙匡胤邀請李煜去開封，但李煜自從弟弟李從善被扣押於開封後，對於大宋很是畏懼。不斷用病倒和尋死的方式來應對。

趙匡胤知道，天上掉餡餅的事情是不太現實的，只好出兵了。李煜得到消息後，給吳越王錢俶寫了一封信，信中邀請吳越一同反抗宋朝，但結局和當初劉給他寫信的結局一樣，錢俶把信也轉交給了趙匡胤。趙匡胤在西元九七四年通知吳越，要他們直接出兵配合宋軍攻打南唐，吳越全國沸騰了，朝廷卻是一片沉默。如果南唐滅亡了，誰來擋住宋軍？這位一向謹遵祖訓的國主很快做出決定，聽命宋朝，無條件支持，宰相沈虎子大怒，他責問皇帝，怎麼能如此懦弱，錢俶於是撤了他的官職。他知道，如果聯合南唐，趙匡胤就會先打吳越，這時候南唐也不會出軍支援，最後只會落得國破人亡的下場。

趙匡胤在攻打南唐之前，先跟李煜要了一戶樊姓的人家，然後以修葺天下方志為名，要了南唐諸州的州志，將南唐的山川地形、戶籍多寡都收入眼前，一目了然。然後才因為李煜的「倔強不朝」為名，進攻南唐。此次主帥是曹彬，先鋒是潘美。宋軍兵分五路，志在必得。

湖口的突破帶著戲劇性色彩，南唐軍本以為又來長江邊上操練的宋軍，卻突然就打到了眼前，南唐的部隊還為他們準備好了大量犒勞的物資和酒肉，以前宋軍都是拿了東西，吃了酒肉就回去了，沒想到這次卻是來攻城掠地的。

水軍大將林肇仁已經被處死之後，沒有人能擋住宋朝水軍的步伐了。李煜眼看著南唐的江山四壁受敵，卻無能為力，這時候，曹彬的軍隊已經攻到了採石磯下。那群北方人在採石磯上修建了一座南唐人看起來非常不可靠的浮橋，然後就這麼的衝過了採石磯。選擇此地的就是那位樊姓人家中的一個落地舉人，那個舉人曾一度想要議論國事，希望李煜能勵精圖治，但總是失望而歸，最後隱居採石磯一帶，打魚為生，也為設計這浮橋埋下了伏筆。

戰爭是一種充滿了奇幻色彩的藝術，出手迅捷的潘美，加上冷靜穩重的曹彬，這對戰場上的好搭檔，讓北宋大軍迅速到了金陵城下。

另一方的李煜起用了皇甫小將軍，這位生性懦弱的小將軍在李煜的盛怒之下，被守城的官兵砍成了爛泥。他不僅不敢自己對敵，而且不讓那些已經準備好偷襲宋軍的士兵們出城。就這樣，金陵在宋軍的連綿軍營中僵持了五個月。如果，趙匡胤派的主帥不是曹彬，而是其他任何一個主帥，這時候都會忍不住的攻城，但曹彬沒有，他容忍李煜派出的江南第一大辯才——徐鉉，兩次北上，到北宋去求和。這位江南才子站在大宋的朝堂上，質問江南何罪之有，惱羞成怒的趙匡胤終於撕下了自己的面具，吼出了一句傳世之言——天下一家，臥榻之側豈容他人鼾睡？

此時，南唐的十萬水軍敗下陣來，金陵孤城邊上演了一次決絕的偷襲，奈何宋軍早有準備，偷襲的軍隊最終全軍覆沒了，宋軍在屍體堆裡，發現了很多將帥的符印，原來最後出戰做敢死隊的，都是將軍們自己。

南唐覆滅，宋軍的攻勢銳不可當，趙匡胤的用人藝術也算得上登峰造極。銳利如尖刀的潘美跨江大作戰，既要當先鋒，又要護住和主力軍隊之間聯繫的生死浮橋，他的軍事才華和戰鬥力顯現得淋漓盡致。而曹彬，這位看似毫無功勳，冷靜持重的主帥，在最後發揮了極大的穩定作用，攻城意味著人員的傷亡，意味著財產的破壞，而曹彬的冷靜換來了個相對完整的金陵。這對於渴望財富的趙匡胤來說，十分重要。而南唐方面，主戰的大將不在少數，他們忠心為國，但伴君如伴虎，就算是水軍大將，也逃不過一個小小的離間計，死在自己的君王手下，而後來不斷提出抗戰的將相官員都被拒絕，南唐就這樣不斷地錯失了自己的生存機會。直到宋軍來襲，直到金陵被圍，直到這一切都結束，從此江南成了大宋的一部分。

【知識鏈結】

李煜，南唐國君，九六一年至九七五年在位。南唐元宗李璟第六子，於宋建隆二年（九六一）繼位，史稱李後主。在南唐為北宋所滅後，李煜被俘至開封，封為右千牛衛上將軍、違命侯，倍感亡國之痛的李煜作詞《虞美人》，最終為宋太宗毒死。李後主藝術才華非凡，精書法，善繪畫，通音律，詩和文均有一定造詣，尤以詞的成就最高，有千古傑作《虞美人》、《浪淘沙》、《烏夜啼》等詞。

第四章：內憂外患

統一天下、一展雄風後的宋太宗自是得意洋洋，但是過猶不及。不久就發生了北伐失敗、王小波、李順起義，剛把起義平定，囂張跋扈的契丹又來侵。面對這一系列的憂患，太宗只是抱著聖賢書，拜佛遵道，而真宗更為離譜，聽從王欽若的建議，偽造天書，試圖用天意和封禪等來彌補心中的恐慌，真是可笑之極。

為榮譽而戰

宋太宗在收歸吳越、平定北漢之後，躊躇滿志，心中得意，竟想趁著滅北漢餘威一舉收復燕雲十六州。然而這時宋軍糧餉用盡，將士皆疲乏無力。但是固執的宋太宗仍於西元九七九年夏帶兵親征遼。這次疲師伐遼終以失敗告終，但因此宋遼的百年恩怨卻拉開了大幕。

在太宗偃旗息鼓，準備對遼國下一輪的進攻之時，遼國皇室內出現了一件醜聞：臨朝聽政的皇太后蕭綽與南樞密院使、總知宿衛事的重臣韓德讓製造了風流韻事。

遼國乾亨四年（九八二）九月，遼景宗耶律賢病逝，傳位於年僅十二歲的長子耶律隆緒，是為遼聖宗。由於聖宗年紀幼小，便由皇太后蕭綽正式臨朝執政，被尊為「承天皇太后」。遼景宗死的時候，蕭太后只有二十九歲，年輕守寡，自然耐不住獨守空房的寂寞。朝中大臣、官宦世家出身的韓德讓在年輕的時候與蕭太后是青梅竹馬，當時由於蕭綽被迫嫁入皇宮才勞燕分飛。如今蕭綽守寡，於是兩人舊情重續。

蕭綽和韓德讓的關係，在沒有經歷過儒風漢雨的少數民族人民之中沒有引起多大反感，但是在中原地區的人們眼裡卻成了傷風敗俗的醜事。於是，宋朝異想天開地認為遼朝一定內政荒廢，正可借機收復幽州。

西元九八六年正月，宋朝邊關守將賀令圖、賀懷浦、薛繼昭、劉文裕、侯莫陳等人相繼上奏太宗，請求攻打遼國，奪回燕雲十六州。太宗也認為收復燕雲的時機已到，便於大宋雍熙三年（九八六），以蕭太后和韓德讓敗壞風俗為藉口，再一次大舉北伐，親率東路軍從雄州揮戈直指遼國南京。

這是一場規模空前的北伐，大軍兵分三路。西路軍由潘美、楊繼業率領，直奔遼國西京大同；中路軍主帥田重進，行軍詭異，策應東西兩路人馬，從中穿插；東路軍由曹彬率領，開始行軍順利，連續攻克新城、固安，四月已經圍住涿州。但遼軍堅守，不能迅速攻克，雪上加霜的是，供給被遼軍切斷，只好退避雄州。

太宗接到消息之後極為震驚，立即傳下詔令，命令曹彬暫緩進攻，等到西路的潘美勝利之後，同中路軍田重進東移，合力攻擊涿州。可是曹彬在諸將的勸說之下，沒能堅持住原則，竟以疲憊之軍主動攻擊遼軍，遼軍以逸待勞，在歧溝將曹彬一部全面擊潰。

曹彬主力部隊一敗，東路軍很快全面崩潰，十萬大軍一路潰敗，中路軍聞此消息，也不戰而潰，只有西路軍戰果累累，收復朔、寰、雲、應四州，直抵桑乾河。歧溝一戰，宋軍死傷數萬，曹彬等人被召回京師。

歧溝一戰失敗，中、東路軍潰敗，西路軍孤軍深入的進攻就變得毫無意義。然而太宗還沒有來得及下令讓西路軍放棄所攻佔城池，撤軍返回，遼國的十萬精兵已經全力向西路軍佔領的寰州集結。

遇此情況，太宗只好命令西路軍護送四州百姓馬上遷回代州。當西路軍撤到朔州南部雁門關附近的狼牙村時，遼兵已攻陷寰州。此時，楊繼業與王侁發生了分歧。楊繼業認為不可與敵軍交戰，而監軍王侁（音身）和劉文裕卻急於應戰。王侁對此既敵視而且輕蔑，毫不留情的諷刺楊繼業：「你既然是無敵將軍，又領兵數萬，現在卻只想逃跑，難道是要投敵？」

楊繼業對王侁的話憤恨難抑，關乎生命榮譽，若不出戰，會被人疑為想要投敵叛變。於是，雖然知道出戰必死的楊繼業答應了出戰，臨行前，他告訴潘美，自己是個降將，本早就該死了，但是皇上讓他統兵出戰，他必以死相報。這次出擊必敗無疑。他讓潘美在陳家谷兩側埋伏弓箭手，如果他沒有前來接應，就意味著全軍覆沒。

潘美當場答應。楊繼業立即行動，率兵北上，主動進攻耶律斜軫。潘美等人在陳家谷口率兵接應，但是從當天凌晨到上午，楊繼業及其軍隊始終不見蹤影。所有將士都希望發生奇蹟，希望「無敵將軍」楊繼業能夠凱旋。而潘美等人則以為「契丹敗走，即領兵離（陳家）谷口」。

事實卻是那支知道必敗無疑，只求表忠心，一路向北的軍隊在深入敵境後一路敗退，已經無力撤回援軍周圍。當時遼國大將耶律斜軫佯裝敗退，將楊繼業引領到狼牙村，然後伏兵四起，包圍了楊繼業。楊繼業率領部下浴血奮戰，直到堅持不住，才邊戰邊退，將耶律斜軫引向陳家谷。

楊繼業和剩下的百餘名將士死戰，兒子楊延玉戰死，岳州刺史王貴戰死，將士們無一生還。楊繼業孤軍奮戰，身中數十處傷，手刃遼軍數百，最終因為重傷被擒。被擒獲的楊繼業寧死不屈，絕食三日而亡。

西元九八六年七月，宋軍陸續撤回境內，北伐以三路大軍慘敗告終。宋軍損失慘重，北伐的意向就此泯滅，北宋上下喪失了和遼軍作戰的勇氣。從此，宋朝對外政策由攻變為守。

【知識鏈結】

楊業（約九三二—九八六），又名楊繼業，今山西太原人，北宋名將。西元九八〇年，遼兵入侵雁門關，楊業父子繞背夾擊，遼兵死傷慘重。西元九八六年，宋太宗派三路出兵伐遼，楊業戰死疆場，卒年六十歲左右。楊家父子在抗遼戰場的英勇事蹟被編成評書、小說，廣為傳唱。

四川農民忍無可忍

自雍熙北伐失敗後，太宗對外政策轉向了以守為主，對內則以文治國。因為對外征戰的失敗，太宗的心理也發生了變化，開始信仰宗教，請求神靈的庇佑，求得心靈的解脫，經常閱讀《道德經》和《莊子》等書目，還不停地修建道觀和佛寺，一時之間，道教、佛教盛行於全國。

太宗祈求神明保佑，祈求國泰民安。但是，天不遂人願，元僖死後兩個月，西南的農民起義席捲兩川。

四川一直是「天府之國」，但自唐末五代以來，卻為封建割據勢力所把持，農民階級與地主階級之間的矛盾尤其尖銳。北宋建國之後，四川農民的處境不但沒有得到改善，受剝削的程度反而日益嚴重。政府迫令四川百姓將精美絲織品賣給官府，剝奪了很多農民的副業，手工業者和小商販大量失業。

絕望的生存環境之下，西元九九三年五月，青城縣人王小波揭竿而起。他迅速得到廣大貧苦農民的回應，起義軍迅速發展到數萬人。王小波率領的農民軍先攻克青縣，後攻克彭縣，但是在攻打江源縣時，他不幸身亡。起義隊伍迅速擁立王小波的妻弟李順為首領，繼續推行「均貧富」的口號。李順號令明確，每到一個地方，就先把當地的土豪大紳集合起來，將其財產登記造冊，留下供他們使用的財產之後，將其他的悉數分給窮苦人。李順率領著農民軍攻克蜀、邛（音渠）兩州，隊伍激增到數十萬人。

在李順的帶領下，部隊向東行進，從西南和西北兩個方向進攻成都，所到州縣都開門迎接。九九四年正月，農民軍攻下漢州、彭州，在五月十六日又拿下成都。起義軍為了更好的發展，建立了大蜀農民革命政權，李順稱大蜀王，改號「應運」，鑄造了「應運元寶」和「應運通寶」作為貨幣。

農民革命政權控制了北到錦州、南至巫峽的大部分地區。大蜀政權建立之後，李順指揮軍隊四處攻打州縣，宋朝官兵慌忙逃竄，地主豪紳人人自危，農民軍已經發展到數百萬人。

北宋政權對如此蓬勃發展的農民鬥爭感到萬分惶恐，太宗派王繼恩統帥中央禁軍鎮壓，不久城破。其原因是起義軍內部軍心渙散，宋朝派往四川平定叛亂的軍隊不是一流的精兵，真正的精兵已經在王繼恩出發的時候出征党項了。

當時，強大的西夏已經成為大宋的憂患之一，為了遏制西夏的發展，北宋破壞邊境貿易，停止了對西夏青鹽的採購。西夏的上好青鹽在瞬間變成廢物。宋朝的絲綢和米麵、藥材、茶葉，卻是西夏不可或缺的。貿易逆差無法逆轉，為了繼續生存李繼遷就號召西夏人去宋朝的邊境搶劫，他們收穫豐厚，但是死傷也非常慘重。

為搶劫宋朝百姓財產而團結在李繼遷周圍的党項人開始四分五裂時，宋朝的目的似乎達到了。於是馬上改變政策，繼續向西夏採購青鹽，原本因為生計問題不得不搶劫的西夏人各自回家做青鹽買賣。

目的未達到的李繼遷又生出一計。他決定進攻北宋，先以靈州為突破口。這時恰巧碰上宋朝王小波農民起義，良機難再尋，於是李繼遷出兵。

當年三月，為擊潰西夏李繼遷，李繼隆幾乎同時和王繼恩從開封城出征。西南、西北同時開戰，國內兵力空虛，太宗心內亦空虛，因為此時，他不得不考慮到另一虎視眈眈的力量——遼國。如果遼國乘虛而入，宋朝哪有兵力抵抗？太宗越想越慌亂，掙扎著是否要去議和，而議和，這無疑是對太宗對宋朝的侮辱。

令人意外的是，李繼遷在銀州城竟然投降了。

因為宋朝的援軍正源源不斷地進入西夏，而李繼遷的部隊則會傷亡慘重。又無援兵，自然必敗。但李繼遷顯然也看透了這一點，而且聰明如他竟然有膽識放棄整個城，於是宋朝下令把夏州城拆毀了。

及至宋淳化五年，西元九九四年七月，李繼遷讓自己的親弟弟李延信前往開封進貢，並且正式謝罪。為了表示誠意，他自稱為「趙保吉」，意思是，他仍是大宋朝的子民。太宗皇帝給李繼遷的回覆詔書中也用了趙保吉，這相當於認可了李繼遷的認罪。

西北戰場就這樣收場，而西南呢？

李順政權失敗，農民軍在眉州作戰的將領張餘繼續轉戰四川各地，繼續攻克嘉、瀘、戎、渝、涪、忠、萬、開等八州，順江而下，又迅速發展到擁有十萬多人的隊伍。到了西元九九六年五月，各地起義軍陸續被宋軍鎮壓，蜀川起義宣告徹底失敗。此為後話，在當年的九月，宋朝的戰況是緊急而焦慮的，西南、西北兩面作戰，威脅仍不能消除。

【知識鏈結】

西夏是指中國歷史上由党項人於西元一〇三八年至一二二七年間在中國西部建立的一個封建政權。党項是羌族的一支，他的歷史根源可以一直追蹤到唐初。唐朝中和元年（八八一），拓跋思恭被封定難節度使、夏國公，自此世代割據相襲。西元一〇三八年，李元昊建國時便以夏為國號，稱「大夏」，與宋之間發生了數次戰爭，宋敗。西元一二二七年，西夏為興起的蒙古所滅。

恥辱的盟約

自西元九九四年党項李繼遷派其弟與北宋言和以後，兩者只維持了短暫的和平。党項在不斷發展壯大，不斷騷擾掠奪北宋邊境地區。奪得靈州以後，李繼遷將之改名為「西平府」，作為都城，並開始向宋朝的環州和慶州進攻。然而由於吐蕃的介入，最終以李繼遷戰死而結束。

党項和吐蕃兩敗俱傷之後，宋朝就專注於與遼戰爭。此時已經到了西元一〇〇四年七月，宋朝的國內政局發生些許變化，「聖相」李沆病逝。真宗最後採納畢士安的意見，選了剛正不阿的寇準做宰相。

當了宰相的寇準才發現每件事都關係到國家安危，而且根本沒有辯白的機會，寇準如同身在峭壁邊緣，稍不注意就會跌落至萬丈深淵。此時，畢士安的仁德和忠厚開始發揮作用，不斷將寇準從危難之中解救出來，甚至挽救了已經到崩潰邊緣的民族和王朝。如果沒有畢士安，就沒有流傳千古的寇準，更沒有以後的百年和平。

但當宋朝剛宣布畢士安和寇準為宰相，就發生了寇準造反的疑案。等到疑案水落石出，宋朝政府剛剛舒緩緊繃的神經，北方警報再響，契丹人的鐵騎又來了。

真宗景德元年閏九月，契丹國主和蕭太后進攻宋朝。契丹的先鋒蕭撻覽率領著二十萬大軍已經越過了瓦橋關，攻下高陵，直抵澶淵，契丹部隊已經要越過黃河，直衝中原而來。宋廷惶恐不安，眾位大臣為是戰是降爭論不止。

邊防告急的書信一夜之間就成堆疊放了，寇準扣住告急信，泰然自若。真宗忐忑地召來寇準，問其對策。寇準直接告訴真宗，只要他直接到澶州督戰，一定會令守城將士士氣大振，到時候戰爭就會迎來轉機。但是王欽若和陳堯叟卻力主讓皇帝儘快逃跑。王欽若和陳堯叟都與寇準平級，此二人一個是參知政事副宰相，一個是樞密副使。他們對契丹的進攻意見一致，都是請求皇帝逃跑，一個請皇帝逃到成都（陳堯叟的老家），一個請皇帝到金陵（王欽若是江南人）。

這個提議看起來沒有道理。宋朝開封城內還有數十萬禁軍，河南河北只不過是戰況激烈，但是還沒到全軍潰敗、不可制止的地步。只是宋人已經懼怕戰爭，懼怕契丹人了，而這次契丹出動雄兵二十萬，對宋朝的安危威脅極大。真宗在位期間，從未出現過這樣的事情，而現在河北被契丹佔領，河南甚至開封都受到契丹威脅的局面，是大宋建國以後從沒有出現過的危難形勢。

但是真宗在寇準、高瓊和將士們的催促下，被逼無奈，決定動身到澶州去。真宗一登上澶州北城門樓，將士軍心大振，立刻反攻遼軍。此時，遼軍三面圍城，宋軍就在要害處設置弩箭，遼軍諸將蕭撻覽帶兵察看地形時，進入了弩箭陣地，蕭撻覽中箭身亡。遼軍見到主帥陣亡，立刻潰散逃亡。

蕭太后得知此噩耗，心痛不已，也開始恐懼宋軍的戰鬥力，而宋真宗御駕親征率領的部隊也馬上就到城下，蕭太后知道再也無力對抗宋軍，只得求和。蕭太后下令暫停攻城，虛張聲勢震懾宋朝守軍，而實際上在準備議和。

寇準反對議和，認為如果遼國想要議和，除非他們對大宋稱臣，並歸還幽州之地，以此保宋朝百年平安。寇準的意見並未被採納，真宗一心求和，他派使者曹利用到遼軍大營談判。曹利用出城之前，真宗還叮囑他，如果要賠款，即使每年一百萬也要答應遼國的要求。

寇準在旁邊聽了很痛心，便趁曹利用離開行營時緊跟其後，一出門，一把抓住曹利用的手說：「賠款數目不能超過三十萬，否則回來的時候，我要你的腦袋！」

曹利用深知寇準的厲害，便小心地與遼人商議，終於把和約簽訂了下來，他回營稟報真宗：

宋遼約為兄弟之國；

聖宗稱宋真宗為兄，宋真宗稱蕭綽為叔母；

宋每年給遼銀十萬兩，絹二十萬匹，稱作「歲幣」；

雙方罷兵，各守舊疆！

真宗聽罷，頓時神清氣爽，心中的大石頭終於落地，認為曹利用做得很好，以很小的代價變換取了百年的和平，對曹利用說：「曹卿家不辱使命，回朝後朕自有重賞。」

這便是歷史上鼎鼎有名的澶（音禪）淵之盟，對於長期所向披靡的中原王朝來說，這是一個轉折，號稱強大的大宋王朝，卻被契丹族如此壓制，拱手相讓自己的土地，而且與其約為兄弟之國，並且歲歲納貢，實為中原王朝歷史上的第一例不平等條約。

「各守舊疆」的盟約令宋太祖和宋太宗魂牽夢縈的燕雲十六州，合理合法地成了遼國的領土。獲得燕雲十六州，敵方騎兵便可在華北大平原上直趨南下，從真定至東京，宋朝將無險可守。

從戰爭的進程來看，真宗也明白，宋朝是不戰即敗，但是他不願意反擊和作戰，他在為國計民生考慮。

從此，宋朝都以發展經濟，改善百姓生活和進行文化建設為主要任務。此時的宋朝商業發達，農耕業發展，科技也不斷進步，北宋看起來國富民強，一片歌舞昇平的太平景象。

【知識鏈結】

蕭太后（九五三—一〇〇九），名綽，是遼景宗耶律賢的皇后。蕭太后在攝政期間，勵精圖治，選用漢人，開科取士，消除蕃漢不平等待遇，勸農桑，薄賦傜，內政修明，軍備嚴整，綱紀確立，上下和睦，與宋講和，坐收歲幣之利，經濟文化高度發展，使遼朝達到鼎盛時期。在與北宋的戰爭中，蕭太后把北宋部隊殺得屍橫遍野，生擒名將楊業，後又與宋簽訂了澶淵之盟，自此北宋與遼和平相處。

偽造天書

澶淵之辱後，真宗面對大宋上下群情激憤，百感交集，卻又無可奈何，於是他開始尋找一種神秘的信仰來沖淡這個盟約帶給他的負面影響。

善揣聖意的王欽若見時機已到，就建議真宗效法古代君王昭示功績的做法——到泰山舉行封禪。由於一無戰功、二無國喜，真宗便覺得此舉「師出無名」。王欽若再獻一策：自己製造「天書降神」的假像，以此令天下萬民信服。

「泰山封禪」包括「封」和「禪」。「封」就是在泰山頂上祭祀天帝，表示把功勞歸於上天。「禪」就是在泰山下面的小山丘上積土築壇祭祀地神，表示報答大地的寬廣恩賜。

西元一〇〇八年正月，真宗召見王旦、王欽若等人，他說：「去年某天我打算睡覺的時候，屋裡突然明光大顯，一個神人告訴我，要在下個月的三日在正殿做道場一個月，然後就會降下天書《大中祥符》三篇，還讓我不要洩露天機。我趕緊站起來，神仙卻不見了。十一月末，我就在朝元殿建立道場，現在皇城司報告，有黃帛落在承天門屋子角上。我仔細看了，這就是神仙說的天書。」

真宗要群臣留下，一起聆聽天書。三部天書的內容都是誇獎真宗能夠恪守仁德之道，繼承祖業，還叮囑他以後要勤勉政事，最後說大宋會國運昌盛。

天書被真宗藏到金匱中，君臣又大肆慶賀一番，還下令讓京城百姓大吃大喝五天，以示慶祝。有了群臣的支持還不夠，封禪之事還要得到百姓的認可，而天書事件發生以後，真宗收到了來自全國各地的賀言和文章，他開心地忙碌著。

三月，兗（音演）州的一千二百八十七人到京城請求趙恒封禪，趙恒委婉地拒絕了，雖然兗州父老再三請求，真宗還是婉拒。各地人民都派人到京城請求真宗去封禪。宰相王旦也順應民意，率領文武百官，地方官員甚至和尚道士連續到皇宮請願。四月的時候，「天書」再降，此次降臨到了功德閣。

天書降臨，真宗受寵若驚，為了表示對上天的景仰之情，他決定就先修建玉清昭應宮，以此宮殿供奉天書。玉清昭應宮耗資耗力，勞民傷財。而真宗還沉浸在美好的設想中，玉清昭應宮要「東西三百一十步，南北四百三十步」，總共二千六百一十區，是一項浩大的工程。

為了保證品質，真宗還委任三司使丁謂作為監工，而丁謂也就是從這個時候開始成為真宗的心腹。各地方各級官吏也趁此機會在百姓頭上作威作福。南方在砍伐木材的時候，由於丁謂定下的期限十分緊急，服役的民工日夜加班甚至勞累致死，官吏們還是指責他們延誤工期，將工人的妻兒押入牢獄。

供奉天書的玉清昭應宮花費的人力物力難以計數，自然也是金碧輝煌，連繪畫都使用黃金做顏料，四方名古書畫都放置於牆壁之上，這座宮殿可以稱之為當時建築史上的奇葩。

可惜的是，這座凝聚了無數勞動人民血汗和智慧的宏大建築，僅僅十多年後便毀於大火。

大中祥符元年四月，真宗下令到泰山封禪。此次王旦是封禪大禮使，其他眾官員隨行。十月初四，真宗帶領隨從出開封，於十月二十日到達泰山腳下。

這次封禪聲勢浩大，安排事無巨細，從山下開始到山頂每隔兩步就設一人供使役。山路陡峻，登山的官員都被小心服侍。封禪儀式開始以後，程式煩瑣：三獻、讀玉冊、封金匱、閱視一步不少。等到一切儀式結束，山下高呼萬歲的聲音震盪在山谷之間，久久不散。

史書記載，真宗從開封出發到泰山封禪，然後回到開封一共用了四十七天，到達泰山的時候，天氣變陰，而且狂風大作，燭火都無法點燃，到了舉行封禪大典的時候，天氣突然轉晴，一下子萬里無雲，真宗認為這是神靈護佑的結果。封禪泰山之後，真宗下旨給王旦，要求他記錄這個盛事，寫下《社首壇頌》，其實就是講自己的功德。

在後來的一個半月中，真宗帶著天書在泰山祭祀天地，在社首山祭祀地神，還到曲阜祭拜孔子。此外還帶著天書四處祭拜，到次年十月，編造了趙氏祖先降臨的鬧劇，還改稱孔子為「至聖文宣王」，在亳州太清宮加封老子為「太上老君混元皇帝」，自此真宗不斷修建宮觀，祭祀活動日益頻繁。

宋真宗自從訂立了澶淵之盟就開始進行各種祭奠活動，這麼做一方面是為了掩飾他的無能，粉飾太平，另一方面則是要告訴遼國，大宋是聽信天命的，天命不可違，不要妄圖侵犯大宋。這樣做在開始的時候贏得了百姓的尊重和認可，但是後來大搞迷信活動，廣建寺廟和道觀，勞民傷財，政治腐敗，社會矛盾又開始變得不可調和，到西元一〇二二年，真宗去世，其偽造的「天書」隨他葬入陵墓，這一切才算結束。

【知識鏈結】

王欽若（九六二—一〇二五）是中國北宋初期的政治家，字定國，諡文穆。王欽若是真宗時期的宰相，屬於當時主和派的勢力，主張把國都南遷，與當時主戰的寇準對立，在簽訂澶淵之盟後，還給真宗提出了偽造天書以服眾的建議。此外，他還主持編纂了《冊府元龜》。

第五章：後宮與朝堂之爭

宋真宗真是荒唐之極，竟然想偽造天書以服眾，後來更是為丁謂所迷惑，導致君不似君、臣不似臣。而仁宗朝卻是另一番新氣象，這個懷抱夢想的皇帝恰好也遇到了許多能人忠臣，於是一群有志之士高談闊論如何變法以救國，這個理想會實現嗎？

不是皇帝勝似皇帝

時間走到了西元一〇二三年，宋乾興元年二月十九日，宋真宗已經病入膏肓，病榻之上，他充滿留戀而又擔憂地看著這個世界，手中的權力再大，也大不過命運的召喚，自己死後的大宋能否照舊，卻是他最不該考慮卻又不得不去考慮的問題。

「皇太子聰明睿智，天命已定，臣等竭力奉之。況皇后制裁於內，萬務平允，四方向化。敢有異議，乃是謀危宗社，臣等罪當萬死。」丁謂的長篇大論，讓皇帝放心離開，即使身後剩下的是孤兒寡母，但大宋王朝依然姓趙。然而處心積慮的保證背後往往隱藏著不為人知的陰謀，丁謂的保證從真宗死的瞬間開始失效，他開始籌謀獨掌朝政的機會。

丁謂並未採取謀朝篡位繼而黃袍加身的辦法來攫取大權，因為沒有軍權的文臣即便權勢再大、聲望再高，也很難成功地逼宮奪位，但歷史上立一傀儡皇帝以正令名，自己則隱藏在幕後乾綱獨斷的權臣卻不乏其人。要實現這一點，有三個必不可少的條件，第一，孤兒寡母好欺負；第二，群臣軟弱能駕馭；第三，宦官聽話常聯絡。丁謂的計畫從擬定詔書開始。皇帝死後，詔書就是一切，一切都要按詔書來執行，而口說無憑立字為證，這也給「假傳聖旨」留下很大空間，所以丁謂一看到詔書執筆人副宰相王曾小心謹慎地剛剛寫了幾個字，就突然叫停：「有個字你多寫了。」

群臣大驚。篡改詔書是株連九族之罪，這樣的事怎能出差錯？丁謂又指著詔書問：「王曾，『皇太后權同處分軍國事』，有這個『權』字嗎？」群臣再次震驚。「權」在這裡是代理、暫時的意思，有「權」字，劉娥僅僅是暫時輔佐，若無「權」字，劉太后便可終身輔佐，成了名正言順的武則天。大臣都知道，丁謂這是公然的造反，然而所有人都保持沉默，而不畏淫威的王曾卻直接將筆扔掉，接下來丁謂的反應才真正讓王曾吃驚，他竟然——忍了！而且示意王曾撿起筆來，毫無疑問，這個「權」字被保留了。

丁謂自然不會善罷甘休，提出了一個讓人莫名其妙的提議：「淑妃應該晉升為皇太妃。」這完全出乎所有大臣的預料，剛才是要讓太后專權，現在又要立個皇太妃與太后東西兩宮分權，完全是前後衝突自相矛盾。然而，即使自相矛盾，也一樣再次遭到王曾的反對，不過王曾沒扔筆，而是緩緩放下：「剛才沒聽到這一句。」這彷彿是兩個絕頂高手的對決，四目相對，身後風起雲湧，寒氣逼人，那交戰的目光幾乎都在大殿中流動，大臣們個個噤若寒蟬。

較量的結果看起來是丁謂失敗了，當天的遺詔完全按照皇家的意思完成了，然而丁謂才是最大的贏家。丁謂的兩個問題，一個探出了自己在高層群臣中的認可度，一個探明了劉太后在群臣中的認可度，不動聲色，不戰而屈人之兵實在是高手。丁謂妥協了兩次，但他也勝利了兩次，知道群臣可馭，劉太后可欺，唯一敢對抗自己的只有王曾而已，丁謂知道自己期盼已久的時機終於成熟了。於是丁謂將矛頭對準了與他積怨頗深的寇準、李迪等人，寇準被冠以惡名，貶至雷州。開封城裡有慈悲心的人看到離去的使者，都暗暗落淚，因為在這兩位使者的坐騎上以錦囊各包著一柄長劍，那是賜死之意。

奪權的第一步完美實施，丁謂便開始放心地實施第二步計畫了。

王曾正在參照東漢體例，為仁宗母子的座次排位尋找依據的時候，丁謂出現了，他環視了一下剛才還爭執不下的大臣，一種萬人之上的感覺油然而生，於是提議：「鑒於皇帝太小，太后操勞，每月初一十五兩次朝算了，大事則報，無事則歇，如何？」

此言一出，政事堂的大臣們憤怒不已，卻又敢怒不敢言。此時王曾又站出來了，試圖頑抗到底。丁謂卻做出了更讓大家驚訝的舉動：「我是首相，把我的提議送到後宮，看太后聽我的還是聽你的。」

這是一著險棋，要剝奪太后的權力還要讓太后親自同意，看似很沒有道理，然而太后深居宮中，也不知道前方大臣到底站在哪邊？如果反對，支持者會有多少？這是一場心理的博弈，最讓人想不到的是，劉太后——同意了！丁謂明白，現在人人都是小心翼翼如履薄冰，不知最後誰會得勢，還沒看準，連太后也不敢亂說亂動——丁謂抓到了人心中的七寸，一擊得中！

不久之後，小皇帝趙禎藉口不舒服，不理朝政，太后就想移政一處，全部由自己處理。政事堂群臣束手無策，只好再請丁謂，丁謂風風火火趕來，先徵祖訓，後尋經典，再陳利弊，直把太后說得啞口無言，再也不敢動此念頭，接著面對群臣，怒不可遏地訓斥一番，告訴他們如此「簡單」的事情以後直接駁回。

這是一次正面的交鋒，丁謂一箭雙雕。既打消了劉太后擅權的念頭，又在對手面前冠冕堂皇理由正當地乘勝追擊，還再次印證了自己在群臣面前的權威和說話的分量，至此可算是將太后和群臣徹底制服。自此丁謂掌握了國家大權，不是皇帝勝似皇帝。

【知識鏈結】

丁謂（九六六—一〇三七），字謂之，宋真宗時期任參知政事，即宰相。在相位七年中，心術不正以神仙之事啟迪皇帝，遭到正直之臣寇準等人反對後，便處心積慮罷黜寇準等人。最終，因圖謀不軌被罷相，貶為崖州（今海南省）司戶參軍。

平民太后

話說，真宗死後，丁謂掌權，然而名義上還是太后執政，這位出身平民的劉太后卻也不是平庸之輩。聰明的劉太后運用權術使天聖朝達到相權制衡的狀態，實屬不易。

首先是馮拯，這位天聖朝的第一位首相，除了因為是寇準的敵人被記住外很少有什麼特殊的地方。他病的時候卻震動朝廷，連劉娥都感動得哭了，因為派去探視的人員回報說堂堂大宋首相，窮得叮噹響，家裡簡陋節儉，連被褥都和百姓一樣簡樸。劉娥當時撥出鉅款和好的被褥送去，讓他安心養病後必重用。

然而節儉是假的，這位平日生活奢靡絲毫不遜色於寇準的人物到最後依舊不忘了為了名聲而要心眼——那種窮困潦倒全是他專門布置來騙人的。一切不過是沽名釣譽，臨死時的偽裝將他之前的假仁假義，假的無私正直暴露得一覽無餘。本為撈取更大的政治資本，誰知天不遂人，天聖元年十月，馮拯病後僅一個月，溘然長逝，死後雖然朝廷榮耀加身，然而人死如燈滅，一切不過浮雲而已。相比之下，另一個人的死卻是實實在在的震動，是實實在在的萬古流芳。他就是寇準。寇準就該生在戰爭年代，挽狂瀾於既倒，扶大廈於將傾，戰爭時的臨危授命更能體現他的智慧和才華，然而澶淵之盟之後他卻再無用武之地，反而因為他的剛正不阿、他的放蕩不羈、他的孤傲暴烈成為和平年代的毒藥，於國於他都是一個悲劇。他已屆高齡卻被貶雷州，一路南行，各地官僚百姓敬佩其為人，紛紛要用竹輿抬他過路，被他一口回絕，所謂「生當盡歡，死要無憾」，連被人陷害都要如此坦蕩，如此痛快淋漓，甘之如飴，也真是「死而無憾」。

他也算真正看透了官場甚至是人生的一切，達到了一種透徹通達的地步。死敵丁謂被貶崖州路過雷州之時，寇準派人送去一隻蒸羊，丁謂可是百感交集，一定要找寇準談談。他以為寇準肯定會答應，然而寇準一口回絕，甚至關上大門約束家丁直到丁謂遠去才肯放他們出來。他怕家丁衝動做出傻事，也更顯出了他的豁達平和。當年之事已經過去，雖然此時同為天涯淪落，但並不代表二人之間真有什麼可談的，無恩亦無怨，同朝一場，遊戲而已，過去即為過去，可以依禮問候，卻不必再談再憶。

寇準通達到了令人驚訝的地步，彷彿預見到自己死亡一般。他突然命令家人回千里之外的洛陽老家，給他帶來了舉國只有兩條的御賜通天犀角帶，然後沐浴更衣，面北朝拜，躺之臥榻，安然而去，彷彿得道高僧一般。然而寇準仍有一「劫」。自古落葉歸根，何況三朝功臣？經過求情，劉娥答應撥出專款運送寇準靈柩北還，然而沒有人想到，撥出的專款卻經過精確計算只能達到洛陽！是號稱全球最富的宋朝財政緊缺？肯定不是。其實從雷州到開封的距離甚至要更近些，所以劉娥的真正意思是此生此世，無論生死，寇準都別想再進開封城。在發配了活的丁謂之後，連死的寇準也絕不饒恕，這就是劉娥，冷酷殘忍，給大宋群臣一個血淋淋的警告。

相比於馮拯死後諡「文懿」的哀榮，寇準卻依舊讓人感到悲傷和憐惜，他諡號「忠湣」，忠倒說得恰切，寇準從來都是事國以忠事君以忠，然而「湣」呢？使國遭憂，使民悲傷，這樣的「湣」只能讓人痛惜。所以後人從未如此稱呼他，而是叫他「寇萊公」，所謂公道自在人心，死後更能彰顯一個人的功過是非，寇準若是在天有知，百年之後自當含笑。

死亦不易，生幾何難！死的寇準被拒之門外，活的王欽若卻回到了京城，而且得到起復。不過只是參知政事，頭上壓著的是大功臣——王曾，大宋首相。從這點可以看出劉娥驚人的精明。她從不絕對信任任何一個大臣，也絕不會讓任何一個大臣擁有難以束縛的權力，用人而制人，讓大臣既相互合作互有短長卻又相互競爭，自己漁翁得利，最後受益的總是自己。

王欽若才幹卓著，是個難得的人才，卻又望風使舵，絕對服從，這種小精明難保會在皇帝出岔子的時候錯上加錯，於是劉太后安排了王曾，壓制他監督他，只有好好幹活。劉太后又封原開封府尹魯宗道為參知政事副宰相。魯宗道是真宗朝中有名的諫官，連皇帝被他罵的時候也因為他句句在理而無可奈何。此人總是能站在道德的制高點，辯論口吐蓮花氣勢恢宏，一般人很難招架。

於是，一個類似三權分立的制度就這樣形成了。如果小皇帝要發布命令，首先要諮詢經驗豐富手法老到能力超群的王欽若，主意出來之後，還要經過首相王曾的審視，還有曹利用的考察，即使這些都順利通過了，最後還要通過諫官魯宗道的監察，監督魯宗道的是流傳千年的儒家道德光輝，那種忠義仁德，那種「慎獨」的絕妙修養，只有通過這樣嚴厲的層層審查之後，皇帝的意志才能正式頒詔執行。

這就是劉娥手腕的高明之處，諳熟權謀，冷酷無情，她用死人警告並安撫著活人，也讓活人相互制衡和牽制為自己所用，或生或死，都得為國盡忠，偏離不了軌道，真正可說是生死兩艱難！

【知識鏈結】

寇準（九六一—一〇二三），北宋政治家、詩人，字平仲。太平興國五年進士，太宗時官至參知政事。真宗即位後，先後在工部、刑部、兵部任職，又任三司使，後任宰相。景德元年，契丹南下犯宋，寇準力主真宗親征，反對南遷，後來因為參與宮廷權力鬥爭，被丁謂等人排擠，貶至雷州。寇準善詩能文，七絕尤有韻味，今傳《寇忠愍公詩集》三卷。

高談闊論真名士

雖然在對外戰爭方面，宋朝屢戰屢敗，但是不得忽視的是宋代經濟和文化的高度發展。比如，現存的古代文獻中，那些印刷精美，製作最精良，字體最瀟灑，看起來最賞心悅目的大多都是宋版書。這就不得不提北宋文采絕代的名臣文士。

還是天聖二年，這一年的科舉非同尋常，它的不同尋常之處不在於之前已經停了好幾年，這一年是仁宗新皇登基後第一次開科取士，而在於這一屆取的士非同尋常，具有巨大的開創意義，因為這一科開始，宋朝真正進入了自己的文臣時代，一個芳華絕代的時代。

如果知道「紅杏枝頭春意鬧」的名句，就一定知道宋祁，他就是這一科的成員，不過不是狀元，是第十名。其實這本身也是一個誤會，類似於後來蘇東坡受到的待遇。本來宋祁已經被主考官定為狀元了，然而不幸的是劉娥看到了，發現他的哥哥宋庠也在其中，卻在弟弟之後是第十名。「弟弟怎麼能在哥哥之前」，於是宋祁眨眼成了第十名。第十名也不錯，一介布衣轉身富貴榮華，而且自己才剛剛二十六歲，一切都才剛剛開始。他把小說中那些才子佳人的童話全部親身實踐，一頭栽進富貴榮華裡，盡享富貴溫柔。為樂及時，正是「歡樂不曉天」——笙歌宴飲之時，點上巨燭，將眾人用簾幕重重圍住，只管歡飲，直到天明。

還有那位晏殊，從小都被譽為神童，天聖年的時候已經官至右諫議大夫兼侍讀學士了，也幾乎可以說是當時文壇領袖級的人物，他與宋祁很像，不過追求的不是炫富般的歡飲達旦，他算是一個「散人」，不是去炫富，而是寫自己富貴之後的閒散恬適，像「梨花院落溶溶月，柳絮池塘淡淡風」，像「無可奈何花落去，似曾相識燕歸來，小園香徑獨徘徊」一派風流瀟灑。這兩個著名文學家雖然天生英才，卻畢竟不能獨領風騷，因為他們都沒能開啟一代文風。

然而，這種奢靡綺麗的文風流行太久，文壇的頹廢和下行時間也太長了，所以終要有人做出些改變，改變的方向有兩種，代表的也有兩個人。一個指向田園的恬淡，以質樸清秀讓人耳目一新，他是林逋林和靖，另一個則以雄渾哀壯見長，他就是被刻薄的朱熹所稱道的「宋亡，而此人不亡，為國朝三百年間第一人」的范仲淹。歸隱之風由來已久，《論語》中就有那些「鳳兮鳳兮」的隱士，不管政治清明或豺狼當道，總會有大批的歸隱之人，歸隱目的五花八門，有的是看破紅塵，徹底與政治絕緣，如陶淵明，有的則是沽名釣譽，以此作為一種進軍官場的終南捷徑。而林和靖則從未有過入世之心。正值壯年，文采風華震動江南，被人看做絕對科場高中，前途無量的一個青年，結果在一片惋惜之中遁入杭州西湖孤山，並且是一去「二十年足不及城市」，又是真正的「大隱於市」。不似那些假惺惺歸隱之人，沒有那些不見外客的怪脾氣，心中有隱意則鬧市也是世外天地，他只把歸隱看成一種生活方式，往來可以白丁，達官貴人又何妨結交，像范仲淹、梅堯臣、歐陽修這樣的大官員大才子都有結交，然而這並不妨礙他的歸隱。

然而，隱士沒有想到的是生前清貧，死後榮華，宋室南渡之後，在孤山大建寺廟遷出了所有私家墳墓，唯獨留下林和靖的。結果使盜墓賊誤以為名士之墓其中必有珍寶，結果陪葬的卻只有一方端硯和一枚玉簪，端硯是男兒手書之物，玉簪呢？世人不知少年意氣的林和靖曾有過怎樣傷心的過往，才會遁世而去，孤老於林泉之間，只有名句「疏影橫斜水清淺，暗香浮動月黃昏」流傳千古，使他成為文學史上的一段歸隱傳奇。

范仲淹卻是另一種傳奇。自古文人多磨，范仲淹更是出身低微受盡屈辱。母親先嫁蘇州范家，不過不是正房而是小妾，他出生第二年，父親就死了，正室怕一個庶出的孩子跟自己的兩個孩子分家產，就把他們母子趕出了家門。後來一路奔波來到山東，母親改嫁朱家，他也改名換姓成為朱說。

就這樣，范仲淹在朱家長大成人。但一次偶然的機會，他知道了自己的身世也明白了自己在朱家的尷尬處境。二十三歲那年，便隻身一人來到了應天府書院，刻苦求學。他的生活過得極為清苦，每天的飯只有一盆稠粥，冷卻凝固之後就把它劃成四塊，早晚各吃一次，以幾根鹹菜相伴。有同學看不下去資助他，竟被他婉言謝絕，因為怕自己接受資助後就再難堅持清苦。

或許正如孟子所說「故天降大任於斯人也，必先苦其心志，勞其筋骨，餓其體膚，空乏其身，行拂亂其所為，所以動心忍性，曾益其所不能」，范仲淹就這樣一直勤學苦讀，以超人的努力抵禦著生活清苦的折磨，終於進士及第。天聖二年，范仲淹在朝堂之上初露頭角，完成了一項劉太后當政十年屈指可數的政績——修築捍海長堤。范仲淹不但很有能力，才華更是卓著，作詞作文遠超王安石、司馬光等大臣，幾乎可以與蘇軾比肩，「先天下之憂而憂，後天下之樂而樂」的情懷更是流傳千古。

【知識鏈結】

林和靖（九六七—一〇二八），字君復，浙江大里黃賢村人（一說杭州錢塘）。幼時刻苦好學，通曉經史百家。書載性孤高自好，喜恬淡，勿趨榮利。而後曾漫遊江淮間，後隱居杭州西湖，結廬孤山。一〇二八年（天聖六年）卒。其任林彰（朝散大夫）、林彬（盈州令）同至杭州，治喪盡禮。宋仁宗賜諡「和靖先生」。

為親母爭名

天聖十年，曾經叱吒風雲的劉太后死後，她的沉睡二十多年的秘密也隨之被揭開。宋仁宗趙禎知道自己親生母親不是二十多年來一直侍奉的劉太后，而是近在咫尺的李宸妃，悲傷憤怒心中生。

趙禎立刻派人去查李宸妃的葬地，並派兵包圍了劉太后的哥哥劉美的住宅，一旦查出的結果令皇帝震怒，劉美的下場可想而知。然而，事情沒有趙禎想像的那麼殘酷。李氏就葬在洪福院。趙禎坐上牛車直接過去，下車直奔棺槨，他要親眼看看，母親是否真如八皇叔所說的是「死於非命」。

很多人的命運就在棺槨打開的那一瞬間定格了。他看見自己的生母平靜地躺在其中，四周充滿水銀，身上是太后的衣服，沒有半絲受苦的痕跡。趙禎一顆懸著的心落地了，很多人的厄運也一起消散了。

自己是宸妃所生沒錯，但生母並未死於非命，看來八皇叔所言並不全對，「人言豈可盡信，大娘娘平生分明矣」，趙禎低頭歎息，他的擔心消除了，包圍劉美住宅的士兵撤離了，然而他的心卻又重新被痛苦纏繞，「子欲養而親不待」，不管天子還是人臣，這樣的苦痛都難以承受。

然而，無法公開發洩自己的憤怒並不意味著不能發洩。趙禎一定要找辦法替自己死去的生母報仇，讓自己能夠心安。他首先對劉娥的葬禮不管不問，採取一種無視的姿態。其次即使自己的母親死了，他也要讓她成為太后，享受最高的級別的禮遇。

稱病不去參加葬禮可以不過大臣一關，但要違背祖制，在太廟之中來個一帝兩后，卻不可能得到群臣的同意，即使皇帝又能怎樣，也並不能任何事都隨心所欲。經過反覆拉鋸多番較量，君臣各自妥協，終於達成了一項協定。不管劉太后還是李太后，既然沒法都去太廟，那就都不去吧！去太廟陪真宗的成了他的第一任夫人——郭太后。劉太后李太后怎麼辦呢？太廟之外再建新廟「奉慈廟」供奉二老，而且不分彼此，主僕關係被一概抹平。這就是趙禎所能最大限度做的事情了。這也是封建禮教的威力，即使貴為皇帝，即使明知生母無辜受難，生前甚至身後受盡歧視，但身為人子卻無法徹底地還給她公道。這就是明道二年開始的時候發生的事情，歷史將一個溫和卻又真實的趙禎展示人前。然而為母親爭取名分的卻不能算是大事，甚至不能算是正事，因為作為一國之主，後邊還有更重要的事情來做。

最重要的一項議題就是大政誰屬，此時劉娥已死，皇帝長大成人，依照禮法，皇帝親政自然是順理成章之事。可是現實往往事與願違，劉太后雖然死了，後宮卻還有不少太妃。劉太后身後竟然留下書面遺詔，要自己的好姐妹，也就是「小娘娘」楊妃，繼續垂簾聽政，「保護」她們的兒子趙禎。

於是，劉娥死後的第一次朝會上問題就出現了。文武百官排好佇列正要去見皇帝，一個閤門使（負責禮儀傳接）攔住了他們的去路：「大家別忘了老規矩，要先去朝見太后。」

靜寂。沒有皇帝的明確表態，然而一旦去了，就真的是一去不復返了，以後就成定式了，再次變成太后執政。然而每當這時，總會有能臣想出絕妙的辦法。只見一個大臣站了出來，大喝一聲：「誰命汝來？」只一聲，四個字，一切就結束了，那個閤門使立刻消失，楊太后垂簾的夢就此破碎。於是，四個字就將一切變得明朗起來，皇帝要親政，而且皇帝是討厭劉太后的。於是，大臣紛紛見風使舵，爭先恐後地揭發劉娥的不是。然而有一個人再次與眾不同，他以自己的良知和責任維持著公道，成了風暴之中穩定朝局的中流砥柱，他就是范仲淹。而此時，他才剛剛重返京師。他告訴趙禎，其實劉太后也保護了您十年，多想一下她的好處，過去的事就讓它過去吧，現在還有更多的事情要做。范仲淹當年反對劉娥最激烈，遭受打擊也最嚴重，或許他最有資格和機會去復仇和清算，然而此刻他進諫皇帝不再追究前事，趙禎一下子清醒了，於是一切到此為止。范仲淹為的是良知和責任，一顆至誠的愛國之心，然而早有人為了一己私利，直奔主題，那就是新一屆政府的組成問題，他就是呂夷簡，原則只有一個，當年與劉太后關係密切的，是敵人，反對劉太后的，就是朋友。這次呂夷簡可謂費盡心機，所有重臣的名單由他跟皇帝擬定，呂夷簡本人必將成為皇帝一人之下萬人之上的顯赫權臣。然而再周密的計畫，也抵不過枕邊風。趙禎將此事告訴了自己的郭皇后，沒想到郭皇后平淡地笑笑：「呂夷簡不是劉太后的人嗎？」於是，仁宗臨時做出改動，第二天在朝堂上當眾宣旨的時候，將呂夷簡貶出京師，出判澶州！

於是，新一屆的領導班子算真正的全是親信了，他請來了自己的老師張士遜李迪分別擔任宰相副宰相，真正屬於趙禎的時代到來了，這一次他成了真正的皇帝，天地之間，乾綱獨斷，天地終於變得廣闊無邊。

【知識鏈結】

宋仁宗（一〇一〇—一〇六三），中國北宋第四代皇帝（一〇二三—一〇六三年在位）。宋真宗的第六子，在位四十一年。在位時候宋朝面臨危機，冗官冗兵冗費，而對外戰爭卻又屢戰屢敗。後來由范仲淹主導，一度推行過「慶曆新政」，但未克全功。

朋黨之爭

仁宗親政，起初並未重用奸臣呂夷簡，然而不久後，一直等待時機的呂夷簡由於宰相李迪包庇朋友范諷被罷黜而終於成為宰相。而當上宰相後的呂夷簡成了范仲淹眼中必須除掉的奸邪。於是一場正邪之爭就此展開。

范仲淹，才華出眾，能力超群，忠君愛國，性格堅韌，有高遠的眼光，有聖人的夢想，嫉惡如仇，身體力行，一生起起伏伏為真理為道義始終不渝。於是在所有人都知道閻文應是呂夷簡宮中的內線，知道他們彼此勾結必定後患無窮，知道閻文應賴在京城不走卻又無可奈何的時候，范仲淹不這麼做，他在別人靜觀其變的時候選擇挺身而出。

他要做就一定做到極致，他的方法不僅在大宋言官中罕見，而且真正讓敵手膽寒。從上書彈劾閻文應開始，他就絕食了，「吾不勝，必死之」。不管罪證是否存在，閻文應必須死，不是閻死就是范亡！

在這種以命搏命的空前感召下，言官紛紛上書，在這種巨大壓力下，皇帝也不得不妥協，下令將閻文應趕出京城，然而這位大太監走出京城沒多遠就死了。按說用這種極端手段趕走了閻文應，目的達到了就該到此為止，起碼也應該讓皇帝喘口氣，然而范仲淹絕不甘休，他追求的是除惡務盡，他眼裡的大奸邪呂夷簡還沒有死，便絕對不能停息。他給皇帝呈上一個重要物證——《百官圖》，上面詳細地記錄呂夷簡當政的幾年來，百官的升、降、謫、遷，並標明哪些是正常的，哪些是呂夷簡出於私人利益的舞弊之舉，可謂是翔實、詳盡而生動，范仲淹相信，自己的《百官圖》遞上去立刻就能置呂夷簡於死地。

然而出人意料的是，這樣鮮活的東西卻只換回呂夷簡的八個字「仲淹迂闊，務名無實」就不了了之了。范仲淹被激怒了，他努力的結果呈送君前，卻竟然只換來了一個不了了之！

他接下來又寫了一篇長長的奏摺，論及帝王修能、選賢任能及近名推諉之事，邏輯縝密而且理論聯繫實際，讓人拍案叫絕，並且結尾以漢代張禹的例子來暗示皇帝如果放任呂夷簡胡亂任命，說不定哪天就出個王莽，血洗趙家天下。范仲淹信心滿滿地認為上次的《百官圖》再加上這次的雄辯，呂夷簡肯定倒台無疑，然而得到的卻是呂夷簡的十二個字「越職言事、薦引朋黨、離間君臣」。不論范仲淹說的一切有理無理，呂夷簡都懶得搭理，因為從出發點上他就錯了，他越職言事了。

范仲淹不肯容忍呂夷簡用前後區區二十個字就把自己的挑戰敷衍過去，便再次拿出了自己的筆，針對呂夷簡的十二個字，再次批駁，再次論戰，一定要在御前辯個一清二楚明明白白。

其實范仲淹這時已經不是一個人在戰鬥，就像呂夷簡「薦引朋黨」所暗示的那樣，范仲淹已經有了自己的支持者，有了自己的團隊，但這個團隊不是為了一已私利的朋黨，他們走在一起是因為他們全都篤信詩書教誨，篤信聖人之言。這些人簡單霸道，人不算多，卻稱得上是朝廷的異類，其中就包括李紘、王質、尹洙、歐陽修，他們個個才華橫溢、風華正茂卻又有些年少氣盛。

然而有了朋黨的標籤，范仲淹已經無須過度辯解，結黨營私，在哪個朝代都是大忌，於是皇帝的處罰很快下來了，范仲淹被剝奪在京職務，貶至饒州任地方官。范仲淹被這道旨意打擊得不知所措，難道自己真做錯什麼了嗎？他悲憤交集，自己一直忠君愛國啊！為何結局竟然如此？

范仲淹的朋友比他還著急，他們立刻站了出來，主動承認自己就是范仲淹的朋黨，但范仲淹是個君子，能夠與他為朋，實在是人生之大幸。他們就是如此光明正大無所畏懼敢作敢當，因為他們做的是光明磊落之事，他們為的是國家、理想，為的是道德光輝。他們集體站出，以一種睥睨一切的姿態震懾了朝中老臣。

這些人的吶喊看起來很熱鬧，卻未能產生太大的作用，因為他們往往空有一腔熱血，不知如何爭鬥，最後也只是徒勞無功。面對奸邪，助紂為虐固然可惡，但袖手旁觀漠然視之，甚至是有能力制止卻視而不見也是難逃干係，所以范仲淹找到了一個人，他一定要問清楚，並且親自上門，他想知道，天理公道人心全在他這邊，這人有能力幫他卻為什麼袖手旁觀？

他就是王曾，對抗過丁謂，制約過劉娥，更有過七年宰相的資歷，如果他當時出手，呂夷簡絕對得小心應對，勝負更是未知，「明揚士類，宰相之任也。公之盛德，獨少此耳」，王曾身為宰相理應弘揚正氣，可為什麼袖手旁觀獨善其身？范仲淹親自登門，就是希望求得一個解釋。

范仲淹如願了，王曾也是十二個字：「夫執政者，恩欲歸己，怨使誰歸？」王曾沒有正面回答，卻回答了一切。范仲淹決然地走了，從此後，忘身許國，只做實事！這也是宋朝之幸！

【知識鏈結】

范仲淹（九八九—一〇五二），字希文，蘇州吳縣人，唐朝宰相范履冰的後人。他生於武寧軍（治所徐州，一說河北真定府）。北宋著名的政治家、思想家、軍事家和文學家，世稱「范文正公」。他為政清廉，體恤民情，剛直不阿，力主改革，屢遭奸佞誣謗，數度被貶。一〇五二年（皇祐四年）五月二十日病逝於徐州，終年六十四歲。有《范文正公全集》傳世，通行有清康熙歲寒堂刻版本，附《年譜》及《言行拾遺事》。

第六章：宋夏逐鹿疆土

就在北宋危機四現，矛盾重重之時，党項民族逐漸興盛，大有向中原發展之勢。當然，首先它遇到了勁敵吐蕃，由於受到命運的眷顧，李元昊僥倖勝出。但緊接著，他又與北宋開戰，爭奪三川口、好水川、琉璃堡、定川砦，最後誰會笑到最後？

李元昊標新立異創西夏

自西元九九四年党項李繼遷派其弟與北宋言和以後，兩者只維持了短暫的和平。党項在不斷發展壯大，不斷騷擾掠奪北宋邊境地區。奪得靈州以後，李繼遷將之改名為「西平府」，作為都城，又開始籌備另一場戰爭，向宋朝的環州和慶州進攻。但由於遭到吐蕃六谷部族的圍攻而最終失敗，李繼遷也因此戰死。

其後由李德明繼承王位。但是一直到李元昊時期，党項才真正強大起來，建立了西夏政權。然而李元昊的國主地位想要被人承認，則必須經過宋朝的允許，經過契丹的允許。李元昊是一個只服武力的人，他眼看著宋朝如此疲弱，卻又如此富有，自己竟還要匍匐在宋使的腳下，乖乖地聽命，看著宋使手拿黃絹，宣讀聖命，自己低眉折腰，對當年殺死自己爺爺的仇人俯首聽命，這是何等的奇恥大辱啊！於是，詔書是越聽越惱火，賜予的榮耀越高越覺得諷刺，宋使剛念完，他就一下跳了起來，大聲叫喊，先王竟然向這樣的國家屈膝下跪，實在是大錯特錯啊！

竟然當著宋使的面說出如此大逆不道的話來，而且還指責自己的父親，面對如此囂張的李元昊，宋使忍了，多一事不如少一事。看到挑釁宋使沒有效果，李元昊決定直接挑戰宋朝權威，他拒用宋朝年號，理由是「明道」年號犯了他先父李德明的名諱。宋朝原諒了李元昊的作為，沒有追究如此大逆不道的行為，採取了漠視的態度。可是這種置之不理的態度更加激怒了李元昊。

其實，仔細看來，這些事都是李元昊挑起的區區小事，算不得什麼震動朝野的大事，然而從這些小事上可以窺見李元昊跟其父親以及祖父的不同之處，他的野心更大，爭霸的願望更強烈。但是，要想真正實現自己的夢想，他必須擁有一些真正能深謀遠慮為自己出謀劃策的人，這些人必須來自宋朝內部，他們有一個專有的名字——漢奸。

他們是以激怒李元昊的方式出現的，來到興州城酒樓裡，喝得酩酊大醉，在牆上「亂寫亂畫」，內容卻足以讓李元昊氣血衝頂：「張元、吳昊來此飲酒。」漢人來党項地盤胡鬧，竟然還敢犯李元昊之諱，於是自然被捆綁而來，然而兩人毫不在意談笑自如，一副不把李元昊放在眼裡的樣子。

李元昊更是怒不可遏，你們竟然連党項國主的名字都不知道嗎？卻不料兩個漢人帶著諷刺地哈哈大笑：「你連自己的姓都不在乎，何必那麼在乎自己的名字呢？」一語中的，他是堂堂鮮卑人的後裔啊，與「元昊」有什麼關係？

不愧是李元昊，於是上前鬆綁，待為上賓，從此形影不離，可謂推心置腹，有了李元昊的野心，再加上「漢奸」的謀略，真的是如虎添翼一般。

名字的刺激給李元昊的印象太深刻了，鮮卑族的後裔這樣的念頭深深地烙在了他的心頭。他做的第一件事就是要將自己與大宋的不同顯示出來，便開始在髮型服飾上做文章，於是李元昊自己先將頭頂的頭髮剃掉，只在四邊留些許的頭髮，再戴一對超重的大耳環，因為這是他認為的鮮卑人的傳統髮型，不但自己理了，而且下令全國，必須照著自己的樣子來做，三天之內全部剃光，留髮不留頭。

接下來是換服裝，不同等級的官員穿不同顏色的衣服戴不同的帽子，平民百姓只准穿綠色或青色的衣服，穿不該穿的顏色，依舊也是殺頭。然而，這些只是些小打小鬧的表面文章，根本起不了大的作用，接下來的卻非同小可。

他要創制文字。傳說中，倉頡造字出來的時候，鬼神哭泣。文字的力量太強大了，有了文字，就真正有了文化，也使這個民族真正在歷史上有了一席之地，不會「當時則榮，過則沒矣」。既然是創字自然要去參照成熟的漢字，自然也擺脫不了漢字的影響，漢字「六書」也是個個具備，只是會意字多，斜筆多。然而李元昊極端重視它，將其命名為「國字」，頒行之日可是舉國歡騰，並且立即全國推廣，甚至設立了專門的機構，負責漢字和党項字的互譯。

文字都造出來了，接下來李元昊步子就大了，不但要有帝王之實，更要行帝王之名，拋棄宋朝年號，將「明道」改為「顯道」再改為「開運」，結果又與後晉王國年號相同，再改「廣運」，從此党項的年號自成體系，一直延續了一八九年。

年號都不要了，也便拋棄了宋朝冊封的西夏國王之號，直接稱「兀卒」，党項語意思便是「天子可汗」，這是游牧民族的最高最尊貴的稱謂。接下來還有政治制度，尤其是官制，看起來是學習契丹，其實完全照搬宋制。

就這樣，李元昊從表到裡，將一個獨立的王朝在自己手裡一步步地造了出來。党項已經從服飾、髮型、文字、官制甚至禮儀制度變得與大宋截然不同了，那個威震一時的西夏已經漸漸誕生了。

【知識鏈結】

党項族是中國古代北方少數民族之一，是羌族的一支。根據記載，羌族發源於「賜支」或者「析支」，即今青海省東南部黃河一帶。漢初時的党項族過著不知稼穡、草木記歲的原始游牧部落生活。唐初党項族開始強大起來。西元一〇三八年十月十一日，李元昊稱帝，建國號大夏，自此党項加快了漢化的進程。

狹路相逢

李元昊建立西夏後，既然內政已定，又握有一支征戰多年的常勝之軍，看到宋甚至遼如此富足軟弱，李元昊的野心急遽膨脹，決定使用武力將全天下都括於囊中。首先，党項和吐蕃糾纏往復了上百年，卻一直難決勝負，而強大的河湟吐蕃更成了党項的心腹大患。這一次，李元昊發現了一個千載難逢的機會，可以一舉殲滅河湟吐蕃，奠定党項的千秋偉業。這樣的機會往往不是內部力量的突然猛增，而是來自對方的突然鬆懈或突然元氣大傷。

西元一〇三五年，宋景祐二年，吐蕃宰相溫逋奇突然發動政變，將唃廝囉贊普及其手下一併關進牢中。吐蕃內亂，而且是贊普和宰相內訌，這樣的機會實在千載難逢，李元昊立刻抓住時機，派出二萬五千鐵騎由大將蘇奴兒率領，殺赴吐蕃，意欲畢其功於一役，徹底消滅吐蕃。然而沒多久傳來的不是捷報卻是噩耗，就在進攻吐蕃的第一關，貓牛城下，蘇奴兒全軍覆沒，連他自己都沒逃出來。

後來才傳出消息，原來政變沒多久，唃廝囉就被看守他的衛兵偷偷放出。唃廝囉隻身出現在民眾面前，振臂一呼，說「我是贊普，大家跟我來！」於是一呼百應，吐蕃百姓真的揭竿而起紛紛跟隨，宰相溫逋奇的勢力瞬間瓦解。這樣一來，蘇奴兒滿心歡喜一廂情願地以為會出現的內亂根本就沒有，反而吐蕃人在新贊普的領導下個個鬥志昂揚一心殺敵，立刻將党項人殺個片甲不留。

消息傳來，李元昊深感顏面受損，於是決定傾全國之力，率軍隊親征吐蕃。然而進攻的速度遠不如他想的那樣迅速，正如吐蕃遠不如他想的那樣不堪一擊一樣。党項軍在貓牛城下圍攻了一個多月，卻沒有絲毫進展，眼看著損兵折將貽誤戰機，李元昊心急如焚，無奈之下，他派人向吐蕃人提出議和，要實現西夏和吐蕃的和平共處。自信而驕傲的吐蕃人竟然相信了，因為他們覺得党項人在城下已經丟下了三萬具屍體，久攻無效，求和是最好的出路，於是爽快地答應了。

老實的吐蕃人打開城門，準備美酒準備烹羊宰牛祭天為誓。然而迎接他們的卻是党項人的刀劍，党項人殺了過來，貓牛城陷落。首戰告捷，李元昊又指揮党項士兵馬不停蹄地攻陷了吐蕃前王城宗哥城，越過帶星嶺，直指吐蕃贊普的最新根據地青唐城（今青海西寧）。在李元昊看來，戰爭的結果已經明瞭，更可喜的是唃廝囉竟然主動配合，龜縮青唐城，並且把自己在吐蕃各地的精兵全部聚攏在鄯州（今青海西寧境內）擋在自己面前，明顯地怯懦偷生，李元昊大喜過望，然而卻並未被勝利衝昏頭腦，在率軍渡過宗哥河的時候，他命人在河的淺水處立上標示，這樣不管勝利或者失敗，總有退路，如此冷靜，果真不愧大將風範。

貓牛城的攻堅戰再次上演，鄯州城集結了吐蕃最精銳的部隊，再加上身後贊普的巨大號召力，這個堪稱吐蕃党項決戰的戰役打得曠日持久，因為党項再也不能故技重演了。戰爭消耗時間之長遠遠超出了李元昊預料，整整二百天虛耗在鄯州城下，吐蕃人堅壁清野，鄯州城久攻不克，李元昊開始意識到問題的嚴重性了，漫長的戰爭使補給線已經疲憊不堪了，再不退兵，恐怕真要葬身吐蕃了。

看著久攻不下的鄯州城，李元昊也只能悻悻然離開，帶兵來到了宗哥河，然而萬萬想不到的事情發生了，党項大軍正要渡河，背後突然有近十萬精兵掩殺過來，這分明不是鄯州城裡的追兵。倉皇之下，党項士兵哪裡有心應戰，趕快渡河為妙，爭著要從那曾留下的淺水標示處渡河，然而那些標示卻早被吐蕃人悄悄移動至水深處，這時出動奇兵攻擊，簡直就是逼迫党項士兵跳水自殺。

這一次李元昊竟然僥倖逃脫，看著宗哥河中漂浮的數萬士兵，還有數不清的糧秣輜重，李元昊心痛不已，他到底小看了吐蕃，擁有十萬精兵，唃廝囉卻始終不用，目的就是在此一擊啊！

往往就是這樣，名聲和威望，地位和聲譽都是打出來的，用幾近殘滅的方法締造出來的。這樣一次近乎全軍覆沒的教訓給党項人的印象實在太深刻了，党項人從此很難再有勇氣對吐蕃發動進攻了，他們發現了自己的家底和傳統，也不得不正視吐蕃的強大。

然而吐蕃人的痼疾再次上演，與百餘年前的致命危機一樣，吐蕃再次分裂，而且這次更加致命，沒有人敢反抗的唃廝囉竟然被自己的兒子背叛。兩個兒子野心勃勃，逃離了青唐城，各自擁兵自重，做得最絕的是二兒子磨氈角，竟然公然默許自己最好的謀士將自己女兒嫁給了李元昊的兒子。

這是公然的叛國投敵，公然的認賊作父。如果在漢文化的背景下，必定又是一場大亂，皇帝親征，自己兒子又能如何，照樣征伐抓來殺掉。然而這裡是吐蕃，一個神奇的國度，他的贊普沒有動用自己的不世權威前去征討，而是主動後撤，帶領自己的人馬將自己苦心經營多年的王城青唐城讓出，自己主動後移，一路跋涉遷移到了歷精城。

李元昊沒有可能不成功。觀察一下唃廝囉兒子引起的內亂自殘，大宋趙禎及其臣子的所作所為對他的幫助，就可以看出，命運女神真的太眷顧他了。

【知識鏈結】

李元昊，西夏開國皇帝。李繼遷孫，李德明長子，生母衛慕氏。不僅好法律和兵書。通漢、蕃語言，精繪畫，多才多藝。一〇三八年十一月十日自立為帝，脫離宋朝，國號「大夏」，亦稱西夏，定都興慶府。建國後多次與宋、遼交戰，於三川口、好水川及定川砦等戰中擊敗北宋，並於遼夏第一次賀蘭山之戰，大勝遼國，奠定西夏在遼、宋兩國的地位。晚年沉迷聲色犬馬之中，後來被其子所殺。

再遇強敵

繼李元昊在與吐蕃作戰中勝利以後，便將目光投向一直持模糊態度的北宋。景祐五年，仁宗舉行郊祀，李元昊卻送來挑釁的賀表，意在稱帝，大戰一觸即發。

西元一〇三九年一一月，李元昊率軍直奔延州境內的保安軍，卻為狄青所帶領的保安軍所擊敗，首戰失利。隨後，西夏和北宋於三川口、好水川、琉璃堡幾次交鋒，各有勝負。西夏很快又將戰爭的矛頭指向了大宋。仁宗慶曆二年，李元昊再次進犯大宋的西北邊境。這次，宋朝也做好了積極應戰的準備，涇原路因為在西北邊防上的重要性，所以中央派出了禁軍精銳部隊負責防禦，並且派出禁軍將領葛懷敏來指揮對敵。

在派出葛懷敏之前，宋仁宗親自召見這位葛懷敏——真宗時代名將葛霸的兒子。其實，范仲淹早就對此人有過評價：「猾懦不知兵。」可宋仁宗就是很信任此人，甚至還把他調到涇原路。可見，仁宗原是要指望這位將軍成為葛霸第二的，未料到葛懷敏極為不爭氣，反倒讓自己的父親成了馬服君第二。

具體的作戰情況是這樣的：王沿下令葛懷敏迎敵之後，葛懷敏立即帶領七萬大軍出發，到了預先劃定的駐紮地點瓦亭寨之後，葛懷敏卻下令繼續前進直到與李元昊大部相遇，之後葛懷敏分兵四路（葛氏自統一路），意圖合圍李元昊軍。而李元昊軍顯然發現了葛懷敏的企圖，自然不會坐以待斃，所以西夏軍相應地調整了作戰策略，派出小隊人馬進攻四路中西水口方向的劉湛部。而葛懷敏正在戰場上急切地尋找敵軍主力決戰，得此戰報，自然令所部向劉部靠近，結果又突然得到戰報，西夏主力又出現在定川砦。於是，葛懷敏又命令四路人馬齊聚定川砦，準備決戰。到此為戰爭的第一階段。

這個階段，宋軍由上風轉為下風，統領大軍的將領只知道尋找敵軍決戰，反而被敵軍牽著鼻子走，表明戰場的主動權開始逐漸被李元昊軍取得。從這一點上完全看得出，葛懷敏的統軍謀略何等的低劣，大好的形勢就是這樣被浪費掉了。之後，宋軍急切地與西夏軍決戰，初戰就派出最精銳的五千番落騎兵，以五千敵十萬，而且是銳氣正盛的敵軍，怎麼可能勝利呢？失敗後，宋軍軍心動盪，在定川砦中龜縮不出，李元昊軍實現了對宋軍的合圍。至此，宋軍敗勢已現。這就是戰爭的第二階段。

在這個階段裡，葛懷敏最無能之處就是不懂得「慎重初戰」。初戰對一場戰役極為重要，特別是不考慮敵我情勢就盲目地損耗精銳部隊的初戰只會損害士氣，動搖軍心。一個軍隊裡面的精銳部隊不僅僅是戰鬥力的體現，更是戰鬥意志的體現。

《老子》說：「哀兵必勝。」意思就是要激發軍隊的戰鬥意志。葛懷敏卻恰好相反，怎麼能說是知兵之將？此時戰爭進入相持階段，一般來說，進入這個階段，對戰爭雙方來說都是損耗巨大的時期，因此這個階段也是戰場上變數最多的時期，也是最考驗將帥智力和心性的時期。王翦滅楚之戰、官渡之戰、夷陵之戰、朱元璋滅陳友諒之戰、抗日戰爭都是利用這個階段實現了轉敗為勝，當然這是與統兵者優秀品格緊密聯繫的。

在戰爭相持階段，夏軍先與葛懷敏部交戰但沒有獲得勝利，之後與曹英部戰鬥，趁著一場偶然的大風夏軍獲勝。隨後，這場戰爭終於表現出了戲劇性的地方。在圍困的第十天，葛懷敏決定棄砦（同寨）、棄兵，率領十四員大將和一萬士兵，分批趁夜色逃出定川砦。戰爭的最後階段裡，西夏軍隊輕而易舉地消滅了全部十四員大將和這一萬士兵，留在砦裡的六萬士兵倒是不知道怎麼回事戰爭就結束了。

這就是好水川之後，宋夏之間又一場大戰，雖然同樣是宋軍失敗，卻敗得太過於兒戲。它失敗的結果又引起了宋朝高層的激烈變動，呂夷簡下台，慶曆君子們開始執政，繼續推動著歷史。

葛懷敏似乎就是宋版趙括。《宋史》上說他為人「善候人情」，可見這是一位圓滑世故、八面玲瓏的紈綺子弟，毫無敏智勇謀、運籌帷幄的大將之風，從開戰之初，他匆促躁進，盲目尋找敵人主力進行決戰，初戰失利後軍心動搖之下，沒能穩固軍心，一味龜縮不出，之後又身為主將，棄軍逃亡，置大軍於上無主將，外有敵軍的覆滅之境。據史書記載，宋仁宗在召見葛懷敏時贈送了他一副曹武穆公（曹瑋）的遺鎧。這副遺鎧裡充溢的宋代軍人的榮耀在被葛懷敏辱沒了之後，最終再也沒有機會出現在中國歷史上。

【知識鏈結】

葛懷敏（？—一〇四二），北宋時期名將，為名將葛霸之子。慶曆二年（一〇四二）閏九月，夏王李元昊大軍攻鎮戎軍（今寧夏固原）。渭州（今甘肅平涼）知州王沿命懷敏率軍增援劉燔堡（今寧夏隆德），不幸戰死沙場。仁宗贈懷敏鎮戎軍節度使兼太尉。

第七章：絕地逢生

遼國一直對南邊的宋朝虎視眈眈，澶淵之盟也不能阻止其進攻的步伐。不久，就有跋扈遼使來宋提出歸還關南十縣這個無禮要求。宋朝聞此誠惶誠恐，最後還是富弼挽救了大局，然而這不得不讓仁宗及其臣子們思考，大宋已沒落到如此地步了嗎？如何重振大宋雄風？

氣勢洶洶的遼使

宋遼澶淵之盟後，一南一北彼此倒也能相安無事。但是就在西夏與北宋作戰之時，遼國突然派使來說，要求歸還關南十縣之地。這真應了那句俗話「福無雙至，禍不單行」。

為了讓自己的索取變得合法，遼主特意讓使臣數說宋朝背盟的舉動，其中主要的一點就是宋朝無故在邊境增派兵力，挖掘壕溝，修繕城池，這些都是準備開戰的舉措。遼國使者又說起關南十縣的歷史，說那原本就是遼國祖先打下的土地，後來雖然失去，但仍然是祖先的遺產。如今的遼主要求宋朝歸還關南十縣，是遼主對祖先盡孝，也是宋主成人之美所必須盡的義務。至於西夏的李元昊，他娶了當今遼主的姐姐為妻，而且曾經向遼國稱臣。就私人關係而言，李元昊是遼主的姐夫，就國家關係而言，遼國與西夏是主人和臣子的關係。如今，宋對西夏開戰，事先卻不讓遼國與聞，實在是對遼國的蔑視。層層的責難，加上自以為得理在先，佔據了道義上的制高點，所以遼國使者在朝堂上表現得極為無禮。

這就是一〇四二年的開春，北風突然襲來，讓舉國上下打了一個寒戰。

遼國咄咄逼人的態勢沒有讓仁宗驚慌，仁宗讓宰相呂夷簡等人仔細斟酌出使遼國以回答責難的合適人選。呂夷簡也擺出一副滿心為社稷蒼生負責的態度，竟然舉薦了曾經彈劾過自己的富弼肩負此重任。

仁宗固然感到驚訝，但也的確認識到朝廷的朋黨之爭沒有因此止息，以富弼的魄力和才能固然有很大的勝算能夠做到不辱君命，但遼人的威脅也絕不是談笑之間可以化為烏有的，富弼此去吉凶仍然未卜。仁宗很明白這一點：外交談判成功的關鍵是知道對手的底線在哪裡。

在富弼即將出使遼國之前，仁宗皇帝召見富弼。君臣相見之後，仁宗首先詢問富弼對遼國的那些責難有何看法？而面對這些責難——其實就是割地的要求、背盟和處置西夏三點——如何才能讓宋朝從現在道義上的劣勢扭轉為優勢呢？

首先是關南十縣之地。所謂關南十縣，就是指瓦橋關以南的十個縣，是燕雲十六州的一部分。後晉高祖皇帝石敬瑭當年曾向遼國第二個皇帝遼太宗耶律德光借兵，而借兵的代價就是割讓後晉的燕雲十六州給遼國，更為讓人意想不到的是石敬瑭竟然以兒皇帝自居，以此向比自己年輕的耶律德光搖尾乞憐。

雖然《論語》中孔子教訓弟子要「三年無改於父之道」，《周易》中也講要「幹父之蠱」（繼承父親遺留的事業），但後晉初帝石重貴在穩坐中原之後，出兵征遼，竟然又重新奪回了燕雲十六州。當時，耶律德光還在位，自然嚥不下這口氣，於是派出大軍，誓奪回燕雲十六州，結果「風蕭蕭兮易水寒，壯士一去兮不復還」，遼軍非但沒有奪回燕雲十六州，反而被打了伏擊，全軍覆沒，而遼主耶律德光也因羞愧憤恨而亡。

之後，後晉覆亡，燕雲十六州又歸後漢所有。不過三四年光景，後漢又被後周取代，不過後周沒有獲得後漢全部的土地，在後漢北部的土地上，劉旻建立了北漢。北漢據有燕雲十六州，背後是得到了遼國的支持，遼國支持的原因卻有一層隱痛。當時，遼國還沒有建立起完全齊備的政治體制，所以無法統治燕雲的漢人，於是用起了以漢治漢的策略，姑且讓劉旻再當一回傀儡兒皇帝，代替遼國治理燕雲十六州。但北漢劉旻實在敵不過後周世宗柴榮，柴榮即位後，選拔將領，整兵經武，不僅從北漢手中奪回了關南十縣，甚至還越過北漢之境攻打遼國，使遼主大為惱火。陳橋兵變之後，趙宋繼承了後周的遺產，便也名正言順地佔有了關南十縣。

回顧完這段錯綜複雜的歷史，富弼很明白地告訴仁宗：應對割地，不能與遼國在主權問題上爭論不休，因為這個問題是永遠沒有結論的，所以見到遼主時必須繞開這個話題。關鍵點在於關南十縣之地不是趙宋從遼國手裡奪過來的，而是前朝的柴榮從遼國奪得的土地。宋朝從太祖皇帝即位以來就佔有關南十縣，這自然也是當今皇帝的祖產，如果歸了遼國，豈不是要大宋皇帝不孝嗎？如果硬要宋朝歸還，那自古以來燕雲十六州還是漢人的土地呢，何不歸還於大宋？所以與遼國折衝樽俎，要時刻牢記四字：何懼之有！至於背盟的責難，那就要做到另外四個字：誠不欺你！

當年澶淵之盟是說雙方不得無故在邊境增派兵力，宋朝更不能在邊境隨意挖壕溝以阻止騎兵南下。但如今大宋徵兵也罷，挖壕溝也罷，都不是要準備開戰，而是因為宋朝是以農耕立國的，這跟草原民族的情勢完全不同。

關於宋對西夏開戰也是迫不得已，西夏是遼國的臣屬，難道不是大宋的叛臣？當年太宗皇帝寬容對待請求蔭庇的李繼遷，加官晉爵，贈予財物土地，如今他的孫子李元昊卻不斷侵擾大宋邊境，難道這不是叛臣逆子所為嗎？況且宋朝還與遼國是兄弟之國，做兄長的總不能被弟弟的奴才欺侮。

【知識鏈結】

燕雲十六州，又稱「幽雲十六州」。「幽雲十六州」是指後晉天福三年（九三八）兒皇帝石敬瑭割讓給契丹的位於今天北京、天津以及山西、河北北部的十六個州。燕雲十六州為險要之地，易守難攻，無燕雲十六州，中原地區將會赤裸裸地暴露在北方少數民族的鐵蹄下，對宋朝的衰變乃至滅亡有重大影響。

富弼平息風波

富弼帶著仁宗對他的期許出使了遼國。當富弼初到遼國館驛時，遼主的使者就在那裡恭候了。這樣殷勤地恭候被冠以兄弟之國相親相愛之名，但這些表面文章只是用來說給人聽的，做給人看的，卻是不能相信的。因為在聽到的之外，看到的之餘，還有人深沉的用心！就像宋仁宗迫切希望得到遼國人的底線一樣，遼國人也需要探查到宋人的底線。這就是外交作為一種文明遊戲的有趣之處，除了手法高超，還得有很多偶然的因素摻雜進來，只有這樣才能讓人對它興趣盎然。館舍使者的殷勤恭謹只展示了契丹人的一面，第二天，遼國朝堂上的高官們就用他們的殺氣騰騰展示了契丹人的另一面。轉變的契機，是因為館舍使者將宋國人絕不肯丟棄關南十縣的決心轉達給了遼國的貴族階層。外交對於遼國人來說也不過就是一種文明遊戲，既然在文質彬彬的棋盤上無法取勝，那就乾脆掀翻遊戲的棋盤，直接露出殺氣騰騰的本來面目。

面對堅持自己立場的宋使和積極要求對宋開戰的本國貴族，年輕的遼主顯得有些猶豫不定。所以，富弼一行前腳剛到館舍，遼主的使者後腳就緊跟過來，他們的目的很簡單，就是要軟磨硬泡，讓富弼改變既定的立場。可是無論如何，他們都不能讓富弼使團在割地問題上產生根本的動搖。《莊子》中說得好：「順始無窮。」一有了開始就會順著繼續下去的。割讓土地是不能有先例的，先例一開，往後就會成為常例！於是，一場對峙就此開始。

首先打破對峙僵局的是遼主。外交訛詐的失敗證明了契丹人對外交這種文明遊戲的適應程度並不能像他們對騎射那樣嫺熟。但遼主不甘心，他願意再「遊戲」一次。這一次他直接讓富弼等人進入獵場，他要用大遼軍隊的軍威來震懾這些不知道天高地厚的漢人。他原本以為在和富弼並轡同行之時，富弼會露出卑微的可憐狀，然而富弼卻突然說了一番讓他震驚不已的話：「戰勝則利歸諸群臣，而敗則君獨受其禍！故言戰者皆只為自己打算爾。唯和談與增歲幣可使陛下獨享其利。」這句話就跟當年魯肅勸孫權抗戰的話同一個道理。只不過孫權因此堅定了聯劉抗曹的決心，而遼主卻因此放棄了訴諸武力的念頭。

至此，富弼的外交活動至此可以說是基本成功了，仁宗的九字方針已經實現。而富弼下一步要做的只是回國去將談判結果寫成誓書。按照遼主與富弼的口頭約定，誓書的主要內容是三個方面，一是重申澶淵之盟，二是增加歲幣，三是不得拓展邊界池塘、不得收容叛逃人員、不得無故在邊境增兵。最後一條是遼主特意提出來的，提出來的目的無非是將自己曾經拿來進行外交訛詐的藉口進行合理化辯解。

回到汴梁城後，富弼即向仁宗覆命，仁宗也指示呂夷簡等妥善寫好誓書。一向習慣疲遝推拖的老官僚呂夷簡此次竟然提出了一個極富效率的方案：讓富弼先行，待誓書寫好後，再派快馬趕上使團。執宰的方案如此高效自然被皇帝點頭通過了。直到富弼一行快到遼國時，攜帶誓書的快馬才追上他們。就算是富弼的行進速度太快了，也不至於到現在才追上吧！經過再三猶豫，富弼打開了誓書，一看之下大驚失色：因為在誓書裡面，遼主要求增加的「不得無故在邊界修繕城池與壕溝、不得容留雙方叛逃人員、不得無故在邊境增兵」一條沒有出現。

這已經不再是疏忽的問題了，因為寫誓書時他曾經明確告知呂夷簡遼主的特殊要求。這是朝臣結黨分派之下呂夷簡對富弼赤裸裸的陷害！富弼憤怒地馬上從宋遼邊境趕回開封城裡。就在仁宗面前，富弼不顧堂堂大臣的體面，更不管天子如天淵靜的威儀，直接展開了對呂夷簡的攻擊：自己無能，卻嫉妒別人立功，不僅假公濟私謀害大臣性命，甚至視國家信用為無物，欺君害民，其罪當誅。雖然富弼一直在痛陳，可仁宗似乎對此並無任何表示，他只是盯著呂夷簡看了一會兒。政敵的責難如刀如劍，皇帝問詢的眼神溫和卻隱藏殺機，呂夷簡卻無比沉著，看著誓書說：「此誤爾，當增改。」輕輕六字，皇帝的顏面順過去了，富弼也實在無話再說。

說改就改，富弼繼續上路去遼國完成任務，一場風波就這樣平息了。繼宋真宗與遼聖宗簽訂的澶淵之盟後，宋遼再次訂立和約，直到遼國滅亡，都始終未有背盟的事情再度發生。這場盟約的簽訂過程說明了兩件事：第一，小人再次戰勝了君子，所以對於君子來說，高尚的理想必須學會與現實的政治相妥協，甚至是苟安。一言以蔽之，就是《莊子》中所說的：「內抱不群，外欲混跡。」第二，不論是外交還是戰爭，爭的都是生存權。只要保持不間斷的物質交流，草原民族被漢化是早晚的事情。草原艱苦飄蕩的生存環境可以鍛煉出堅韌的民族個性，但是貪婪和享受也永遠是人的本性，與其違背它，不如順著它，用種種聲色欲望來籠絡控制，進而達到自己的目的。一言以蔽之，就是《老子》中所說的：「吾之大患，以吾有身。」

【知識鏈結】

富弼（一〇〇四—一〇八三），北宋宰相，字彥國，洛陽（今河南洛陽東）人。遼遣使求關南地，富弼出使遼朝，拒絕割地要求，以增加歲幣挽救大局，也曾經與范仲淹一起推行新政，後來被排擠。神宗時期，反對王安石變法，終稱疾而退。

憂國憂民文忠公

仁宗時期不得不提的事件是慶曆新政，而不得不提的人物即是范仲淹。范仲淹，也可以說是整個宋代三百年歷史中最偉大的人物。他於身後被謚為文忠，是文官謚號中最高的一級。千年之中，謚號為文忠的不在少數，可是對中國歷史有巨大影響的文忠公卻只有兩人：宋代范仲淹，清代李鴻章。

這兩個人都是為了他們的王朝貢獻一生的人，稱「文」稱「忠」也都不為過，但他們卻又有極大的差別。大抵有才能的人按照才性可分為兩種，一種是辦事之人，一種是傳教之人。以這個標準看來李鴻章和范仲淹，李鴻章其實只能算是一個辦事之人。這點可以從李鴻章最有名的一句話中看出：「一萬年來誰著史？三千里外欲封侯。」著史之事既然是茫茫不可期的，還不如做一些切實的事情吧！

而范仲淹則不同，他不僅是辦事之人，還是傳教之人。說范仲淹是辦事之人，「軍中有一范，西賊聞之驚破膽」可為明證。而所謂傳教之人，最首要的一點就是注意造育人才。歷數范仲淹所提拔的人才，便可以發現他們個個都是文化史、學術史、政治史裡數一數二的人物。

首先是學術型人才泰山先生孫復、徂徠先生石介，他們都是范仲淹早年管理應天府書院時的學生，與安定先生胡瑗合稱「宋初三先生」。之所以會有「宋初三先生」這個名號，還得看看宋初當時的文化狀況以及當時的社會需要。唐末的藩鎮，五代的混亂，選拔的人才要麼是行伍出身，要麼是文才八斗多、人格三分矮的文人，然後就是佛道遁世思想的盛行，整個思想文化界一片昏暗無主。上無人美政，下無人美俗，所以中國歷代史學家無一不把五代視為中國文化社會發展最黑暗的時期。可就是這麼一片混亂的局面，先是被宋太祖用武力理順了，然後杯酒釋兵權，重文臣輕武將，幾項舉措一出台，中唐以來武人為害的根源就被徹底肅清了。可這終究還不是了局。但凡一個社會要亂，不是一下子就亂起來的，「國之將亡，妖孽必興。」其實真正的妖孽在於人心！人心思亂，必然要千方百計地蠱惑他人，讓整個社會也躁動不安起來，於是神道設教鼓動造反的例子史不絕書，從「大楚興，陳勝王」到「劉氏當興，李氏為輔」，再到「石人一隻眼，挑動黃河天下反」，其作用都是讓整個社會充斥著一種造反的氣息，當一個人耳聞目睹都是起義造反的時候就會自覺不自覺地被這種風氣裹挾進去。

所以大亂之後才有大治，武功之後需要文略，就是要從人心上下工夫，釜底抽薪地將動亂的根源去除掉，經過唐末五代的混亂，直到「宋初三先生」的出現，宋代的文化才開始走上正軌，所以整個宋代文化的根底是從這三個人這裡奠定起來的。這三個人之中，就有兩個人是范仲淹的學生，另一個跟范仲淹也有極深的淵源，如此便可想范仲淹人格風範之偉大了！

之後是理學家張載。張載被後人尊稱為橫渠先生，是宋代新學術理學四大流派濂洛關閩中關學的創始人，張載最為人稱道的就是「橫渠四句教」：「為天地立心，為生民立命，為往聖繼絕學，為萬世開太平。」這是仕宋代以後中國人最豪邁的擔當！

范仲淹還在防禦西北時，年輕的張載曾經與他的同鄉一起上書范仲淹，條陳取河洮之策。這些計策無疑是要冒很大風險的，它們沒有被范仲淹採納。之所以沒有採納，不是因為范仲淹膽量小，其原因在於范仲淹太熟悉宋朝軍隊的本質狀況了。范仲淹雖然沒有採納張載的計策，但還是對這個年輕人充滿了期待，「儒者自有名教，何事於兵」。此言看似過於迂腐，光靠禮樂教化豈能打贏勝仗？然而要得出正確的判斷就必須瞭解這個帝國真正的國情如何，一部《東京夢華錄》寫盡了大宋的富庶繁盛，但是一部《宋史・職官志》卻說不盡大宋王朝疊床架屋的衙門裡充斥的混亂、低效和推諉，沒有一批德才兼備的人來整頓綱常、明確職權，大宋朝廷就永無振作之日。還有名將狄青，他的戰功一是在西北，一是在西南。在西北戰爭中，狄青以他的勇武獲得了范仲淹的欣賞。但當狄青去見范仲淹時，范仲淹只是將一套《左氏春秋》贈送給他。《左傳》號稱「相斫書」，就是一本專門講殺人打仗的書，民間傳說裡，關羽夜讀《春秋》（其實就是《左傳》）也不是毫無道理的。只知道衝鋒陷陣的將軍，最多只是個將才，唯有通曉兵書將略才可以成為帥才。從此，狄青開始他人生的轉型，直到十年之後，帝國再次面臨危機之時，狄青又一次出馬，用他的戰略眼光證明了他轉型的成功。

宋仁宗皇祐四年，范仲淹病逝。天下萬民悲痛，據說西北涼州、甘州之地的民眾聞之也紛紛舉哀。這就是真正的君子，澤流四表，人去見思。

【知識鏈結】

范仲淹（九八九—一〇五二），字希文，蘇州吳縣人，慶曆新政推行者。北宋著名的政治家、思想家、軍事家和文學家，世稱「范文正公」。他在看到北宋三冗危機後，上書要求變法。然而由於新法不切實際，錯用佞臣，最終失敗，范仲淹也多次被貶，有《范文正公全集》傳世，通行有清康熙歲寒堂刻版本，附《年譜》及《言行拾遺事錄》等。

七嘴八舌論新政

說完一代名臣范仲淹，就不得不提他的偉績——慶曆新政，這個新政觀其實由許多有志之士討論而得。慶曆新政的諸君子之中名士居多，歐陽修的《朋黨論》震動一時，在此之前還有一篇影響力稍遜的《慶曆聖德頌》。此文作者石介就是著名的宋初三夫子之一。

石介在這篇頌詩前面的序文裡，把自己寫作的原委寫了出來，自稱是為了頌揚宋仁宗聖明，讓奸臣夏竦無法充任樞密使。

當時正值慶曆三年，三月二十一日，宋仁宗大朝群臣，宣布新的人事任命，拜章得象和晏殊為相，同時拜夏竦為樞密使。呂夷簡以司徒官罷歸。到了第二天，再拜賈昌期為參知政事，富弼為樞密副使。又過了四天，任命歐陽修、余靖、王素為諫官。之後的十一天裡，御史台和知諫院兩大體系連續上了十一道奏疏，結果是夏竦被罷樞密使，而杜衍上任，范仲淹與韓琦也出任樞密副使。過了五天，再任命蔡襄為諫官。半個多月的時間裡，宋朝中高層大臣進行了一場全面洗牌。全面洗牌的結果是君子黨全面獲勝，小人退隱，天下一片太平，為慶曆新政的順利實施鋪平了道路。主持新政的君子黨是以范仲淹和富弼為核心，他們在對抗西夏的武力侵擾和遼國的外交訛詐中都建立了極大的功勳，這使宋仁宗看到了一個機會——振興宋朝的機會。不過慶曆年間這場革新與幾十年之後的王安石變法有截然不同的目的，而觸發革新變法的用心也彰顯出本質的區別！當然這其中君主的不同有很大的影響，仁宗與神宗的個性差異對這兩場政治變革影響頗深。

中國歷代文人都很推崇司馬遷的《史記》，其中一個重要原因是由於它產生的年代早，故而從文字到篇章的設計都保存著最初的意圖。後人可以透過閱讀《史記》瞭解書中記載的歷代君王的最真實面目，這一點是後來史書最做不到的。司馬遷在《史記》中建立的紀傳體模式，其實是以君主的行動作為整個國家力量與意志最初的源泉，所以君主的言行代表甚至預言了一個國家即將昌盛或衰落，這一點很符合所謂「文史星曆近乎卜祝之間」的太史公的本色。

所以那個曾用美人計除掉董卓的王允會在殺蔡邕時罵《史記》是謗書，而王允此罵卻證明了《史記》不虛美、不隱惡的實錄本質，也證明了太史公司馬遷為中國歷史上最偉大的歷史學家之一，身上那九死不悔、秉筆直書而足以光耀萬代的灼灼光輝。可是之後的諸朝正史雖然大多承襲《史記》體例，卻少有能夠沿襲司馬氏嚴謹治史的精神。

目前可見的史書和研究著作都沒完整而清晰對宋仁宗的真實面貌做出描述，導致對於慶曆新政的總結和評價缺少足夠的論據。其實宋仁宗無非是一個平常不過的人，他比較熟悉儒家著作，明白文化的重要性，對於儒家的君主理想也很尊重，但這是無法與唐宗宋祖盛世明君相比擬的，也正是他無法與其相比，因此證明了他個性略帶懦弱缺少魄力。

研究中國文化史的劉子健先生曾說過，宋代以後中國文化的重心下移，所以庶民中很多習俗都能按照儒家之觀念的觀念來，但是那些高層份子重視權勢名利，終於是「往虛偽」那方面走遠了。值得深思的是誰有這麼大的力量開啟了這樣一種風氣呢？其實，還是中國那句古話「上若行之，下必效之。」這個時代的特色就是趙氏家族的「家法」（或曰「家政」，或曰「祖宗之法」）影響國家政治和社會風氣的結果。

趙匡胤兄弟的出身是很低微的，所以他們兄弟一方面真心優待士大夫，一方面又著力要把權力的繼承者都培養成儒家文化修養很高的人。與之相應帶來的結果，一方面是文化素養高、文質彬彬的人領導著國家，國家的心胸、氣象、創造力等軟國力的確很強，但是這些皇帝無一不是生於深宮，長於婦人之手，逐漸促成了皇帝本人懦弱的個性，於是整個帝國呈現出懦弱的國風，乃至懦弱的民風！這就是中國的帝王政治，君主與臣民是一體的，不是懸隔的，君主是大腦，臣民是手足，大腦裡凡事都膽小不前，手足哪有向前的機會呢？

宋仁宗是一個懦弱的人，但是再懦弱的人也不甘心讓自己的懦弱被人們哄傳。所以，一旦出現了范仲淹和富弼這種人，他就覺得原來所謂的西夏和大遼也不過如此，大宋中興有望、一統天下有望！這種希望恰恰被君子黨們逮個正著，於是大肆上書陳言先王先帝的光輝業績，讓仁宗開始飄飄然，以為置一盛世無非「朕一語之功耳」。事實上，君子們這樣的慫恿足以使得任何一個平凡人都「雄心勃勃」，何況一國之君！於是，仁宗就帶著新奇和激動批准了革新的進行，不過守舊派的大臣卻不會讓皇帝如此輕易地實行新政，所以亦會想盡辦法對推行革新的君子們進行打壓。

【知識鏈結】

石介（一〇〇五—一〇四五），北宋學者，與胡瑗、孫復合稱為「宋初三先生」。曾著《唐鑒》，以警戒佞臣賊子。石介推崇韓愈的「道統論」，稱堯、舜、禹、文、武、周、孔之道，才是「三才九疇五常之道」。他提倡變法以救宋危機，然而屢遭打擊，被誣而死。

大筆一揮論朋黨

朋黨一詞總讓人聯想到小人們在一起勾結做什麼大逆不道之事。但是古語云：「君子喻以義，小人喻以利。」但正值仁宗改革時期，朋黨們憑藉的是志同道合，而且目的高遠，為了振興趙宋，他們不僅結朋，還專門寫文章辯明他們結的朋黨與小人之黨不同。寫這篇文章的就是仁宗朝的大文豪歐陽修。這篇文章一開始就向皇帝說明了君子之朋與小人之朋在道義與利益上的不同，接著又說「小人無朋，唯君子則有之」，因為小人以利合，也會以利散，所以為朋是暫時的，是虛偽的，唯有君子之朋才是真朋，所以人君最大的仕務就是要退「偽朋」，進「真朋」！文章的主旨發揚蹈厲，一番千古之定案，向宋仁宗發出了君子朋黨的宣言。

慶曆三年呂夷簡在眾君子的攻擊下退位了，慶曆新政就此展開，但呂夷簡倒了，可他的勢力還在，於是一場較量就此展開。呂夷簡系的官僚狠狠地抓住范仲淹和富弼不放，說他們在君臣之中結黨，觸動了仁宗的敏感神經。於是，范仲淹、歐陽修等新政官員紛紛被貶。

不過仁宗皇帝還是一個主觀上很期望有所作為的皇帝，這樣一來賢人退、小人進，國政又陷入一片昏沉無力的僵局，於是仁宗很快又把范仲淹和歐陽修召回，請他們繼續把新政推行下去。於是，仁宗召見范仲淹、歐陽修等人，敲了敲警鐘：「朕聽聞自古都是小人才結黨，難道還有君子結黨的嗎？」歐陽修不忿之下揮就了這篇《朋黨論》。

義大利人馬基維利曾經在《君主論》中說過，站在山巔的人觀察平原，站在平原的人仰望高山，他們描繪出來的風景都不是真實的，因為他們的想法從來都不是一樣的。皇帝的想法自然和普羅大眾的想法不一樣，可是歷史上往往有人喜歡用自己的心理去揣測皇帝的想法，認為自己是君子、是忠臣，皇帝只要不暴虐，聽忠言，就是聖明之君，王道之治指日可待。這就是站在平原上人看高山的想法。

歐陽修也是一個站在平原上來仰視宋仁宗這座高山的人，他只是知道要辯君子小人，辯忠奸，可他從來沒想過，站在高山的仁宗是怎麼看待站在平原上的他的。對於皇帝來說，他不需要大臣們能力怎樣，至少這不是第一位要考慮的因素，他首要考慮的是家族的長久統治，祖宗傳下來的江山不會被別人取代，所以結朋黨的人就是不能重用。

小人比君子厲害的地方就在這裡，他們往往不務正業，混跡於雞鳴狗盜之徒中間，不思整頓朝綱、勤奮報君，一味走旁門左道揣摩上意。其實辨別誰是君子誰是小人很容易，遇事先揣摩上意者是小人，先考慮於國有利有弊者則是君子。

歐陽修的《朋黨論》轟動一時，卻也為慶曆新政埋下了失敗的禍根。因為它讓慶曆新政的領導人宋仁宗意識到，那些有才有德的臣下也會結黨，而且還敢如此理直氣壯地結黨。這是埋在皇帝心裡的一顆定時炸彈，隨時可以因為外在機緣的導引爆炸。爆炸的結果就是慶曆新政在不到一年的時間裡土崩瓦解，眾位君子到底還是沒能「格君心之非」。其根本原因還是上文提到的「高山——平原」格式塔心理。其實，關於慶曆新政失敗的原因，與其說問題更多在於王朝體制或階級觀念，不如說問題的根源在於宋仁宗到底是一個什麼樣的人。

中國歷史後半期的諡法很奇妙，宋元明清各有一位「仁宗」，對比之下他們都有一個強勢的父親（仁宗還有一個劉太后，元仁宗是強勢的哥哥武宗），他們強勢的父親或哥哥曾經把這個帝國推向頂峰，卻又在後期鬆弛懈怠，最後將一個爛攤子般的國家丟給繼任者後龍駕賓天，他們的下一任皇帝又都是熟悉儒家經典而個性軟弱，重新收拾這團亂局。對於「仁宗」們來說，他們沒有祖輩與父輩的才具和魄力，所以不可能在繼位初期有大的作為，但正是因為這樣，廢除前代的一些弊政才有了可能，所謂「人者事海，能以不生波瀾為上」，因為他們瞭解人性的好逸惡勞，所以史書上才會強調要「與民休息」。可一旦與民休息，他們就不甘心生活在前任強勢者的陰影之下，於是想有所作為，可作為的結果又都是那樣事與願違。

從他們的普通而又不甘普通的個性來說，他們得這個「仁」的諡號在皇帝之中還是比較公允的。普通的人，普通的時代，普通的想法，可下邊的人就是認定了這是一洗官僚們往日積弊的最好時機，於是進忠進智，敦促天下，由此而進入三代王道之治，不論是慶曆的諸君子，還是神宗時的王荊公，皆是如此。

【知識鏈結】

歐陽修（一〇〇七—一〇七三），字永叔，號醉翁，又號六一居士。北宋卓越的文學家、史學家，「唐宋八大家」之一。其於政治和文學方面都主張革新，不僅主持熙寧變法，而且也是北宋詩文革新運動的領導者。歐陽修曾經與宋祁合修《新唐書》，並獨撰《新五代史》，又喜歡收集金石文字，編為《集古錄》。

第八章：江山欲穩還亂

想要勵精圖治的宋仁宗卻為變法的結果而失望，轉而沉迷美色，寵信張美人，甚至演了一齣荒唐的雙簧。此時正當江山不穩卻偏偏人才輩出，如千古留清名的包拯、精明能幹的梁適和英勇善戰的狄青。然而歷史總是和人們開玩笑，繼仁宗位的英宗卻心理極度不健康，其行為舉止常常讓人瞠目結舌。

三角關係

自宋建立以來，各代君主們一直有一統天下的心願，但由於種種原因卻遺憾一直未實現。那一句「臥榻之側豈容他人酣睡」也許只成為太祖的一句遙遠的呼喊。孝順的宋仁宗何嘗不想擴大自己的領土，完成先祖的心願，他時刻關注他的老朋友耶律宗真和李元昊在幹些什麼。北宋面臨的是一個西夏遼國環伺在側的「國際局勢」，這種三角關係構成了十一世紀中國歷史的一條主線。

遼夏之間的關係在慶歷年間遇到了大麻煩。在農業社會，人口就是最重要的資源，遼國和西夏都是地廣人稀的國家，要收稅就得有人種地，有人放牧。因此麻煩就來了，遼國境內有很多已經在遼國境內生活了數代之久的党項族人。但是李元昊不斷鼓動這些党項人逃跑到西夏境內去。到了慶曆四年，西夏更是公開號召他們叛逃。遼國當然要進行鎮壓，西夏竟然越界作戰，一舉殺掉了遼國的招討使。這樣耶律宗真不得不還擊，以樹立大國的威信。遼與西夏的戰爭也就箭在弦上不得不發了。

西夏此時不僅面對著遼國的強大武力威脅，與北宋的關係也處於非常微妙的狀態之中。雖說宋夏和約已經簽訂，但是雙方在邊境上的爭奪始終在暗地進行。此時邊境上的宋方大將正是一代名將种世衡，元昊在這位名將面前就討不到多少好處了。

與种世衡敵對的大將野利旺榮雖然被元昊冤殺了，但他的弟弟野利遇乞仍然為李元昊信任，遇乞親自擔任西夏皇宮所在地天都山統領，號稱天都大王。這一次，种世衡決定再用一次反間計除掉遇乞。

其實，野利遇乞本身就不夠懂得避嫌的道理，自己的哥哥已經因為投敵叛國被殺掉了，怎能還如此招搖呢？慶曆三年的除夕，遇乞就犯下了一個大錯。

這年遇乞親自領兵巡視邊境，深入到了宋朝境內，三四天後才返回。种世衡應該在西夏部署了不少諜報人員，很快就得知了這個消息，馬上就決定再用一次反間計。他先派人偷了元昊賜給遇乞的寶刀，然後大張旗鼓地宣布，遇乞已經被元昊害死了，為了紀念他，要親自在邊境上祭奠。

在某個夜晚，种世衡在邊境的原野上親自設祭，他點起熊熊火光，並且將祭文寫在一塊木板上，祭文情真意切，歷數他和遇乞的深厚友誼，對遇乞沒有完成反夏大業深表痛惜。火光招來了西夏騎兵，种世衡在「逃走」之時，將祭文投入火種，又將寶刀「失落」。於是，祭文和寶刀就「不幸」被西夏人拾到，交給了元昊。

接下來的事情就再簡單不過了，遇乞步他哥哥後塵，死在了种世衡的反間計之下。遇乞一死，党項族中重要的野利部落就一蹶不振，而且西夏將領人人自危，對西夏打擊是相當大的。

种世衡確實是謀略家，反間計用了兩次，除掉了西夏兩員大將。可惜他留下來的故事並不多。《宋史》上對他評價極高，說：「平夏之功，世衡計謀居多，當時人未甚知之。」可見還有很多妙計因為涉及機密都沒有被記錄下來。不過，种世衡也是抓住了元昊疑心過重這一點，才能故技重施，成就大功。

當然，此時遼夏之間的戰爭才是元昊面臨的當務之急。宋慶曆四年，遼興宗起兵十七萬，御駕親征西夏。皇太弟耶律重元、北院樞密使韓國王蕭惠為先鋒。遼可不是宋，契丹也是草原上的鐵騎，再加上西夏國土大部分地區都是戈壁草原無險可守，一直進到賀蘭山。元昊也明白這個道理，因此他開始壓根就沒有正面抵抗，直接把主力退縮在賀蘭山以北。

到了這個時候，元昊已經退無可退了，這一戰是無可避免，一戰之下西夏大敗，元昊投降。元昊在宋遼兩大強國之間摸爬滾打了這麼多年，自然明白保全自己最重要，留得青山在，不愁沒柴燒。堂堂大夏國的皇帝親自趕到遼興宗在河曲的御營，摘掉王冠，脫去龍袍，忍受無數的屈辱，卑躬屈膝得向遼興宗求和。最終遼興宗和元昊把酒言歡，接受了元昊誠摯的歉意，達成了和平共識，然後放元昊走了。

遼國的先鋒韓國王蕭惠先想到要斬草除根，不能就讓元昊這麼走了。於是沒有等遼興宗下令便帶領自己的前鋒部隊追了出去。元昊知道，直接正面交鋒，自己也打不過蕭惠。因此他且戰且退，邊撤退邊堅壁清野，放火焚燒草原，甚至連興慶府等重鎮都放棄了。最後遼國人吃不消了，元昊抓住機會，再次要求和談吧！可是遼國人上當了。他們坐等元昊來議和，沒想到自己實在是高估了元昊的信用，元昊帶領党項大軍又殺過來了。

雖然這一仗元昊沒有佔到便宜，但元昊的反覆無常徹底激怒了遼國人，蕭惠的大軍不顧一切的追擊元昊。根據以往的戰績，很難預測西夏能否取勝，但老天幫了元昊，一場沙塵暴過去，遼軍全軍覆沒。元昊一鼓作氣，直殺到遼興宗的大營，遼興宗倉促出逃。這是遼國立國以來最為慘烈的一仗。

遼國強大的外表被撕破了，契丹鐵騎一百五十年的輝煌從此開始無可避免地走向終結，像任何一個曾經強大的帝國一樣，在剩下的日子裡，遼國將會面對無盡的陰謀、叛亂、動盪。

【知識鏈結】

种世衡（九八五—一〇四五），字仲平，洛陽人，北宋邊疆名將。种世衡為總領西北軍務的范仲淹一手提拔，是北宋在西北邊疆抗擊西夏的最重要的將領。在西北邊疆，种世衡招撫羌人，築城安邊，並巧施離間計，除去西夏李元昊的心腹大將野利旺榮、遇乞兄弟，為宋王朝立下了赫赫戰功。

文彥博名聲大振

在人才輩出的仁宗一朝，仁宗似乎總作為一位寬厚的君主存在。面對強勢的劉太后他隱忍，仁人志士要求改革他支持。對外戰爭中他的決策也絕不偏激。

對西夏議和從表面上看似乎是一樁虧本的買賣。每年歲「賜」西夏絹十三萬匹，銀五萬兩，茶二萬斤；另常「賜」銀二萬兩，銀器二千兩，細衣著一千匹，雜帛二千匹，茶一萬斤；恢復互市榷場。而西夏方面，僅僅是對宋稱臣，並送還在三川口戰役中被俘的石元孫。

但是，如果不與西夏達成和平協議，而是配合遼國進攻西夏，對宋又有什麼好處？如果遼國戰勝，大宋的北方邊界從此只有遼國一家獨大，宋將要獨自面對遼國的壓力，南宋就是因為幫助蒙古滅了金國，蒙古無後顧之憂之下才揮師攻宋，繼而滅亡了宋朝。可是如果西夏戰勝，與遼國結盟攻打西夏的大宋就必須面對西夏軍攜勝而來的雷霆攻勢。

因此，選擇在西夏最困難的時候完成和約，無論西夏是輸是贏，都不會再有理由對宋朝動武，暫時的屈辱反而換取了利益的最大化。宋仁宗看到了三國體系的穩定性，在這個微妙的三國體系中，如果任何一方都沒有足夠的實力消滅另外一方，最好的方面就是維持中立，繼續保持這個體系。這就是政治的平衡法則。

解決了西夏的戰事，又平息了國內的黨爭。接下來的三年，仁宗皇帝大概是在平靜中度過的。平淡的生活持續到了慶曆七年十一月。這一年發生的叛亂，使得另一位名臣登上了權力的頂峰。

這次的叛亂發生在河北貝州，主角是一個叫做王則的軍人。宋代之所以要養活龐大的軍隊，目的就是預防叛亂。可是軍隊一旦叛亂起來就比百姓更加具有殺傷力，自然這次軍隊的反叛後果是相當嚴重的。王則借用佛教，宣稱自己是彌勒轉世，再大造圖讖祥瑞一類的神異之物，吸引了大量的信徒。最後在慶曆七年十一月二十八這天，趁著宋朝例行的冬至郊祀，攻佔了貝州城。

大宋對待內部的叛亂毫不含糊的，很快派尹明鎬率領十萬禁軍開赴貝州平叛。遺憾的是，尹學士這次面臨的情況是一次攻守戰役，貝州城城防堅固，而對手又是一支正規軍，於是尹明鎬失敗了。

尹學士失敗了，真正的主將就要登場了，他就是文彥博。這位以沉穩持重、公正無私的名臣曆仕四朝，執掌大宋的中樞五十餘年，到八十一歲高齡還被司馬光推薦第三次入相，平章軍政重事，在朝野看來，文彥博就是穩定公正的象徵。他雖然沒有范仲淹、王安石的名聲，但正是他的智慧，保證了大宋四十餘年的太平。

文彥博是山西人，正如他的名字一樣，溫文爾雅卻在平和中有一股讓人不得不服的力量。他不是道德家，他明白目的必須是正當的，但手段卻不妨靈活。

在宋夏三川口之戰中，那個著名的臨陣脫逃的黃德和就是被文彥博處斬的。臨斬之時，朝廷又派了一位御史，說要將黃德和帶回東京受審。文彥博清楚，朝中有人庇護黃德和，一回東京，他的這條命就算保住了。文彥博當時只是一個殿中侍御史，卻當機立斷將黃德和斬首。朝野震動，文彥博頓時名聲大振。這是文彥博很正氣的一面。

此外，《宋人逸事彙編》中還記載了這麼一件事，文彥博在成都作知府的時候，大概年輕，有時不免「宴飲狎妓」，在宋代這根本算不上什麼問題。不過還是有人告到仁宗頭上，說他不理政事，行為不檢。於是仁宗就讓回鄉探親的御史何聖暗地查訪。文彥博有一幕僚叫做張少愚，同何御史是同鄉，於是主動前往漢中迎接何御史。他鄉遇故知，自然要飲酒取樂，酒席之上，一位美麗的妓女出現了，何御史為妓女起名「楊台柳」。張少愚主動題詩一首：「蜀國佳人號細腰，東台御史惜妖嬈。從今喚作楊台柳，舞盡東風萬萬條。」一夜風流之後，何御史繼續上路。

到了成都，文彥博自然也要隆重接待這位朝廷大員。酒宴之上，讓何御史吃驚的事出現了，這位「楊台柳」又出現在了舞蹈的隊伍中，她唱的就是那首柔情繾綣的詩。這時候文彥博在旁一言未發，這件事就不了了之了。

正是這種正直和靈活，使得文彥博在朝中能夠堅定的站穩腳跟，又保證了自己的良好聲譽，帶領大宋王朝度過了一次又一次危機。

到了王則之亂的時候，文彥博已經官居參知政事了，但他在政壇仍然默默無聞，因為慶曆新政之前，政壇可謂群星閃耀，文彥博很難脫穎而出。不過，就像對西夏的戰爭讓范仲淹、韓琦登上權力的頂峰一樣，貝州的叛亂也是文彥博的一個轉捩點。

文彥博主動請命，出任河北宣撫使兼體量安撫使，尹明鎬改任他的副手。他和尹明鎬採用挖地道的方法攻城，一面佯攻城北，一面暗自在城南挖地道。慶曆八年的閏正月初一，地道終於挖通了，二〇名軍士趁城北戰事激烈，從地道攻入城南，歷時六十六天的王則之亂畫上了一個句號。王則被押往京城，肢解而死。王則的死，換來了文彥博的崛起。當月文彥博官拜同中書門下平章事，正式成為仁宗朝的又一位名相。

【知識鏈結】

文彥博，北宋時期政治家、書法家。他曆仕仁、英、神、哲四帝，出將入相，有五十年之久。曾成功地抵禦了西夏的入侵，也率兵平息王則起義。任職期間，提出裁軍八萬之主張，精兵簡政，減輕人民負擔。擅長書法的文彥博著有《大饗明堂紀要》二卷、《藥准》一卷，已佚，今存《文潞公集》四十卷，收入《山右叢書》中。

帝王家的雙簧

貪圖享受淫亂後宮的李元昊被自己親生兒子殺死後，自此西夏進入了外戚專權的時期。而此時的仁宗也遭遇了刺殺事件。

慶曆八年正月十八日夜裡，四個刺客手持兵刃，翻越宮牆，一路上沒有遇到什麼阻礙，一直闖到皇后居住的福寧殿門前。直到此時他們才被人發覺。一名宮女聽到了動靜，出來察看究竟，被刺客砍斷了手臂。

關鍵時刻，曹皇后產生決定性的作用。作為名將曹彬的後人，皇后臨亂不懼、指揮若定，堅定地拉住自己的丈夫，要求太監宮女們緊閉宮門，不許任何人出去，同時命令太監從側門去找都知官王守忠，讓他帶兵救駕。另外還命令太監宮女提水備用，因為刺客如果找不到皇帝，很可能會放火焚燒宮殿。

果然，不久之後刺客便放火了，火一直燒到帷幔之上。幸好宮內早有準備，火很快就被撲滅。此時護駕官兵也趕到了，當場殺死了三個刺客，另一個刺客且戰且退，逃到了宮城的北樓。

仁宗皇帝和曹皇后脫離了險境，但是對於這樣一起嚴重的政治事件，必須追查刺客的身分。於是，很快就查出了三個被殺的刺客分別是崇政殿的親從官顏秀、郭逵、孫利，另一個逃走的刺客則是親從官王勝。

想要知道幕後的主使者，就必須要抓到活口。但是，從捉拿王勝開始，這件案子開始變得微妙起來。成百上千的官軍竟然一擁而上，將王勝斬成了數截，此案頓時陷入了僵局。

接下來的事情就更加微妙了。無論從哪個角度講，行刺皇帝都是大案一件。但是夏竦竟然提議，這件事應該大事化小，內部追查，不能全面調查。他認為如果大張旗鼓地調查，會使心存叛逆者感到恐慌，讓國家不安定。更加奇怪的是，仁宗皇帝竟然接受了夏竦的建議，宣布由侍御史和宮中太監主持調查此事，外朝大臣不得參與。

最後的處理意見是，皇城司也就是負責皇宮保衛的相關人員全部流放。但是因為當天夜裡的值班宿衛首領楊景宗是楊太妃的從兄弟，仁宗為人寬厚很重感情的。為了保住楊景宗，他親自出面駁回了御史台的奏疏。總管大太監楊懷敏也被仁宗赦免。最後，北宋歷史上唯一的一次刺駕案件，就這麼不了了之，草草收場。

究竟誰是這個主使者？有人對此做出了一些猜測，最大的嫌疑犯應該是從這件事中獲得了最大收益的人。

首先是曹皇后，她的果斷堅定在這次事件中有最關鍵的作用，但是這次事件的發生地就是曹皇后的寢宮。雖然在調查的過程中，有人藉此攻擊曹皇后，但是以仁宗的寬厚，是不會相信這種攻擊了。不過這足以說明，曹皇后不是此事的最大受益者。

真正受益的是一位並不顯赫的人物——張美人。張美人本出身於小官員家庭，父親早死，她幼年就做了歌姬。但她不是一般的歌姬，而是宋太宗最小的女兒，仁宗的姑姑，魏國長公主家的歌姬。正如漢代的衛子夫一樣，在仁宗去姑姑家串門的時候，發生了一次美麗的邂逅，於是張美人從此成為仁宗生命中最重要的人之一。

行刺事件過後，仁宗皇帝向滿朝文武隆重宣布：張美人立下了最大的功勞，當歹人來襲時，張美人緊緊地守護在皇帝身邊，是她挽救了大宋。這是再明顯不過的信號。夏竦何等聰明，立即建議「講求所以尊異之禮」，於是在夏竦的建議之下，張美人經過多年的蟄伏，終於一鳴驚人，平步青雲從美人升到貴妃，地位僅次於皇后。

張美人才是此次事件的最大受益者，步步緊跟皇帝的夏竦卻被貶出京城，理由是京城的天空沒有雲彩，而且發生了五次地震。既然夏竦是舉世聞名的奸人，那這肯定是上天在警示皇帝。所以夏竦就不明不白地離開了京城，去河南府就任知府。

透過這次行刺事件，仁宗皇帝成功地推出了張美人，如果沒有這次事件，張美人恐怕永遠都難以爬到如此的高位。再連結到前面對刺客的滅口事件，以及仁宗的低調處理，答案便呼之欲出了。那就是這次行刺事件其實是張美人和仁宗唱的一齣雙簧。否則為什麼會有一個君王對威脅到自己人生安全的事件如此淡然處之？

不過，這些都只是猜測，沒有真憑實據，事情過去很久之後，殿中丞吳奎還上書要求徹查此事，仁宗皇帝仍然只是不了了之。正如前文所說的，仁宗皇帝將自己隱藏在寬厚仁慈的面紗之下，讓人難以看清楚他在錯綜複雜的事件背後究竟扮演了什麼角色。

【知識鏈結】

夏竦，字子喬，北宋大臣，古文字學家。真宗大中祥符庚戌年為國史編修官，後與王旦等同修《起居注》。夏竦也曾任多地官員，宋真宗時為襄州知州，宋仁宗時為洪州知州，後任陝西經略、安撫、招討使等職。夏竦在文獻學方面很有造詣，著文集百卷、《策論》十三卷、《箋奏》三卷、《古文四聲韻》五卷、《聲韻圖》一卷。

真實的包青天

前面所說的仁宗被刺事件，據推測實際上是仁宗為了推出張美人而演出的雙簧。不僅張美人，其乾伯父文彥博也從中受益，於是命中註定要成為一代名相的參知政事文彥博登上了相位。

文彥博上任後遇到的頭一件大事，就是震驚全國的黃河改道。慶曆八年六月初六，黃河在今天的濮陽決口，從河南內黃和河北大名之間北上，由海河入海。此次黃河改道帶來了深重的災難，黃河下游掃過了一個扇形區域，滔滔黃水經過之處，農田屋舍毀於一旦，餓殍萬里。

前任宰相賈昌朝此時正在大名府，他提出建議，認為應該讓軍隊和民工把決口堵上，讓黃河回故道。當然還有各種各樣的觀點，方案都是好的。但是遇到這樣一次百年難遇的機會，人人都想提出自己的見解，在若干年後的治河史上留下自己的大名，於是治河的事情就在爭論中一拖再拖，一直拖到十二年後黃河再次決口。

黃河決口是風雲際會的慶歷年間的最後一件大事。一〇四九年仁宗改元皇祐。皇祐二年，一位直到今天還聲名卓著的人物出現在了京城的政治舞台上。

這位千古名人就是包拯，現代人沒有聽過范仲淹、王安石、蘇東坡的人也許有，但是不知道包青天的很少見。歷代的小說戲曲已經把包拯清正廉明、斷案入神的形象深深刻進了中國人的腦海裡。

其實，歷史上的包拯與戲劇傳說裡包青天的形象相去甚遠。首先，包拯並不黑。其次包拯也不是由嫂娘撫養長大的。第三，包拯不是以斷案成名的，除了一個普通的耕牛案之外，還沒有什麼證據表明他有什麼過人的斷案能力。澄清了包拯最出名的三項事蹟，下面開始討論包拯以及他所代表的一類官僚的命運。

包拯中進士是在天聖五年，這一科出了韓琦、吳育、文彥博等名臣，他們先後進入中樞，執掌帝國的命運。不過包拯在中進士之後，以侍奉父母為由，辭官不做，直到幾年之後，父母相繼離世，他才出任知縣。此後，由於他的至孝和清廉所帶來的名聲，包拯的升遷速度非常快。皇祐二年（一〇五〇），包拯升任天章閣待制，開始自己的諫官生涯。正是在這個位置上，他開始博得後無來者的名望，也為皇帝和宰相們增添了無窮的煩惱。

諫官，顧名思義，就是專門負責提建議的官。這種官員沒有實際負責的事務，他們可以根據古老的經典、崇高的道德對一切看不過眼的事務提出批評。諫官是所謂的清望官，只有包拯這樣名聲極好的人才能享此殊榮。包拯的第一個目標就是新近上位的張貴妃的伯父張堯佐。張堯佐不是張美人的親伯父，只是堂伯父而已。不過張貴妃自幼喪父，真正的親人恐怕也只有這個堂伯父。於是隨著張貴妃的晉位，張堯佐平步青雲，到了皇祐二年，他已經升至帝國三司使，掌握了整個帝國的財經大權。

在包拯這樣的道德本位者看來，憑裙帶關係就能升到如此高位，簡直是對帝國根本政治原則的羞辱。在包拯眼裡，要打倒的除了張堯佐之外，還有和張貴妃有連帶關係的一切官僚，只有這樣才能真正做到大快人心。

誰沾了張貴妃的光？自然是當朝宰相文彥博大人。文彥博本就是張貴妃的乾伯父。當然包拯不可能直接就攻擊文彥博，而且只憑包拯一個人也不夠。諫官一般都是發揮人數優勢，集體上書。不要說張堯佐本就有點名不正言不順，即是完人，面對這樣持續不斷的攻擊，皇帝也只能讓他下台。

包拯們的攻擊終於奏效了，張堯佐被免去三司使。還沒有等到諫官們歡呼勝利，下一個消息就讓他們更加吃驚，也更加憤怒。張堯佐雖然被免去了三司使，卻被改命為宣徽南院使等高官，兩個兒子又被賜為進士出身。讓諫官們憤怒的是，這些榮譽頭銜都是他們奮鬥一生也不一定能得到的，張堯佐竟然一夜之間就實現了無數士人一輩子的夢想。

是可忍孰不可忍，於是諫官們繼續奮鬥。此時包拯已經升到知諫院了，作為諫院的長官，更是責無旁貸。親自再次上書彈劾張堯佐，上書的內容近乎謾罵。御史台也參與了進來，御史中丞王舉正以辭官要脅，要彈劾張堯佐。

仁宗當然還是一如既往的寬厚，雪片般的奏章都被他壓下了。台諫的正人君子豈能輕易善罷甘休，最後出場的是殿中侍御史唐介。唐介的矛頭終於直接對準了文彥博。在奏章中，唐介批評文彥博出任宰相是靠了張貴妃，為相期間把持朝政，百官敢怒不敢言。

仁宗終於被激怒了，批評文彥博是一方面，這封奏疏擺明了就是批評自己聽信張貴妃的讒言，不能齊家治國啊！不過仁宗仍只是把宰相們和唐介一起召到大殿，討論這件事。宰相們面面相覷，當年燈籠錦事件已經鬧得天下皆知，還有何可言。唐介愈發固執了，他堅持站在大殿上，皇帝不讓文彥博下台，他就不離開。

整個事件最後的結果是：唐介因為在朝堂上胡鬧，受到了一定的處分，不過從此聲名大振，成為士人心目中敢於和歪風邪氣作鬥爭的榜樣。

【知識鏈結】

包拯（九九九—一〇六二）字希仁，廬州人，北宋諫官。包拯做官以斷獄英明剛直而著稱於世，知廬州時，執法不避親黨。任諫官時，曾有反對章恩、三彈張堯佐、參倒張方平、抨擊宋祁、嚴懲張可久等事蹟。

異才梁適求功名

在重視文治的宋代，若想出人頭地則最好文采斐然，就算是武將也要多讀書培養自己的文人氣質。這使得當朝大臣多少都少些陽剛之氣。但是凡事總有例外，梁適卻不管大勢所趨而活出自我。

梁適的父親是前翰林學士梁顥。翰林學士幾乎每天都和皇帝見面，梁適小時候也喜歡寫文章。一次偶然的機會，神宗皇帝看了梁適的文章，說了一句話：「梁顥有子矣。」這一句話，年紀輕輕的梁適，就當上了秘書省的正字。

在京城裡悠閒地過了幾年，梁適覺得自己的遠大抱負與京城悠閒的日子好像背道而馳，於是做了一個重大決定——外放。在外地歷練了幾年後，積累了足夠的政治資本，梁適開始尋找進京的機會。梁適是個有心人，做事清醒明白，任延州知州時，他請假回家鄉為父親修墓，路過開封城時，梁適決定進城去想辦法讓自己留在京城。

此時慶曆新政已經夭折，皇帝突然發現原本自己信任，滿口仁義道德的大臣們，在新政中醜態百出，有點心灰意冷。這時候突然冒出這個人，頓覺眼前一亮。國家需要人才，於是梁適被留下，當上了翰林學士。

不過梁適雖然有才，卻沒有參加過科舉，春風得意的新任翰林學士竟然沒有參加過科舉，這讓他的同僚們很看不過眼。於是，梁適被迫再次離開京城，到澶州去當知州，後來又到了秦州，一步步離京城越來越遠，可是這時他的好運氣又來了，在地方的歷練成了他的優勢，他又被召回了京城，進入了審刑院，任樞密副使。

梁適在樞密副使的位置上做出了兩件事。第一件，包拯和張堯佐在郭皇后被廢事件中產生了嚴重的分歧，就在兩邊爭得你死我活之際，梁適說：「台諫論事，職耳。堯佐恩實過，恐非所以全之。」前半句把台諫官安撫了下，他們是很出格，可都在職責範圍之內。後半句給皇帝也下了兩邊都不得罪，更巧妙地同時站在了兩邊。既是好臣子，又是好同事。

接下來機會來了，來自北方的遼國，遼主耶律宗真寫信給仁宗，希望兩國都更改國名，遼國稱為北朝，宋朝稱為南朝。

這樣一來，遼國與大宋一南一北，完全沒有尊卑大小，名字雖小，尊嚴事大，況且改國名這事也很大，事關國本，皇帝和大臣自然不能答應，但遼國畢竟還是不好惹，朝堂上紛紛議論之下竟然沒有一個好的主意出來。

梁適表現的機會來了。他義正詞嚴地指出，宋朝之所以名為大宋，是上天的意思，任何人都沒有權力去更改它，遼國也一樣，名字都有祖宗的法制，怎麼能隨便亂改呢？大家都暗暗稱是，問題得到了圓滿解決，梁適關鍵時候起了關鍵作用。於是，宋朝回信拒絕遼國的提議，梁適也被立刻升為參知政事。

參知政事，顧名思義也就是參加和知道國家政事，最多不過是副宰相，這對於一心望向權力頂峰的梁適來說，肯定是不能滿足的，於是他開始開動腦筋向那個一人之下萬人之上的高位進軍，他仔細觀察著，盤算著，思考著，他需要一個機會，或者準確地說是一個工具，一枚棋子。

這個機會或棋子就是狄青。狄青打了勝仗，應當封賞，可是此時他已經是樞密副使了，再升只能把「副」字去掉。龐太師站出來反對，依據仍是宋朝重文輕武的傳統。對於狄青的處境，梁適從中看出了自己的機會，他站了出來，反駁龐太師，理由是不久前文彥博平叛王則，只收貝州，就做了宰相，現在狄青平復了兩路叛亂啊，功勞大極，為何不能成為樞密使？

龐太師不甘示弱，又提出武將需要限制等理由回擊，梁適更是步步緊逼，如果有了這麼大的功勞都不被封賞，以後誰還肯為國家賣力呢？

然而，傳統的力量是無窮的，尤其是祖宗留下的法則。皇帝聽從了龐太師，狄青沒有升官，只是得到了大筆賞銀。

事後，梁適仍然不肯善罷甘休，為此他做了三件事。

第一，他給皇帝寫了封密折。為狄青叫屈，並且警告說，時代變了，現在是國患當頭，是需要武將的時候，待狄青太薄，小心冷了軍隊的心；

第二，他寫信給狄青，內容是自己和龐太師爭論的來龍去脈，一方面討好狄青，另一方面也是激怒他，讓他自己能夠主動積極去爭取，最好和自己站在同一條戰線上；

第三，梁適聰明地找到了內線，這是所有宰相成功的必經之路。他就是內侍省押班石全斌。石全斌是皇帝面前的紅人，說話很有分量。梁適請他為狄青在皇帝面前美言，事成之後，他保舉石全斌去做觀察使。

果然，仁宗開始明白，現在這個年頭，必須對武將好一點。否則，當遼國、西夏興兵攻宋時，誰來保護大宋的基業呢？

於是幾天之後，趙禎突然召集群臣宣布重大任命，狄青升為樞密使，副樞密使是孫沔，而太監石全斌領觀察使的俸祿。

龐太師還想用緩兵之計，為尋找轉機尋求時間，於是對仁宗說，明天回覆行嗎？不行！你們就在殿門閣內商議，朕在殿內等候。

看來這次皇帝是鐵了心了。梁適對這個結果十分滿意，因為狄青上台，高若訥下台，直接關係的卻是自己的目標，從此以後，他的宰相之路，開始暢通無阻了。

【知識鏈結】

梁適，字仲賢，其父梁顥為翰林大學士，以父蔭為官。梁適在兗州做知府期間，實行了寬鬆的政策，使萊蕪的鋼鐵冶煉業達到空前發達時期。後樑適累官觀文殿大學士，在太子太保任辭官歸居，晉升太傅，西元一〇七〇年（熙寧三年）去世，贈司空兼侍中，謚「莊肅」。

葬禮之爭

前面說到仁宗，史書一致評價他是位寬厚仁慈的皇帝，事實也是如此。自十三歲登基以來，趙禎做了幾十年的皇帝，可以說對臣子們非常仁慈。一次，他在後花苑裡遊玩，邊走邊頻頻回顧，像是尋找什麼，卻始終沒說話。直到回到宮裡，才急匆匆地說取水來，這一路快渴死了。大家都不解，那麼多人供他使喚，他渴了，只要說一聲，就解決了，為什麼要自個兒憋著自己呢？

他難言地苦笑了，說自己回頭看了好幾次，都沒有看到奉水的人。如果自己真的張口去要，那負責奉水的人肯定要受到責難，為了不讓侍從委屈，只好委屈自己了。

還有一次，不知為何半夜想吃點燒羊肉，雖然肚子裡饞蟲湧動，但最終還是沒有說出口，因為他怕一旦他說出來自己想吃，下面的人就會把這偶然當成慣例，每天都會殺羊做準備，不但浪費，殺生又於心何忍呢？

就是仁宗這個軟心腸的皇帝，悲哀卻不因為他的善良而遠離他。皇祐六年，也就是西元一〇五四年，新年剛過，毫無徵兆的，他最愛的張貴妃暴病身亡，英年早逝。皇帝是孤獨的，孤獨的皇帝更承受不了心愛人的離去，他更加沉默不語了，甚至有些精神恍惚，身體和精神都大受打擊。

就這樣恍惚了幾天，他突然做出了一個決定，要以皇后之禮厚葬張貴妃。但大臣們不同意了。宋朝理學鼎盛，「存天理，滅人欲」，凡事都要講究一個禮字，以皇后之禮葬貴妃豈非越禮？

反對的奏書堆滿了仁宗的御案，但趙禎不管這些，不管誰反對，他一意孤行。張貴妃死後第四天，他便追賜其為皇后，並且以皇后的禮儀歸葬，輟朝七天，天下禁止各種遊樂活動一個月。發喪那天，更是率領文武百官，護送靈位出宮。

然而在皇帝極度悲傷的關頭，發生了一件出人意料的事情。在舉哀的最關鍵階段，為死者正名讀哀冊時，指定讀哀冊的樞密副使孫沔突然放下哀冊，義正詞嚴地說：「當年章穆皇后的葬禮上，讀哀冊的是兩制官，而現在的溫成皇后不但是追封的，還要搬出兩府大臣來，這太不合禮了，我拒絕誦讀哀冊。」說罷將哀冊一放，揚長而去。

皇帝憤怒了，自己心愛的人離他而去了，本來想風風光光地辦個葬禮，安慰一下愛人，也安慰一下自己，可是自己的大臣卻這麼不通人情。

正在此時，宰相陳執中出場了，他堅決地站在了皇帝這一邊，對於孫沔這種不分時候不分場合地落皇帝面子的行為十分憤慨，而且他是宰相，於情於理都應當站出來。於是，由宰相親自讀哀冊，整個葬禮的規格驟然升級，不但給皇帝解了圍，也給足了皇帝面子，趙禎自然對他充滿了感激之情。然而那些堅決反對違背禮制的人卻覺得受到了挑戰，準備伺機彈劾陳執中。

欲加之罪，何患無辭？僅僅過了半年，機會就來了，陳執中家裡的一個婢女死了，而且死時遍體鱗傷，根據開封府調查發現是被打死的，而且是被當朝宰相親手打死的。於是御史台群起攻之，要他停職回家。這樣的處理意見到了趙禎那裡，卻被壓了下來。在封建社會，死了一個處於最底層的婢女，不算多大的事情，因此皇帝覺得這只能算是宰相的私事，最多可以算是一個不小的醜聞，還不至於到罷相的地步。

皇帝猶豫不決，御史台和司法部門便紛紛上書催促，然而趙禎主意一定，任憑雨打風吹，他自巋然不動。

直到歐陽修回來加入彈劾，力量對比立時發生變化，這位大宋第一文人，在整個宋朝的官場和文壇具有崇高的威望　無與倫比的影響力和號召力，從以往的交戰成果來看，只要他出手，幾乎沒有彈劾不倒的。歐陽修一回京，立刻投入參陳執中的漩渦。

事情的結果毫無意外，因為歐陽修德高望重，一呼百應，所以陳執中最後還是下台了。

【知識鏈結】

陳執中（九九〇—一〇五九），字昭譽，名相陳恕之子，南昌（今屬江西）人。憑藉父蔭，為秘書省正字（校正書籍的官），有機會博覽群書。出任梧州知州期間，政績斐然，此後步步高升。嘉祐四年卒，年七十，諡恭。

狄青哀憤之死

在崇文的宋代，除了異才梁適以外，還有許多個性超俗的武將，譬如在臉上刺字的狄青。每次狄青上街都會被人圍觀，百姓們都想親眼目睹開國以來第一個面有黥文的宰執。要知道，當時宋朝時時受到遼國和西夏的襲擾，步步退讓委實讓宋朝子民憋悶，好不容易有一個常勝將軍，自然對其倍加喜愛。可是文官集團看到一個武將如此平步青雲，自然發自心底地嫉妒和不安。比如狄青成為樞密使之後，反而比以前在西北戰場的老上級韓琦級別高，原先的下級轉眼變成自己的上級，韓琦自然不甘心，他雖然不敢明目張膽地反對，卻暗暗算計狄青。然而狄青對於自己的老上級，依舊是十分客氣，從不指手畫腳，甚至像從前那樣經常去拜見韓琦的母親，並且和韓琦的兒子平輩相稱，足見狄青心胸之寬廣。

還有曾經的狀元王堯臣，此時正是狄青的直系屬下，對於這個榮譽感強烈的人來說，豈能忍受一個從底層小兵爬上來的樞密使壓在自己頭上？於是，每天見到狄青，他就這樣陰險地打招呼：「樞相大人，您的臉可是愈加鮮明了！」而且說的時候眼睛盯著臉上的印章不放。終於，有一天在接到這樣陰陽怪氣的問候後，狄青反擊道：「你不是喜歡嗎？我送你兩行，怎樣？」於是王堯臣領教了狄青的厲害，再也不敢造次。

這一年，宋朝天災人禍此起彼伏，這一次主要來自雨，是京城開封的雨，其實這次雨災與開封地勢有很大關係，開封地勢太低緩了，雨水一大便立刻成了汪洋澤國。

於是達官顯貴紛紛往高處搬遷，但狄青卻依舊與眾不同，他選擇了非常平民化大眾化的地方——相國寺。深受老百姓擁戴的狄青出現在災民聚集的相國寺，立刻引來了百姓的圍觀和崇拜敬仰的目光。狄青的深得民心終於引來了文臣的攻擊，於是一呼百應之下，大家立刻出手，一定要重重地打擊狄青。

歐陽修親自寫了一篇文章《論狄青》仔細回顧了一下狄青的人生經歷，寫他的功績和戰果，寫他的勇猛無敵，然後又開始論述他是怎樣的得軍心，如何的得民心，這樣說的結論自然不言而喻，最後肯定是功高震主。因為當初趙匡胤身為殿前都指揮使就是因為深得軍心才輕易地奪取了後周柴氏的皇位，點出狄青的得民心就如一柄利刃，準確地刺入了宋帝的痛處。

就這樣，狄青被罷免了。

四年來，面對那麼多的責難和非議，狄青堅定不移地守在樞密使的位子上，四年前，為了做到樞密使，別人和他自己又付出多少，就因為這樣莫須有的罪名而被罷免，狄青無論如何也接受不了，於是就走到皇帝跟前說：「臣無功而受兩鎮節麾，無罪而出典外藩，這不公平。」

前一句是自謙，後一句是憤慨，百戰之功，無罪罷免，狄青絕不可能心服！

其實，大家都明白這不公平，對於宅心仁厚的趙禎來說自然也下不了手，他安撫了一下狄青，想撤銷罷免，於是找來了文彥博，再一次強調狄青是忠臣，希望留任他。然而文彥博緩緩說了一句：「太祖豈非周世宗忠臣？」

最後，朝廷允許狄青保留軍銜，保證他家人的安全，並且可以舉行追悼會。只是他必須自殺。狄青想不通朝廷為什麼會做出如此荒唐的決定，於是根本就沒有想到去執行，趕緊去問，根本來不及去顧及後果。

接待他的人是文彥博，文彥博乾脆俐落地對狄青說，沒有別的原因，朝廷就是猜忌你。

最後，讓狄青自殺的旨意被收回，改為貶到陳州做地方官。然而，即使去了天高皇帝遠的陳州，狄青依舊得不到清靜，每隔半月，朝廷就會派人前來「問撫」一番，僅僅半年，狄青就在憂憤交集之中去世了，一代將星就此隕落。

狄青死了，韓琦回來了，重新成了宋朝的宰執大臣。世界終於恢復秩序，宋朝的官場變得安寧和諧，而直到死，那麼龐大的文官集團也沒有一個人站出來為狄青說一句公道話，說他是冤屈的，不該被罷免。

其實真正殺死狄青的，與其說是那些文官，倒不如說是宋朝建國以來的風氣和傳統，有了這種風氣和傳統，即使沒有文彥博，即使沒有歐陽修也肯定會有另外的人來代替他們指責狄青，他是被這個時代給殺死的。

狄青死了，同時也被淡忘了。直到神宗之時他才被重新記起，那時的宋朝缺兵少將，尤其是苦無良將，皇帝才想起當年的那個常勝將軍，而他剛死去時，卻無人懷念他，只是毫無感情色彩地寫著「贈中書令，謚武襄。」

【知識鏈結】

狄青，字漢臣，面有刺字，善騎射，人稱「面涅將軍」。在宋夏戰爭中，他英勇善戰，立下了累累戰功。朝廷中尹洙、韓琦、范仲淹等重臣都與之交好。范仲淹授以《左氏春秋》，狄青因此折節讀書，精通兵法，後以功升樞密副使。狄青生前，備受朝廷猜忌，導致最後鬱鬱而終；死後，卻受到了禮遇和推崇，「帝發哀，贈中令，謚武襄」。

既卑又亢的英宗

仁宗在晚年身染重病、神志不清，想到自己即將不久於人世，卻無子嗣，心中甚是憂愁。在經歷假太子案空歡喜一場後，大臣們更是空前一致將立太子一事提上日程。

嘉祐元年（一〇五六）之後，趙禎的身體狀況急轉直下，他的健康問題讓宰執集團的大臣們擔心不已。嘉祐七年，他經過重重考慮決定立他堂兄之子，他的養子趙曙為皇太子，封鉅鹿郡公。

宋仁宗的死發生在夜深人靜之時，由當時的仁宗皇后即後來的太后曹氏封鎖消息，再加之宰相韓琦的處變不驚，皇帝崩逝的消息在淩晨才傳出宮外。這一切都是為了防止皇權的旁落，在皇帝崩逝的消息傳出之時，皇太子趙曙已經趕到皇宮。

然而，面對即將到來的皇位的時候，後來的英宗趙曙反應卻失常了。當時宰相韓琦手捧黃袍，請趙曙即皇帝位。他禮節性地推辭之後轉身想要離開這是非之地，彷彿這裡的一切都與他無關。然而皇位必須有人繼承，韓琦等人努力了這麼久等的就是這一天，他們不會這麼輕易地讓趙曙離開這裡。在眾人的堅持和努力之下，趙曙終於勉強地穿上了黃袍。

繼位儀式在繼續進行。面見百官之時，趙曙的表現更加失常，他面無表情，神情呆滯。在先帝靈前未流一滴淚水，對曹太后也出言不遜。曹太后當年親自撫育他，後來又助他登上皇帝的寶座，他卻當著群臣的面說出「太后待我無恩」之言。

嘉祐八年的十一月，是為大行皇帝舉行葬禮之日，但讓人意外的是，作為繼承人的英宗趙曙卻稱病留在了宮中，並未參加宋仁宗的葬禮。仁義道德尚存，知諫院司馬光為了使趙曙明白自己的行為不合倫常已經觸怒了太后和群臣，如果事情再不加控制地發展下去，他的行為將不為天下人所容。司馬光在調查了太醫院近期的診脈記錄，發現皇帝「六脈平穩，體無內疾」之後，要求懲處太醫院的醫生。

趙曙屈服了，他出現在大行皇帝的靈堂之上。這時與他同在的還有宋仁宗的遺孀曹太后。喪禮之上，所有人都為仁宗皇帝的去世痛哭不已，只有趙曙面無表情，史書上對他的記載是「卒哭」。卒哭，就是結束哭泣的意思。而仁宗的遺孀曹太后卻真真實實沉浸在痛苦之中。她對趙曙的表現極其失望，她開始懷疑自己當初的決定是否有誤，這時是不是該另選仁德之人來治理這個國家。但宰執集團並不這樣想，英宗由他們的支持而立，一旦被廢，他們馬上就會從當初的擁立的功臣變為現在的無德無才之人。為了打消曹太后對英宗的疑慮，消除她心中廢帝另立的想法。首相韓琦帶領宰執集團面見太后，韓琦對太后稱現在皇上龍體有恙，一切都是無心之過，請太后不必過於在意。歐陽修也附言道，太后仁聖之德，天下皆知，如今皇上身體不適，太后應對他多加關心多加包容。

曹太后畢竟是婦人，再加上她內心善良，對權力本無太多貪戀之意，這和她後來將大權歸還英宗時也可見一斑。在宰執集團的苦心勸說之下，仁宗喪禮這件事也就不了了之。

這樣一來，所有的人都認為皇帝病了，而且病得不輕，這也是當時能給出的對英宗這些反常行為最合理的解釋。然而透過歷史的蛛絲馬跡，還是可以看到一些歷史的真相，雖然這有可能只是冰山一角。英宗真的病了嗎？僅僅以身體之「病」就能解釋趙曙這一系列的反常行為嗎？他是身病還是心病？

宋朝的十八個皇帝中，有八個因為沒有親生兒子而由旁系繼承皇位，趙曙的皇位的由來似乎也不超出常理。英宗趙曙，原名趙宗實，因為仁宗無子，幼年時他以皇子的身分入宮，作為皇位的繼承人之一教養。

寄養的生活是非常痛苦和難耐的，何況他並非宋仁宗親生的兒子，如果仁宗一直沒有兒子他也是有繼承皇位的希望的，但一旦嫡系血脈的皇儲誕生，他就將放棄現在的皇子生活離開奢華的皇宮。可以這麼說，趙曙在繼位之前就是活在巨大的希望和失落之中的。皇宮的生活雖然富足，不用為生活瑣事擔憂，但內心的壓力卻是巨大的。身在宮闈，每一天都步履維艱，稍有不慎，不但皇位不保，甚至還會有性命之憂。他就在這樣的希望和擔憂之中慢慢成長了起來，在他的心中一直存在著一個陰影，那就是他的父親趙允讓。他不希望他像自己的父親一樣在一輩子的驚喜和恐懼之中最終與皇位失之交臂，以失落來終老一生。

仁宗去世之前的趙曙克己守禮，淡泊名利。可是在繼承皇位之後一切都不一樣了，他對待下屬和侍者不再像以前那樣寬容，對自己的養父母也不再孝順。這一切都和他的「心病」有關。他在得到皇位的巨大驚喜和恐慌之中迷失了自己。是的，現在他是大宋的國君了，天下屬於他，這個國家的一切都由他主宰，命運終於掌握在了自己的手中。

【知識鏈結】

宋英宗趙曙（一〇三二—一〇六七），北宋第五代皇帝，一〇六三—一〇六七年在位。仁宗無子，英宗幼年被仁宗接入皇宮撫養，賜名為宗實。英宗即位後，任用舊臣韓琦等人，無心變法，對外亦無戰爭。一〇六七年，病逝於宮中福寧殿。

第九章：理想有多遠？

一位有理想的皇帝遇到一位有想法的臣子，歷史是否會因此而改變呢？面對北宋積重難返的種種疑難，神宗既焦慮憂愁又滿腔熱血，他相信透過自己的努力，會挽救這個走向沒落的王朝，何況又有英才相助，然而事實是否如此順利與簡單呢？

浪子回頭

身心俱病的英宗趙曙登上了皇帝位後，實際上仍為曹太后執政。而歷史在漸漸向前發展，宋英宗的病似乎隨著時間的流逝也逐漸好轉起來。為了使英宗明白他所犯的錯誤，重新以正確的態度治理國家，盡好一個皇帝的職責，朝中大臣們開始了對他的勸說。

在眾人的苦心勸說和傳統道德禮儀的譴責之中，趙曙似乎終於有「所悟」了。情況一有所好轉，宰執大臣們考慮是時候到了新皇親政之時了。並且英宗身體逐漸好轉，西元一〇六四年，也就是宋英宗治平元年的春天，英宗皇帝乘輦到相國天清寺、醴泉觀祈雨，他這個舉動在獲取民心的方面收到了非常良好的效果。祈雨之後，他又慢慢開始處理一些簡單的政事，他對這些奏章的處理也得到了垂簾聽政的曹太后的認可。宰執們意識到，還政的時機開始成熟了。

正史記載裡的還政過程非常簡單。一次朝會之後，首相韓琦向曹太后辭相，希望太后允許他到外地任職。這只是一種委婉勸她撤簾還政的方式，曹太后身處宮廷多年，以她的政治經驗豈能不知，於是她對韓琦說：「相公安可求退？老身合居深宮，每日在此，甚非得已，且容老身先退。」遂將朝政歸還英宗。

趙曙親政之後，開始大肆封賞周圍的人。他讓自己的親屬搬入皇宮，給自己親近的臣子加官晉爵，並開始打擊以前對他不利的官員。除此之外，他對曹太后的態度也沒有絲毫改變，兩宮一直都處在不和的狀態之中，這對國家十分不利，更讓朝臣們尤其是以韓琦為首的宰執集團非常擔憂。

面對英宗朝的這種狀態，朝臣們分流了。「非孝子不明君」，「百善孝為先」，一個人如果連「孝」都做不到，那何談治國平天下，何談至君堯舜，造福天下萬民？更何況趙曙身為皇帝，他如此這般的行為怎能為天下臣民做出表率？這時，許多朝臣卻選擇了沉默，朝政如此，做與不做又有何干係，他們雖然對皇帝的行為頗為不滿，但又不想因為這件事想觸怒龍威影響自己的政治前程，沉默當然是最好的選擇。但韓琦、歐陽修等人還是選擇了無條件支持英宗，畢竟皇帝是他們擁立的，事情到了這個地步只有盡力輔佐他，否則他們不僅前程會受到影響，還會在史書上留下罵名，這也和他們當初勸諫曹太后的初衷是一樣的。

這時，宰相富弼已經服完母喪回到了朝廷，這位謙謙君子面對朝政和宰相韓琦對英宗的絕對附和，展現出了一個君子應有的道德和風度。富弼的一生都清醒地保持了自己獨立的人格和謙謙君子之風，即使在後來王安石變法時期，他雖然不支持新政也沒有選擇加入黨派鬥爭的行列，而是選擇了默默地離開權力爭奪之地。

富弼回來了，但朝政已經和仁宗朝時的大相徑庭，韓琦也已不是「四真在朝」時的韓琦，面對朝政，他只能選擇獨自鬥爭。在他服母喪之間，韓琦已經從他離開時的樞密使晉升為首相，大權在握，再加之他獨斷專行的性格，遲早有一天會建立「一言堂」，所謂「一言堂」，就是一人專權，他說的話無人敢違抗。

此時身為樞密使的富弼沒有接受皇帝的恩賞，而是接連上書求皇上以「孝」為先，善待曹太后，只有這樣才能得到支援，才能獲得民心，即使英宗置之不理，他還是始終堅持著自己心中的信念。治平元年的十一月，首相韓琦上書英宗，希望在陝西路招募義勇來抵抗西夏的入侵，這次招募的規模加大，幾乎三個青壯年男子就要有一個去西北邊疆服役，陝西各路，除了商、虢兩州之外，共刺勇一五六八七三人。很明顯，這個決定是非常不明智的，宋朝自從在西北同西夏開戰以來，民生凋敝，仁宗末年又水旱災不斷，這時給百姓雪上加霜很容易激生民變。除此之外，這也侵犯了以富弼為首的樞密院的權利，這樣看來，首相韓琦是想利用這次機會來確立自己的權威，鞏固自己首相的地位。

宋朝在皇帝以下，中央行政體制主要包括宰輔和中央行政機構，這個系統非常龐大和複雜，目的為了權利之間的相互制約，防止一人專權。由首相領導，副宰相和樞密院的正副長官合稱「執政官」，共同輔佐皇帝，在宋朝這個系統稱為「宰執」。在元豐神宗改制之前，宰執大臣領導的中書門下和樞密院合稱二府。而樞密院是宋朝軍事權利最高機構，韓琦這麼做很明顯是侵犯了樞密院的權利。即使如此，最後韓琦的這個募軍計畫還是實行了，無數的百姓作為權力鬥爭的犧牲品走向了西北戰場。

面對如此混亂的朝政，富弼隱退了，因為權力會讓人失去理智，而富弼為朝政著想也不想在這個權力場所鬥爭下去。「道不行，乘桴浮於海」，富弼一連上了二十餘疏辭官，最後失望地離開了京城開封這個是非之地。

【知識鏈結】

韓琦（一〇〇八—一〇七五），字稚圭，自號贛叟，相州人，出身世宦之家，北宋政治家、名將。韓琦在擔任諫官時，敢於犯顏直諫，諍言讜議。還曾和范仲淹一起防禦西夏，時稱「韓范」。慶曆新政時，韓琦提出以整頓吏治，選拔人才為主要內容的改革措施，支援新法。著有《安陽集》五十卷。

分庭抗禮為爭名

在講究禮儀的宋代，曾發生過關於先祖名號的派系之爭，即西元一〇六三年，歷史上著名的「濮議之爭」。先前英宗就因為自己並非仁宗親生兒子而有心病，也一直不肯以孝子的態度面對曹太后，更何況對於有相似人生軌跡的生父趙允讓一直心存愧疚和遺憾之情。在面對生父的封號問題上，英宗會做出怎樣的抉擇呢？

在趙曙的心中當然是希望將父親趙允讓的身分定為「皇考」的，但這卻不符合儒家禮制。於是關於濮安懿王名分的確立問題引起了朝廷的紛爭，面對這個敏感事件，朝臣又一次分流了。除韓琦、歐陽修等人繼續選擇支持英宗皇帝外，大多數臣子還是站在傳統禮儀道德的一邊，對於給予趙允讓「皇考」身分這個做法是持否定態度的，如果趙曙稱趙允讓為「皇考」，那仁宗和曹太后又將置於何地呢？司馬光也上書以漢宣帝與漢光武兩個非嫡系血脈繼承皇位的人為例，請求英宗效仿古人之法，不要堅持追封名分之事。一旦濮王被稱親，英宗必然要失大義於天下，對於日後管理朝政會產生很大的阻礙。

群臣認為就血緣關係來看趙允讓是仁宗的哥哥，趙曙既然已經過繼為仁宗之子，就理應稱他為「皇伯」而不能稱「皇父」，這個說法平心而論還是很公道的，這樣的稱呼也有利於收服人心，為以後的政治統治打下基礎。韓琦、歐陽修等人認為，根據《禮記・喪服記》有「為人後者，為其父母服」一言，出繼之子，對所繼所生都應稱父母，「皇伯」之說根本毫無根據，依「禮」駁回。

中書省下令太常寺重新議定濮安懿王的身分。事實上，這是一個巨大的陷阱，太常寺只不過是中書省領導下的一個小部門，太常寺官員所議定的相當於就是中書省的意願了。然而太常寺卿范鎮卻選擇堅持了自己的道義，依「禮」將「皇考」說駁回，舉朝上下，除了韓琦等人都認為「皇考」說不妥。一直就為英宗即位以來的行為耿耿於懷的曹太后聽聞此事之後非常憤怒，她親自起草了詔書，指責韓琦等宰執大臣擾亂朝政，明確反對將濮王稱為「皇考」。

因為群臣的反對，英宗將台諫觀和御史台的不少官員都派遣出使遼國，而敢於說話的司馬光卻破例升為龍圖閣學士，每日陪皇帝讀書，不再讓他插手政事。

剩下的台諫官以呂誨為首，把蠱惑皇帝之罪指向了首相韓琦，「觀韓琦之才，未如霍光、李德裕、丁謂、曹利用，而驕恣之色過之。」他們以微薄的身分對抗宰執集團，朝廷此時亂成了一片。

最後，還是以英宗的勝利結束了這場鬥爭，曹太后有旨——濮安懿王、譙周夫人王氏、襄國夫人韓氏、仙游縣君任氏，可令皇帝稱親。濮安懿王稱皇，王氏、韓氏、任氏並稱后。這時，英宗也下詔道：「稱親之禮，謹遵慈訓；追崇之典，豈易克當？」他最終沒有接受讓生父趙允讓稱「皇考」，但保留了稱親的建議，以塋為園，即園立廟，並封濮王之子宗樸為濮國公，管理祭祀之事。「濮議之爭」結束後，英宗找來韓琦等人商議接下來如何安撫百官的情緒。到了捍衛自己利益的時候了，倘若呂誨等言官無罪，當初一直支持英宗的韓琦、歐陽修等人不就成為有罪之人了嗎？

事到如此，韓琦只對英宗說「臣等是奸是邪，陛下自然知道」一句，再無他話，歐陽修則讓皇帝自已定奪是留御史還是留一直對他忠心不二的宰執大臣。猶豫再三，為了不失去宰執集團的支持和輔佐，最終這件事還是以呂誨等三人同時被貶官，離開京城開封而告終。

讓後人產生疑惑的是當時曹太后一直都因英宗不盡「孝道」而與之不和，最後又因何不顧群臣的反對，同意了「皇考」之說的呢？對於此，歷史上有很多不同的說法。一說，這份詔書乃是曹太后酒後誤簽。另一說則稱，是曹太后身邊的宦官受韓琦等人委託勸太后藉此機會與皇上修好，最終說服了太后，這些都不得而知。曹太后詔書一下，這場在英宗朝維持了十八個月的「鬧劇」終於結束了。

英宗朝士大夫因「濮議」之事互相攻擊，把「濮議」這樣一件小事認定為是一件天塌了一樣的大事，整個朝廷為之混亂，遠比當西夏進攻，死人千萬，喪師失地還要重要。透過「濮議之爭」可以清楚地看到北宋士大夫階層勇於發生政治內訌的特點。這個特點也展現在了接下來在神宗朝發生的重大事件——熙寧變法之中，並一直延續到了宋代滅亡。

【知識鏈結】

趙允讓（九九五—一〇五九），宋朝皇族，字益之，宋太宗第四子商王趙元份的第三子。宋真宗的長子周王趙祐去世後，真宗以綠車旄節迎趙允讓到宮中撫養。皇子趙禎（宋仁宗）出生後，用簫韶部樂送還府邸，官居衛州刺史。宋仁宗即位，授汝州防禦使、寧江軍節度使。嘉祐四年（一〇五九）去世，年六十五。仁宗在位久無子，以趙允讓第十三子趙宗實為皇子，改名趙曙。仁宗崩，皇子趙曙即位，是為宋英宗。宋英宗即位後，圍繞趙允讓是作為皇叔還是皇父的爭議，被稱為「濮議」。

心懷理想的宋神宗

經歷濮議之爭後，英宗身心俱疲，不僅為自己的皇權而擔憂，也為朝堂之上的各種派系爭端而煩惱。西元一〇六七年，英宗趙曙病倒了，不久就死於福寧宮，後葬於永厚陵。死之前，英宗在病榻寫下「立大王為皇太子」，這是指將他的長子趙頊立為皇儲，也就是後來的宋神宗。

趙頊的成長過程是非常特殊的，由於他的父親趙忠實，也就是後來的英宗不是仁宗趙禎的親生兒子，所以年幼的趙頊沒在皇宮裡長大，更沒有受過皇子必備的傳統教育。他在自由的環境中慢慢成長起來，長成了一個不帶迂腐之氣，性格獨立的青年皇帝。再加之他不在皇宮長大，受到的拘束也相對較少，比起其他的皇子，他更瞭解民生疾苦，更想造福天下萬民。

所謂「子不類父」這樣的現象在中國歷史上比比皆是，宋神宗的性格和他的父親趙曙完全不一樣，這在他其後的統治過程中可以明顯看出。神宗不想像他的父親英宗那樣無所作為，在年輕的趙頊心中，一直都有個遠大的理想，就是讓宋朝在他的手中擺脫百年以來所受的屈辱，收復失地，恢復開國時的氣象，而自己也成為千古明君，青史留名。

神宗即位三天後，三司使韓絳上書言，國庫入不敷出，已經造成了嚴重的虧空。宋神宗大吃一驚，這個巨大的虧空是怎麼形成的呢？首先，宋朝繁冗臃腫的官僚機構和軍事制度給北宋的經濟造成了過重的負擔，再加上自與西夏開戰以來，龐大的軍用開支佔用了國庫相當一部分的財產，更何況每年朝廷還要送給西夏國一筆十分豐厚的歲幣。如此一來，國庫已然空虛，支撐國家運轉已然勉強，何談再有其他作為？就拿英宗治平二年為例，年總收入是一一六一三八四〇〇兩，而支出卻達到了驚人的二三八〇六四三〇〇兩，收支不平衡，已經出現嚴重的財政赤字。

面對如此局面，年輕的宋神宗百思不得其解，然而朝政還需處理，國家的運轉，民生、軍事等各個方面都需要錢財，如何為國庫增收是當務之急。自古以來增加錢財無非兩途，一是開源，一是節流。於是神宗下旨，自皇帝始，朝廷上下謹當節儉，英宗的葬禮規模在一定的條件下被削減，他更減少了他登基賜給臣下的恩賞錢。「節流」他已著手去做，至於「開源」，剛即位的宋神宗雖然血氣方剛，志向遠大，對此卻是有心無力。

要治理好一個國家，首先要瞭解這個國家的運轉狀況。英宗的喪禮過後，神宗下令臣下進言，圍繞的中心是「論仁宗、英宗兩朝積弊。」這已屬老生常談，臣下們紛紛上書言事，但基本都是官面文章，不痛不癢，擊不中要害。

對於這個問題，仁宗、英宗時的朝臣應當最有發言權，他們是英宗給兒子留下來的輔國之臣，神宗此時遇到問題必然要垂問他們。然而，首相韓琦這時卻提出了「辭官」，熙寧元年（一〇六八），韓琦以使相身分出判相州，離開了他戰鬥多年的開封。韓琦走了，朝中的老臣剩下了司馬光。此時，司馬光上書認為要除仁、英兩朝積弊，要點在於「官人、信賞、必罰」三點，神宗對此也很贊同，於是繼續向他詢問具體政策，並請司馬光幫助他改革政治，造福百姓。這時，司馬光讓神宗失望了，他雖然有想法，但對於實際操作卻沒有具體且行之有效的辦法。

在司馬光之後，前朝宰相富弼又回到了開封。這位謙謙君子在英宗朝混亂的朝政打擊下離開了權力鬥爭的漩渦，神宗即位，廣開言路，他似乎又看到了新的希望。

國有明君，自然值得他出山輔佐。虛心求教的宋神宗馬上接見了他。富弼以他多年的政治經驗告訴年輕的神宗，為君之道在於隱藏自己的喜好，如果城府不深，臣子就會為了迎合君主的喜好搜刮民財，取悅主上。這一點在古代很多皇帝身上都得到了驗證，不少皇帝也因此在歷史上留下昏君的罵名，就如後來的宋徽宗趙佶喜好花鳥魚蟲，就有花石綱、艮岳、九鼎等耗費民財的物件，都是當時的臣子為迎合徽宗喜好的東西。

後來的事實證明，宋王朝滅亡原因這也佔有不少的成分。但關於富國圖強，富弼認為神宗臨御未久，當布德行惠，不應輕易言兵，更不能草率想要改變祖宗法度，這樣只會貽亂天下，失去民心。司馬光、富弼等元老重臣的溫和治國方略遠遠滿足不了年輕的神宗急於想創造一番事業的熱情。宋神宗想改變國家積貧積弱的現狀，成就千古偉業，但滿朝上下卻找不出一人能幫助他實現富國強兵的大計，這讓他很是苦惱。

正在宋神宗為尋找不到改革人才所困擾的時候，一個人即將從遙遠的江南而來，來幫助神宗完成心中的遠大理想，同時，也是他，為北宋歷史抹上了濃重而又神秘的一筆。

【知識鏈結】

宋神宗，英宗長子，一〇六七—一〇八五年在位。即位後，由於對疲弱的政治深感不滿，而且他素來欣賞王安石的才幹，故即位後命王安石推行變法，以期振興北宋王朝，史稱王安石變法，又稱熙寧變法。由於改革操之過急，不得其法，最終以失敗收場，不過神宗還是維持新法將近二十年。

小試牛刀

面對仁英兩朝留下的積貧積弱，心懷理想的宋神宗迫切想要改變這個狀況，這時，一個人的出現給了神宗希望，那就是一代名相王安石。

宋神宗一心想變法圖強，在當時只有王安石是最好的人選。王安石受到神宗召見之後上《本朝百年無事箚子》，全面總結並批評了宋朝前期的政局，經過多次的接見和探討，神宗終於認同了王安石的政治主張。熙寧二年，王安石出任參知政事，北宋朝著名的「熙寧變法」即將拉開歷史的帷幕。

新法的目的在於「富國強兵」，而它在宋神宗心中扎根的根本原因卻在於軍事。軍事問題凝聚了宋以來一百餘年所有中原人的滄桑與苦痛，宋朝自幽燕之役、雍熙北伐以來就一直沒能扭轉令人感到屈辱的外戰記錄。

但神宗想要改變這個不堪的現狀，是他公開承認宋太祖趙光義是死於契丹人的箭傷，在這之前，這是一個人人明白卻不能說的「秘密」。宋神宗不想像真宗和仁宗兩朝一樣用金錢去買所謂的和平，更不願與侵佔自己國家領土，殘害自己子民的邊境異族「稱兄道弟」。他心裡清楚金錢不能買宋代萬世的「和平」，他要在他的時代奪回燕雲十六州，蕩平西夏吐蕃，讓宋朝擁有如漢唐一般的恢弘氣象。

然而，要打仗必須要有強大的財力支持，以神宗朝現在的經濟狀況根本無法支持收復邊疆這樣的大戰。想要扭轉當前的經濟狀況，為國庫增收進而支持以後必然要開始的戰爭，辦法如前面所提到的無非兩種，一是開源，二是節流。王安石認為「善理財者，不加賦而國用足」，但這個觀點遭到了許多臣子的反對。

司馬光認為王安石「不加賦而國用充足」的說法只不過是變相搶奪民財，盤剝百姓，在他之前，武帝朝的桑弘羊就曾用過，後果低劣不堪，根本不值一提。王安石「不加賦而國用足」的想法確實是超出了時代的限制，自然不被當時的時代所理解。「變風俗，立法度」是王安石認為的治國首要任務，「變風俗」，儒家學說最大的目的就是讓風俗純樸；「立法度」，儒家從來都是以籠統的仁義道德來「治國」，是從來瞧不起法家之「術」的。

從現實角度來說，法家的學術是有重要的治世意義的，但在宋朝儒學盛行，甚至已經到了開始僵化的地步，普遍認為「韓非險薄，無足觀」，法儒根本不相融，要以法家之術進行變法談何容易？

熙寧二年，宋神宗任富弼為首相，王安石為參知政事，開始變法。神宗這樣的安排是有他的用意的。由於王安石和新法在當時並不得人心，神宗任富弼為首相，希望以他三朝老臣的威望來鎮撫局勢，安定人心，而變法的具體內容和實際操作都由王安石來領導完成。這樣的安排不僅有助於朝局的穩定，新法的推行，也可以在一定程度上保護王安石，給新法推行一個良好的政治環境。

熙寧二年二月，神宗為變法特別設立了「制置三司條例司」。顧名思義，它以國家的財政總署三司省為根基，是專門制定戶部、度支、鹽鐵三司的條例部門，由參知政事王安石和樞密院院事陳升之主持。在這之後，王安石又向神宗推薦了呂惠卿、章惇、蔡確、曾布、沈括等他認為對新法有幫助的人參與並協助變法。

熙寧二年七月，經制置三司條例司議定，頒布了新法第一條法令——「均輸法」。「均輸法」的內容很簡單，即由朝廷撥出五百萬貫錢和三百萬擔米作為起始的周轉經費，由發運使根據京師庫藏和各地物資的實際情況來購買政府所需要的物資。與此同時，將各地多餘物資由政府進行統一銷售，這樣不僅可以增加國庫的收入，更可以有效地穩定物價，同時也減輕了農民肩上的負擔。它既迅速地讓皇帝、官員和百姓看到了新法的效果，又沒有觸動以農業為根基的中國古代國家最大的命脈。

在新的法令之下，發運司的權力大大增強了，具體來說就是現在由發運使親自去瞭解開封和全國的物資狀況，並由它來決定具體物資的運輸，收上來的物資由朝廷向官員、市民等人發售。具體由原開封府度支判官、陝西轉運副使薛向擔任發運使，實施「均輸法」。

「均輸法」一頒布就引發了不少非議，這應該也是變法派事先就預料到了的。由於它由國家來承擔物資的運送和銷售，就在一定程度上打擊了自由經濟，觸犯了商人的利益。宋朝的商業尤為發達，商人，尤其是大商人的利益和封建官僚以及貴族有割捨不斷地聯繫，商人的利益被觸動，毫無疑問的也就在某種程度上影響了官僚貴族的享受。「自均輸法實行，豪商大賈皆疑而不敢動。」

蘇軾之後，蘇轍、馮京、謝景溫等人不斷地對「均輸法」展開政治攻擊，認為其擾亂秩序、法術不正，理應廢除。而事實上，「均輸法」確實有利於國家商業的穩定，更有利於國庫的充盈，這和新法「富國強兵」的宗旨也是相吻合的，王安石等人在當時推出這個法令也是可以理解的。

【知識鏈結】

王安石（一〇二一—一〇八六），字介甫，號半山，謚文，封荊國公，世人又稱王荊公，撫州臨川人（今江西省東鄉縣上池村人），北宋丞相、新黨領袖，是著名「熙寧變法」的主持者。同時，王安石也是學者、詩人、文學家，而且是唐宋八大家之一。傳世文集有《王臨川集》、《臨川集拾遺》等。

一探「青苗法」究竟

「均輸法」一頒布就引發了不少非議，另一個引發許多爭議的就是「青苗法」。「青苗法」也稱「常平新法」，簡單來說，就是國家以儲藏的糧食為成本，每年分兩季向缺糧缺錢的農民發放貸款，並收取一定的利息。農民所貸之款同夏秋兩季所繳納的農業稅一起交還給朝廷。

北宋以前的隋唐兩朝，盛行的是「常平倉」。就是由國家出面，在農作物豐收的時候出錢穩定市價收購，防止穀賤傷農；一旦災年出現，國家就把收上來的穀子以較為低廉的價格賣給缺錢缺糧的農民。很顯然，這是一項利國利民的好政策，毫無盈利性質，如果國家財力雄厚可以支撐，造福百姓，博取民心，又有哪位君主不願意去做呢？有一利必有一弊，有這麼多的好處，貪官汙吏們又怎會甘心把這些糧食白白發放給毫無地位的平民百姓。由於官員的腐敗，「常平倉」法的實施並不像他預想的那麼好，不少人利用這個政策為自己牟私利。

在北宋的財政制度中，凡是考取功名的，出家為僧為尼的人和家庭都無需向朝廷繳納稅款，也無需服兵役等一系列徭役。如此一來，沉重的稅務和徭役負擔都加在了窮苦的農民身上，加上官員和富商勾結貪汙，農民沒有了糧只能向民間的高利貸借款，而在宋朝民間的高利貸利息竟然已經高達到了月息六分，年息七十二分的程度。

「青苗法」的具體實施方法，是將全國各地廣惠倉、常平倉裡的糧食都由朝廷收集上來，兌換成現錢，在河北、京東、淮南三路，分夏、秋兩個季節，由國家出面把錢貸款給青黃不接的農民，讓他們度過危難。在莊稼收成以後，加兩成的利錢將這些所貸錢糧歸還給朝廷。

想法是好的，但「青苗法」在後來的實施過程中卻出現了問題。為了緩和當時的矛盾，經朝臣研究商討，原定將在河北賣「度僧牒」的錢作為啟動資本在陝西試行「青苗法」，不動用國家的糧食儲備。但後來在具體實施過程中不僅動用廣惠倉、常平倉裡的糧食，試行範圍更是超越陝西，擴大到了河北、京東、淮南三路。

此時變法派與守舊派的對抗，驟然上升到水深火熱的程度，守舊派認為王安石「大奸似忠，大詐似信，外示樸野，中藏奸詐……」。

「青苗法」出台之後，變法派呂惠卿作為王安石的得力助手，被晉升為太子中允、崇政殿說書，能夠直接和神宗每日討論時政，交換關於新法的意見和看法。而這時首相富弼卻以年老多病為由向神宗提出了辭官還鄉，富弼是反對變法的，當初神宗任他為首相，為的就是用他的威望平息眾怒，來緩解變法所受到的壓力。

富弼走後，王安石終於被推到了前台，反對派以前所未有的聲勢開始一輪又一輪地攻擊變法，新法壓力倍增。

在「青苗法」頒布後的十一月，「農田水利法」也出台了。「農田水利法」鼓勵官民積極去開墾荒地、興修水利。地方官府更要把本轄區內所有荒地的情況調查清楚，方便「農田水利法」的施行。果不其然，守舊派又以「道義」的身分站了出來，司馬光就多次寫信給王安石勸他不要一意孤行，放棄變法，更在信中列舉出王安石「侵官、生事、徵利、拒諫、招致天下怨謗」的罪名，認為新法再不廢除，國家將會形成「父子不相見，兄弟離散」的局面，到時候天下大亂一發不可收拾。

王安石在給司馬光的回信中寫道：「人習於苟且非一日，士大夫多以不恤國事，同俗自媚於眾為善。」堅持自己變法的態度。

但自古以來，哪一項改革沒有經歷流血和鬥爭呢，熙寧年間的新法也是一樣，縱使阻礙重重，王安石還是堅持著，他始終認為變法改革是改變宋朝朝局的唯一途徑。然而理想總是來源於現實而高於現實的，從大名府寄來的一封奏摺給新法帶來了現實的考驗。

這封奏摺由前朝宰相韓琦所寫，他在奏摺中用事實向神宗描述了「青苗法」在實施過程中所出現的弊端。

首先，韓琦提出「青苗法」在執行時與它發布時所說的條例根本不符。「青苗法」在頒行時強調嚴禁任何攤派，但在實施過程中卻出現了嚴重的攤派行為。其次，他認為農民生活殊為不易，一旦糧食歉收，還不上朝廷的貸款，必將受到嚴刑峻法，到時必將激起民憤。「青苗法」看上去給國庫增加了收入，是緩解農民壓力的好政策，實則是害國害民的邪政。

政治經驗不足的宋神宗面對韓琦的奏摺第一次內心動搖了，他開始懷疑他所支持的新法是不是正確，難道他原本認為利國利民的新法在現實中卻在殘害自己的子民？內心的恐懼是強大的，熙寧三年的二月，宋神宗親自下令廢除了「青苗法」。五月，撤銷了為新法的制定和推行而成立的「制置三司條例司」，將其職權全部收歸中書省執行，宰相王安石也因病離開了朝廷，新法暫時陷入了一個被動的局面。

【知識鏈結】

王安石變法是北宋時期針對當時「積貧積弱」的社會現實，以富國強兵為目的，而掀起的一場轟轟烈烈的改革。王安石以「因天下之力以生天下之財，取天下之財以供天下之費」為原則，從理財入手，頒布了「農田水利法」、「均輸法」、「青苗法」、「免役法（又稱募役法）」、「市易法」、「方田均稅法」，並推行「保甲法」和「將兵法」以強兵。變法取得的成果是有目共睹的，但它最終以失敗而告終，用人不當和變法中的種種弊端是主要原因。

改革在繼續

本身就矛盾多多不切實際的青苗法在反對派的攻擊下，逐漸顯現出其弊端。一項本來試圖改變國家農業和農民生存狀況的法令卻收效甚微。但是王安石和神宗並未就此灰心，新法還在繼續。

熙寧三年十二月，王安石與韓絳（音降）升為宰相，這樣一來，可以說是賦予了王安石對新法的完全施行權。神宗此時更頒詔天下，命各地查處阻撓推行新法，對新法施行不利的人，對這些人都嚴重究辦。而在這之前，一項新的法令——「保甲法」頒行了。「保甲法」規定：相鄰居民十戶組為一保，五十家為一大保，五百家為一都保，實施刑事連帶責任制；每戶抽出一人參加官府組織的軍事訓練。在這之後，宋朝只要發現有一小股或兵或匪的造反者，都得動用京城禁軍出去平叛的狀況改變了。各地居民自己組織民兵隊伍擔任自己所在區域內的治安工作，進而代替了原來的地方軍隊，不僅節約了軍費還有效地維護了地區治安。此後，「保甲法」推行全國。

「保甲法」頒行之後，宋朝軍隊的數量在逐漸減少，這樣軍隊每年的耗費也就相對減少了，「保甲法」的推行給宋朝多年以來「冗軍」的局面帶來了清新的空氣。再加上以民為兵，國家和百姓的戰鬥力都大大增強了，這對今後出戰西夏和遼國都有很大的幫助。而事實也證明，「保甲法」確實是行之有效的一項政策，在「保甲法」頒行之前，宋朝大小叛亂屢禁不止，自從有了「保甲法」，終神宗一朝，再沒有任何叛亂發生。

自此，新法重新上馬之後又進一步深入了。在「保甲法」進行的同月，「免役法」又頒行了。「免役法」又稱「募役法」，它規定農民可以透過向政府繳納免役錢來免除他原有的差役。除農民外，原來沒有差役的各類民戶，包括官戶，仕宦人家等都須向國家繳納數額為免役錢百分之五十的錢款。這部分錢叫做「助役錢」，錢收上來之後，國家用它來專門招募人員擔任原本百姓要服的兵役。「免役法」還規定，為了防止災年收不上「免役錢」，徵收時除了每年須交的固定錢外，再多收兩分，稱「免役寬剩錢」。

在「免役法」之前，宋朝行使的都是「差役法」。在這種制度下，百姓的壓力非常大，他們除了要承擔生產勞作等任務之外，還要無條件地為政府服務，這樣一來，民間的生產力發展被嚴重地制約了。

「免役法」出台以後大大改變了這個局面，百姓們只需繳納一定數額的免役錢，就可以免除差役，用這些時間和精力來發展生產，創造收入。國家收了免役錢後招募人員當差，社會上的閒散人員就減少了，也有助於改善社會治安。而且，具體工作人員由政府統一招募，工作效率也得到了極大地提高。

但「免役法」的推行又觸動到了官僚集團和社會上層人士的利益，因為「免役法」規定，除了農民之外，一切民戶，當然包括從前不必繳納役錢的富戶和官僚家庭，都需繳納「助役錢」。士大夫認為「役人之不可不用鄉戶，猶官吏之不可不用士人。」就連當時的慶曆名臣文彥博也勸說神宗皇帝，說：「祖宗法令具在，各項完善，倘若擅自改變，恐怕會失去民心。」年輕的神宗卻認為「民為重，社稷次之，君為輕」。只要是對百姓有利，新法就可以推行，況且士大夫階層受孔孟禮義教導，更應放棄自身的利益，為民著想。但事實上，不是所有士大夫都像神宗皇帝那樣仁慈且胸懷蒼生的，該項變法自是遭到許多士大夫、達官貴人的反對。這也是王安石後來要改變科考制度，整頓吏治，改變宋朝官場風氣的一大原因。

針對這些問題，熙寧四年的二月，王安石提出全面改革科考制度。這是一項至關重要的決定。變法急需人才，然而只有王安石、呂惠卿等人是萬萬不夠的。科考制度改革後，詩賦不再成為考試的重點，當時參加科舉要考的是經義、論、策等，這些都是可以體現一個人具體的治國才能的。除此之外，朝廷還特別設立了法律專科以此來吸納更多的有才之士。

熙寧四年十月，王安石改變原本的太學教育制度，開始實行「三舍法」。後來在熙寧六年的三月，朝廷在國子監設立了「修撰經義所」，王雱（音旁，王安石之子）和呂惠卿參與修撰《詩義》和《書義》，王安石撰寫《周禮義》，後經王安石親自修改定稿，合稱《三經新義》。《三經新義》發行之後神宗非常高興，賜予王安石尚書左僕射兼門下侍郎的頭銜，這部書在後來作為教科書頒行太學，並以它作為以後科舉考試的標準。

這些法令都豐富了科舉選拔官員的形式，也提高了選拔出來的官員的能力，為新法日後的推行產生不小的作用。

【知識鏈結】

「三舍法」是北宋王安石變法科目之一，即用學校教育取代科舉考試。「三舍法」，是把太學分為外舍、內舍、上舍三等，外舍二〇〇〇人，內舍三〇〇人，上舍一〇〇人。官員子弟可以免考試即時入學，而平民子弟需經考試合格入學。「上等以官，中等免禮部試，下等免解」，後來地方官學也推行此法，反映了班級教學的特色。這個改革措施，事實上將太學變成科舉的一個層次，學校徹底變成選官制度的一個組成部分。

第十章：新法不遂人願

天真的宋神宗想要一改北宋疲勢，誰知新法遭遇重重阻力，特別是利益受損的貴族們更是怨聲連連。然而此時變法集團內部也出現了問題，呂惠卿奪了朝中大權，而原先的變法宣導者王安石卻辭官而去。這一切的變故和困難不由讓人為新法捏了把汗，它能夠走多遠？

逆流而行的新法

前文已介紹了新法中的「青苗法」、「均輸法」、「保軍法」等涉及國富民強的新政策方針。王安石和宋神宗等變法者主觀上是想擺脫積貧積弱的現狀，卻不知有些政策實際上卻很難實施，或者由於損害了貴族們的利益而遭反對。

在變法改革期間內，無論是因為對新法的不理解還是出於保護自身的利益，反對派從來沒有停止對王安石和新法的攻擊。為了給改革提供一個良好的環境，守舊派的歐陽修、韓琦、富弼、司馬光、文彥博等朝中老臣都因各樣各樣的原因離開了開封。

除了朝堂之上，後宮也在反對著新法。如前所述，新法的不少政策，如「均輸法」、「市易法」都在不同程度上損害了大小商人的利益，這也間接影響到了貴族的享受。

當時的太皇太后曹氏，太后高氏都多次向神宗訴苦說新法的弊端。一日，宋神宗到後宮去給曹氏和高氏請安。曹氏對神宗說：「我以前只要聽到民間有疾苦之事，都會向先帝訴說，他也都會採納我的意見，現在也當如此。如今哀家聽聞朝廷現在推行的『青苗法』、『助役錢』等都不合理，百姓苦不堪言，就連國家政事，也比不得前些年了。祖宗留下來的法度，雖不能說是盡善盡美，但也不能輕易更改和廢除，必須要十分審慎小心，才可以更改一二。應該將『青苗法』、『助役錢』這些法令罷免，恢復祖宗的法令，以保天下太平。」神宗的母親高太后也流著淚向神宗哭訴道，王安石敗壞朝政，貽亂天下，如果不將其罷免，天下就要大亂了。按宋朝制度，皇族不許干涉朝政，這些後宮貴族的舉動顯然跨越了自身的職權範圍。由於自己的利益受到了損害，但是許多皇族都非常痛恨王安石，後來就出現了著名的「宣德門打馬」事件。皇族的這些舉動在宋神宗埋下了陰影，連自己至親至敬的人都如此反對新法，變法改革難道真的有錯嗎？

自熙寧六年始，宋朝北方大旱，七八個月間滴雨未下，繼而發展到了全國。大旱帶來了大災，無數的災民像潮水一樣瘋狂地湧入了開封等大城市，一時之間，餓殍遍野，民不聊生。天象如此，剛沉寂了不久的反對派又開始以「天變」攻擊新法。遠在洛陽的司馬光向神宗皇帝上書，歷數王安石和新法六大罪狀，直指新法害國害民。大旱再繼續，宋神宗的心也在一天天下沉。這時，發生了一件事情，這件事猶如最後一根稻草，徹底壓垮了神宗皇帝的心靈，也壓垮了如火如荼的新法，更直接造成了王安石的第一次罷相。

事情的根源是一幅圖，這幅圖的作者名叫鄭俠。鄭俠，字介夫，福建人，英宗治平年間進士。他曾經是王安石的學生，因為他的才能，王安石非常器重並曾多次提拔他。變法改革開始後，鄭俠由於與王安石政見不合而成為新法反對派一員。大旱後，鄭俠將災民湧入開封的情景繪成畫卷，並寫了奏章建議神宗皇帝廢除新法。他甚至說只要新法廢除，十日內如不降雨，就將他斬首示眾。

這幅《流民圖》和鄭俠所寫的陳述新法弊端的奏摺繞過中書省，由銀台司直送到了宋神宗的手中。宋神宗看到鄭俠的奏摺和《流民圖》震驚了。他對此感慨萬千，徹夜不眠，陷入了深深地反思和自責之中。第二天清晨，沉思了整晚的他沒有和任何人商量，臨朝之時就頒下詔書，命開封府向百姓發放免行錢，廢「青苗」、「方田」、「保甲」計十八事，將推行了五年之久的變法幾乎全部廢除。

鄭俠上《流民圖》三天後果然天降大雨。大雨剛下，旱情得到了緩解，宋神宗忐忑的心情似乎在慢慢平定，幾天之後，他又宣布除了「方田均稅法」之外，新法都將恢復。

新法廢除不到幾天又被恢復，變法派本來應該鬆了一口氣。但此時的王安石卻提出了辭官，他真的是累了。在這五年中，他不僅要為新法出謀劃策，還要每日每夜不停地和政敵進行鬥爭。雖然神宗一直表示是支持他的，但他在實際行動中卻一再動搖。當舉國都籠罩在天災的愁雲慘霧之中，滿朝都在用「上天警示」來攻擊新法時，神宗又開始懷疑新法。由於神宗的動搖和朝臣對新法的「討伐」，身心疲憊的王安石決定辭相。他連上了四封奏章辭官，宋神宗頒下詔令，命王安石繼續留在京城出任太師、太傅等職位，但生性倔強的王安石拒絕了皇帝的好意。宋神宗多次挽留不住後，不得已同意讓王安石辭去相位，出任江寧知府，但允許他隨時入朝議事。

熙寧七年四月底，第一次罷相的王安石帶著家人，輕車簡行，悄悄離開了京城開封，回到了江寧。

【知識鏈結】

鄭俠（一〇四一—一一一九）北宋詩人，字介夫，福州人。他反對王安石新法，並上書神宗，奏疏論新法過失，後來因為揭發過曾經與王安石交往密切的呂惠卿罪狀，被貶。其作品有《西塘集》，《西塘先生文集》等。

小人奪權，君子罷相

失望落寞的王安石辭官走了，而宋神宗仍要繼續推行新法，勢必要找到一個新的變法主持者。宋神宗選中呂惠卿為宰相，殊不知這造成了怎樣的惡果。

在王安石罷相之前，改革派內部緊密團結，小心謹慎地工作，積極地應付反對派的政治進攻。然而，王安石一走，許多事情都改變了原來的面貌，更嚴重的是改革派內部此時已經發生了混亂。

曾布，字子宣，南豐人，是大家很熟悉的唐宋八大家之一曾鞏的弟弟，也是王安石在朝時改革派的重要成員。王安石離職後，曾布卻一反常態，轉而開始攻擊新法。

首先，他上書彈劾掌管市易務的官員呂嘉問，在實施新法的過程中在原有的基礎上增收了「免行錢」，違反了朝廷的法令。在這之後，他又上疏稱「免行法」和「市易法」這兩條法令極不合理，民間對此已經怨聲載道，建議皇帝廢除這兩項法令。曾布的奏疏一上，處事謹慎的宋神宗立刻派宰相呂惠卿去調查此事。

由於曾布和宰相呂惠卿從前在一些事上有所過節，這件事剛好成為呂惠卿報復曾布的藉口。經過調查和審判，結果是兩個當事人曾布和呂嘉問都被貶到外地為官。

曾布事件之後，宋神宗向全國頒布詔令，「間有未安，考察修完，期底至當。士大夫其務奉承之，以稱朕意。無或狃於故常，以戾吾法。敢有弗率，必罰而不赦」，稱前首相王安石的離職與新法的本身毫無關係，新法將繼續進行，絕不會廢除。正當呂惠卿摩拳擦掌準備幹一番大事業的時候，讓人為之膽寒的「天象」又一次發生了變化。全國大旱之後，京城開封天氣又出現了異常，刮起了前所未見的大風，並下起了雨夾土。

難道是上天又一次對神宗發出了「警告」？不管是不是真的，鄭俠又一次出現了。繼《流民圖》之後，針對呂惠卿等當朝重臣，他又向神宗皇帝獻上《正直君子邪曲小人事業圖》。所謂「正直君子邪曲小人」，具體是用唐朝著名宰相魏徵、姚崇、宋璟、李林甫等人來影射現在宋朝的幾位當朝宰相，以呂惠卿比小人，以馮京比君子，以古諷今。不久之後，鄭俠被罷免職務，並發配到了邊遠的汀州進行編管，終身不得再入仕途。

打擊政敵，排除異己之後，呂惠卿開始自己的變法征程，他先是補充了「免役法」，規定由朝廷來確定物品的價值，進而來估算出百姓的家產，再由此分出等級以家產的百分之二十來徵收賦稅。並且這項法令還規定，倘若有百姓向朝廷隱瞞家產被人告發就將受到嚴厲的懲罰，而檢舉揭發之人將得到朝廷的獎賞。這就是所謂的「手實法」。

熙寧七年九月，朝廷針對軍事，又頒布了「將兵法」。在這裡，首先要瞭解一下宋朝的兵制。早在宋太祖趙匡胤建國時期，為了防止兵卒驕惰，因此規定了禁軍分番的制度，即後來的「更戍法」。這種方法雖然制約了武將的兵權，卻導致了兵不知將，將不知兵，大大削弱將軍對部隊的領導力和軍隊的本身的戰鬥力，而且造成冗兵冗費的局面。為了調整這種現狀，新頒行的「將兵法」改變了宋朝兵將分離的狀況，由朝廷從禁軍中派出將領訓練地方軍隊，並駐守在各地，每「將」所轄兵力幾千人至一萬人不等，設正將和副將各一名。同時還推行了「省兵併營」的政策，將軍隊中的老弱病殘裁去，精簡了部隊人員。自此，「免為民者甚眾，冗兵由此大省」，也初步改變了「以文制武」的舊制，「武不如文」的情況也得到了改善。

呂惠卿的權力隨著時間的發展在日益膨脹，他瘋狂打擊異己的行為引起了朝中大臣的強烈不滿。韓絳等人向皇帝上書，請求將王安石復職，只有這樣才能控制住呂惠卿的不法行為。

與此同時，呂惠卿的眼光也落到了王安石的身上。由於王安石罷相後，神宗仍舊允許他隨時入朝商議朝中大事，這樣隨時就可能威脅到他的地位，於是呂惠卿開始想辦法來徹底摧毀王安石對他地位的威脅。這年的冬至日，當時宋朝依慣例在年底要釋放一些有罪在身的官員，來顯示皇帝對天下臣民的慈愛，這個傳統一直延續到後來的各朝各代。

呂惠卿藉此機會向神宗請示封王安石為節度使，但這樣一來，王安石就成了待罪之人，呂惠卿打擊王安石之心顯而易見！

這時沉靜了多日的遼國又騷動了，遼國的巡視兵竟然已經跨過了拒馬河，宋遼邊境岌岌可危。宋朝在西北開戰的同時要抵抗遼朝根本不可能辦到，再加之東北的軍備不足，軍隊戰鬥力也急遽下降，防線基本已經崩潰，如果這時朝中發生內亂勢必影響軍政大計。情勢危急，熙寧八年二月，在第一次罷相十個月後，王安石受神宗皇帝起詔，離開江寧府，星夜兼程，七日就回到開封。神宗封王安石為同平章事，從此恢復首相之職。

【知識鏈結】

呂惠卿（一〇三二—一一一一），字吉甫，泉州晉江人，北宋的政治家改革家。嘉祐二年（一〇五七）進士，宋神宗熙寧年間，王安石變法的第二號人物。在奪取主持變法大權後，雖然繼續力行新法，但對當時的貪腐風氣無所作為，導致新法最終以失敗告終。

寫詩無端被誣陷

在神宗一朝，除了風雲人物王安石外，還有眾所周知的名士蘇東坡。但是對於新法，這位才子卻持反對態度，他會有怎樣的人生際遇呢？

英宗時期，年輕的蘇軾由於種種原因沒有得到朝廷的重用，一直到了神宗時期，他的才華才被心懷遠大抱負的神宗皇帝發現。在此之後，蘇軾擔任過禮部尚書、翰林學士等職位。自新法推行以來，作為反對派一員的蘇軾就不遺餘力的攻擊新法，王安石在朝時他就因為攻擊新法兩次受到朝廷的懲處。

王安石第二次罷相之後，由神宗皇帝親自主持變法，但反對派持續不停對新法的攻擊讓滿心借新法圖強的宋神宗煩不勝煩。為了暫時打壓反對派的囂張氣焰，鞏固自己親自掌權之後的威信，神宗決定殺雞儆猴，打壓幾個反對派的大臣。而此時的蘇軾在一邊進行文學創作之時，還在一邊關心著朝局的發展，當然還有始終「堅持」著反對王安石留下來的新法。此時的他沒有想到，歷史的焦點將在元豐年間會聚到他的身上，他的命運也即將因此改變。

元豐年間，蘇軾寫了不少詩作來表達自己對新法的不認同和對朝局的不理解。這些詩作由於蘇軾在當時名氣太大而在民間廣為流傳，最後傳到了神宗皇帝手中。性格瀟灑不羈的蘇軾原本就因為為孝子朱壽昌寫詩一事得罪了變法派的官員李定，時機到來，李定聯合御史台何正臣、舒亶等人以「攻擊新法，誹謗朝廷」之罪上書彈劾蘇軾。

加上之前蘇軾就因元豐二年所作《湖州謝上表》中有「知其生不逢時，難以追陪新進」之言被新法派彈劾過，御史舒亶也根據當時蘇軾的《元豐續添蘇子瞻學士錢塘集》一書中的幾首詩上奏疏彈劾他道：「至於包藏禍心，怨望其上，訕瀆漫罵，而無復人臣之節者，未有如軾也。蓋陛下發錢以本業貧民，則曰『贏得兒童語音好，一年強半在城中』……其他觸物即事，應口所言，無一不以譏謗為主。」

宋神宗看到他的詩作和李定等人的奏章大為惱火，由於蘇軾是當時的文壇領袖，如果這些含有對新法和朝政牢騷和埋怨的詩詞在社會上傳播開來，對於朝廷推行新法是十分不利的，因此神宗立刻下令將蘇軾逮捕進京，但因為惜才，又不許朝廷之人在路上為難他。

宋元豐二年七月，御史台派遣皇甫遵前去湖州逮捕蘇軾。皇差到達之後，整個官衙亂作一團，不知發生了什麼事，蘇軾穿上官衣官靴，瀟灑地告別了家人之後，跟隨京城來的官員來到了開封。八月十八日到達京城後，蘇軾被正式關入御史台的監獄，交御史台審訊。御史台又稱「烏台」，據說是由於御史們經常上書言事，抨擊時政，讓高官們心生恐懼，唯恐避之不及，像烏鴉一樣招人討厭。又一說是因為御史台官署內遍植柏樹，柏樹上烏鴉棲息築巢，乃稱烏台。這也是「烏台詩案」中「烏台」的由來。

蘇軾進京之後，二十日被正式提訊。審訊由御史台李定、何正臣等人共同負責。在獄中的蘇軾或許受到了嚴刑拷打，這個不得而知，只知道出獄之後他的身體變得大不如前。蘇軾的弟弟蘇轍，和他交好的司馬光、黃庭堅等眾多人等都因此事受到了牽連，這就是歷史上著名的「烏台詩案」。

「烏台詩案」發生之後，朝中有許多人因愛惜蘇軾的才華而上書為他求情，遠離京城的王安石聞知此事，大吃一驚，連忙上書神宗：「安有聖世而殺才士乎？」以此來勸說神宗皇帝減輕對蘇軾的懲罰，如果皇上將蘇軾處死，天下人必然會因此對神宗產生議論，有礙天子的聲譽。再加上神宗祖母曹太后因為欣賞蘇軾才華，在病榻上親自為他求情，宋神宗於是下令將蘇軾貶到黃州當團練使，這已經是對蘇軾的從輕發落了。他的弟弟蘇轍受此事的牽連，被貶到高安，任筠州酒監之職。

兩個月後，蘇軾失落地離開了開封，帶著多病的身體向湖北黃州走去。來到黃州的蘇軾生活十分困苦，為了養活一大家人，他不得不靠賣官府發的舊酒袋為生。後來他在官府申請到了一塊荒地，也就是他的「東坡」，蘇東坡之名即由此而來。自此，蘇軾開始他的農耕生活，這時他的生活才擺脫困頓，有了一定的改善。儘管如此，被貶之後的蘇東坡沒有因此而消沉，正是在黃州的日子，他寫下了不少膾炙人口的詩句，著名的《赤壁賦》就是寫於被貶黃州之後。烏台詩案後，蘇軾的詩詞作品在創作風格和創作題材上較前期有了較大的改變。在他後期的作品中「歸去」情結始終貫穿其中，風格也從少年時期的瀟灑自由、不拘一格轉化為中年時期的平淡、曠達和老成。

【知識鏈結】

蘇軾（一〇三七—一一〇一），北宋文學家、書畫家。字子瞻，號東坡居士，眉州眉山（今屬四川）人。與父蘇洵，弟蘇轍合稱三蘇，曾經在立新法中與王安石發生不快，被罷免官職。他在文學藝術方面堪稱全才。其文汪洋恣肆，明白暢達，與歐陽修並稱歐蘇，為唐宋八大家之一。著有《蘇東坡全集》和《東坡樂府》等。

夢碎身死

王安石第二次罷相後，變法的重任落到宋神宗一人身上。自元豐三年八月起，宋神宗開始著手於中央官制的改革。這些官制改革，在一定程度上改變了宋初以來混亂的官僚體制，使宋朝「冗官」「冗費」的局面得到了極大地改觀，同時也奠定了北宋後期甚至延續到南宋的官僚基本制度。神宗的這個舉動也充分表現了他堅持新政，繼續變法改革的心願和決心。

正當宋朝借著改革變法在逐漸強盛的時候，西夏發生內亂，神宗皇帝決定派兵西征，收復西夏。一直處於上風的北宋卻在軍事要地永樂川大敗，宋神宗也因此夢碎。在這之後他的心情一直都鬱鬱寡歡，不久就染上了疾病。

不久，在位十七年的宋神宗帶著深深的遺憾、痛苦和對自己的譴責離開了人世，帶著他深深的無可奈何和失望離開了這個紛爭不斷的世界，這時他年僅三十七歲，謚號體元顯道法古立憲帝德王功英文烈武欽仁聖孝皇帝，後葬於永裕陵。

「老臣他日淚，湖海想遺衣。」這時一代名相王安石聽聞神宗的死訊，淚流不止，提筆為神宗皇帝作了一首哀悼詩。王安石回想過去，這位壯志未酬的皇帝曾經與他並肩作戰多年，與他一起共同抵抗反對派的攻擊。即使他在變法的途中幾次動搖，對他也有所懷疑，但他對新法的堅持，心懷蒼生，至君堯舜的理想無時不在感動著王安石。神宗的英年早逝帶來的必然是變法的破敗，不出王安石所料，神宗一死，新法就被全面廢除。而他，不久之後也因抑鬱之症，一病而亡。王安石死後，謚號「文」，後來的哲宗皇帝趙煦追贈他為太傅，並命大文學家蘇軾撰寫了《王安石贈太傅》的「制詞」。

神宗死後，即位的是他的第六個兒子——後來的哲宗趙煦，改元「元祐」。由於當時趙煦的年紀過小，不能處理朝政，由神宗的母親，後來的太皇太后高氏垂簾聽政。宋神宗的死使變法派失去了最強大的靠山，由於高太后一向反對新法，對兒子推行新政本來就非常不滿，也曾經多次極力勸阻過神宗。

哲宗即位之後，高太后立即召回了司馬光等反對派舊臣前來輔政，廢除了熙寧新法中的大部分措施，這就是歷史上著名的「元祐更化」。熙寧、元豐年間的新法就這麼轟轟烈烈地來了又去了，關於歷史上這場著名的改革，關於宋神宗和王安石，關於變法派和反對派，歷史上的爭議一直數不勝數。

首先，應該清楚的是變法的根本阻力來源於它的根本目的，那就是戰爭。宋朝的歷史發展到了神宗朝，已經形成了一個基本的模式。由於宋朝在前期在邊戰一敗再敗的屈辱歷史，後來的皇帝只要能夠用其他方式維繫和平，根本不願輕易言戰。而年輕的神宗卻不滿於現在的狀態，一心要改變這個格局，於是他找到了與他志同道合的王安石，變法改革開始了。這樣的舉動自然受到士大夫階層的反對，國家本來相安無事卻主動去引發戰爭，打亂國家的正常的運轉，根本是王安石利用新法迷惑皇帝想要一人之下，萬人之上。

他們卻沒有看到，如果放任邊疆不管，養虎為患，終將釀成大禍。用金錢維繫的所謂和平又能撐得了幾時呢？戰爭是一時的，而宋朝以後的太平錯過了這個時期卻是用錢再也換不回來的。

變法者註定是孤獨的，新法一開始就不出所料的受到反對派聲嘶力竭的攻擊。王安石和變法派內部所受到的壓力是不可估計的。新法的基點是在有利於百姓的同時，透過各種途徑為國庫增收來支持未來要發生的戰爭，這樣勢必就從各個方面損害了士大夫階層的利益。站在自己的利益角度，士大夫階層一邊以皇帝不是在與平民階層統治國家，而是在與士大夫階層統治國家，所以不能為了平民百姓而損害士大夫的利益為由阻礙著新法的推行，一邊又沒有發揮他們自身原本應有的幫助皇帝治理國家的作用，而是在為自己的享樂和貪汙腐化。

至於改革派和反對派，改革派本身推行新法站在現代的角度上這是沒有什麼可非議的，但新法在實施過程中出現的一系列問題卻在某些程度上否定了新法本身。在後來，新法派內部互相攻擊，使變法集團成了一盤散沙，也是新法運動不夠成功的一大原因。而反對派站在絕對對立的一面對新法橫加指責，進行全面的否定。

兩派的鬥爭使得新法的推進阻礙重重，發展到了後來，利益之爭已經超過原本道德禮義的底線，而新法的成敗也演變成兩派鬥爭的幌子，開始慢慢違背了它一開始「富國強兵」的初衷，逐漸演變成宋朝歷史上最大的黨爭。這不得不說是變法帶來的消極作用了，政治鬥爭的最終的結果是兩派俱傷，宋朝的政局從此也陷入一片混亂，這樣不僅新法的實施沒有得到有效的推行，更嚴重的是影響了國家的運轉。

宋朝的變法從一開始就建立在一個墮落腐化的士大夫階層之上，所以它的失敗從某種角度來說也是必然的，前朝的慶曆新政的失敗就是一個鮮明的例證。

士大夫階層的腐化不僅是造成變法圖強之舉失敗的根本原因，從更深的層面上來看，這也是宋朝內外困頓如此，委靡不振如此的根源之一。

【知識鏈結】

趙煦（一〇七六—一一〇〇），北宋第七位皇帝（一〇八五—一一〇〇年在位）。元豐八年，神宗死，趙煦登基為皇帝，是為宋哲宗，改元「元祐」。元祐八年（一〇九三），高太后死，哲宗親政。哲宗親政後追尋新法，追貶司馬光，並貶謫蘇軾、蘇轍等舊黨黨人於嶺南，接著重用革新派如章惇、曾布等，恢復王安石變法中的保甲法、免役法、青苗法等，減輕農民負擔，人民生活有所改善。次年改元「紹聖」，並停止與西夏談判，多次出兵討伐西夏，迫使西夏向宋朝乞和。

第十一章：大勢將去

心懷夢想的神宗死後，哲宗即位，由守舊的高太后攝政，利益受到損害的貴族們早已蠢蠢欲動，這時更是狠狠地打擊變法者，新法被廢。然而三十年河東，三十年河西，哲宗親政後，年輕氣盛的他選擇支持新法。但是沒過多久，北宋還沒來得及再興，熱愛藝術的徽宗即位，荒唐無術，看來北宋命數將盡。

守舊的高太后廢新法

宋神宗帶著未完成的理想死後，其子即位是為哲宗，由於年齡太小而由高太后執政。高太后一上台便將新法廢除，只留下一些科舉考試制度。而哲宗的年號為元祐，這事件成為「元祐更化」。

政治和黨派總是連在一起，可以說這在中國的古代社會中是一個很可悲而又普遍的現象。熟讀聖賢之書的書生們費盡千辛萬苦躋身官員的行列，不可避免地也要淪入這個怪圈之中。「成者王侯敗者寇」，幾乎很少有堅定而公正的理性標準，多數是偏執而不公正的感情界限，翻翻史書就可以看明白這一點，一朝天子一朝臣，順我者昌，逆我者亡。在激烈的政治角逐中很難容忍一個人保持獨立的人格，儘管出淤泥而不染是中國文人的美好願望，但如果這樣便必然會失去在現實社會中實現抱負的機會，因為這畢竟只是遺世獨立的幻想，而非經世濟民的哲學。處在當時的社會背景下，殘酷的現實表明如果不投靠某個政治集團，就必然會失去政治靠山，也就意味著失去個人的前途。

宋朝也不例外。高太后是一個不折不扣的守舊派人物，當年神宗還在世時，王安石剛開始推行變法，就遭到了高太后的強烈反對。她以「祖宗變法之變不得」為由，對王安石變法橫加阻撓，還拉上曹皇后一起在神宗面前哭訴，企圖用眼淚喚起神宗的同情，當年的神宗對變法強國是抱有極大的期望的。

風水輪流轉，銳意變法的神宗英年早逝，繼位的哲宗年紀尚幼，高太后的垂簾給舊黨帶來了希望。

這個曾經在神宗面前痛哭流涕的女人的臉上終於露出了燦爛的笑容，這個笑容是發自內心的，卻包含了複雜的內容——大權在握，誰敢不服！

高太后垂簾的第一件事便是召回守舊派的領袖人物司馬光，當年他敗在王安石手下就是因為缺少一個政治靠山，現在有太后做後台，做起事來自然得心應手，一場激烈的政治鬥爭在歷史的舞台上拉開了帷幕。

首先是領導班子的改頭換面。一朝天子一朝臣，當年為神宗服務的新黨們顯然不能得太后的歡心，現如今舊黨這邊風光無限好。司馬光得到起用，呂公著得以晉升，孫玨、劉摯、蘇轍、王岩叟等人官復原職，並發起了對新黨的圍攻，今天你奏一折，明天我參一本。

語言的力量是強大的，再正直的官員也受不了這番的鼓噪，更何況高太后本身就對新黨充滿了厭惡之情。舊黨們終於得逞了，宰相蔡確被免職，貶出京城。

真是三十年河西，三十年河東，司馬光升任尚書左僕射兼門下侍郎，呂公著升任門下侍郎，李清臣、呂大防升任尚書左右丞，李常升任戶部尚書，范純仁升任同知樞密院事……好不風光！新黨罷黜，舊黨上位，一切都進行得那麼順利，接下來的計畫實施起來也就更得心應手了。

保甲法被廢除了，方田均稅法也被廢除了，募役法也不應該繼續了。就這樣，王安石經營十年的富國強兵的政策，就被司馬光給徹底摧毀了，只花了司馬光不到一年的時間。

王安石遠在江陵，對司馬光大張旗鼓地廢除新法之舉別有一番感觸。時過境遷，物是人非。現在司馬光在朝廷中可謂是舉足輕重，自然可以為所欲為，王安石區區一個被貶謫居的臣子怎能將他奈何！

成者王侯敗者寇，這在任何朝代都是真理，王安石對此也是深有體會。終於，王安石恨恨地告別了這個時代，變法皇帝在九泉之下再見到這個執拗相公，想必會有一番感慨。

司馬光算是一個成功的臣子，他鞠躬盡瘁，把要廢的新法廢除了，軍政大權也從新黨中全部奪回來了。司馬光的過度操勞換來了政治上的勝利，也耗盡了他畢生的精力。這位老人同樣已經是燈枯油盡，走到了生命的盡頭。

在官場的爭鬥中，利益總是高於一切。事實證明了司馬光是深諳其術的，在明知自己力量不足以對抗對手的時候聰明地退了出去。而王安石卻在自己得勢的時候，致力於變法，無形之中極大地損害了不少人的利益，卻不知道給自己留條後路，以至於最後慘遭打壓，含恨告別了這個世界。

政治本身就是一個漩渦，沒有永遠的常勝將軍。想要在這個殘酷的官場上有自己的一席之地，就要講究策略。每個人的一舉一動在不經意的時候都已經被別人放在了心裡，同在天子腳下，不會有真正的朋友，只有永恆的利益。

在這場利益的爭鬥中，本身就不能說誰對誰錯。王安石和司馬光兩個人，無論是智慧、才識學問和個人修養上，都是中國歷史上的頂尖人物，如果他們能夠聯合起來齊心輔佐君王，大宋王朝一定會是另一番場面。但是，他們因治國的理念不同，演繹的卻是一場利益的爭鬥。這是他們兩個人的悲哀，也是大宋王朝的悲哀。

【知識鏈結】

北宋英宗皇后，史稱宣仁聖烈皇后，一〇八五—一〇九三年臨朝稱制。勳戚之後，宋仁宗皇后曹氏是她的姨母，亳（音播）州蒙城（今安徽省蒙城）人。治平二年（一〇六五）被英宗冊封為皇后。元豐八年（一〇八五）其子神宗死後，立哲宗，以太皇太后身分臨朝稱制。復起用司馬光等，恢復舊法。

三十年河東，三十年河西

哲宗剛即位時由於年齡太小，由高太后垂簾聽政，所以元祐更化只是代表了高太后及司馬光等守舊派等人對新法的打壓，而這個小皇帝心中對於新法是怎樣的態度卻不得而知。

高太后去世，趙煦得以親政，坐了九年冷板凳的趙煦，徹底地擺脫了身上的束縛，再也不用看別人的臉色行事了。

在這九年裡，他經歷了太多，也忍受了太多。他一直致力於做一名受人敬仰的好皇帝，但是太后沒有給他機會，大臣們也沒有給他機會。在這九年裡，趙煦更多的是以沉默來對抗高太后的專橫跋扈，沉默中暗含著他的不滿與叛逆。宣仁高太后登仙後，宋哲宗屢次與臣僚們追憶高太后垂簾時的情景，都說：「朕只見臀部。」可見趙煦對高太后的獨斷專行、宰執大臣對太后唯命是從的情況，早已心懷不滿。畢竟自己才是真正的一國之君，豈能甘願做一傀儡皇帝？

哲宗親政後，首先也是從整治領導班子入手，立即召回章惇、蔡卞（音變）、黃履和張商英等人。章惇等人曾經是神宗變法時的重要人物，當時暢言變法是為了國家富強。然而此一時彼一時，經歷了元祐時期舊黨的殘酷傾軋之後，他們的政治性格在黨同伐異過程中遭到嚴重的扭曲。當他們復出時，他們與親政的哲宗一樣，不是滿心地要為江山著想，而是懷著強烈的報復心理。

如果說高太后垂簾聽政時，以司馬光為領袖的舊黨對新黨的打擊是一種政治上的傾軋，到了哲宗時期，新黨重新得到重用時，他們對舊黨的做法就完全是一種政治上的報復行為了。

用人不疑，疑人不用。哲宗深諳其中的道理，之前的舊黨大臣很顯然不合哲宗的心意了，他在尋找能為自己辦事的大臣。元祐九年二月，李清臣為中書侍郎，鄧潤甫為尚書左丞。

領導班子的改選只是第一步，政策也有了質的變化。李清臣在殿試發策時直接否定元祐政治，令紹述之意呼之欲出。紹述是紹聖年間使用頻率最高的政治術語，其本意就是繼承前人的做法，按既定方針辦，對哲宗而言，就是繼承其父神宗的遺志與事業。此時執政的蘇轍對李清臣的策論題表示不同意，並列舉了漢昭帝罷去武帝晚年苛政等例子。哲宗對蘇轍將神宗比武帝勃然大怒，范純仁替蘇轍說了幾句好話。蘇轍被貶，呂大防和范純仁也先後被罷相。

諫官張商英因元祐時沒能受到重用而積怨在心，開始猛烈抨擊司馬光、文彥博，說他們誤了朝廷、誤了百姓。他甚至還把高太后比為呂后與武則天，認為高太后在位時以皇帝自居，獨斷專行，使朝廷上下一片混亂。他時刻提醒哲宗，希望他不要忘了自己在元祐時期所受的恥辱。

作為變法派的擁護者，章惇在元祐元年罷政出朝，直到哲宗掌權時入朝拜相，並且他在哲宗期間始終獨居相位。他永遠不會忘記劉摯和王岩叟等人對新黨的攻擊，正是因為他們，他才被貶出朝廷。現在這麼好的一個機會他怎麼可能會放過他們呢？章惇主持紹述的做法很簡單但也是相當極端的，那就是將元祐年間廢除的新法全部恢復，對元祐諸臣全部予以放逐和打擊。章惇在哲宗的支持下，將舊黨的主要人物呂大防、劉摯、蘇軾、梁燾等人貶到嶺南。邵聖四年，章惇等人頻頻上奏，哲宗又開始對元祐大臣進行了新一輪的打擊。元祐群臣被點名的越來越多，活著的被越貶越遠，官職越變越小，死了的被追奪贈官和美諡。司馬光和呂公著不僅追奪贈官和諡號，連哲宗當年親筆為他倆題寫的碑額和奉敕撰寫的碑文也被追毀。章惇與蔡卞等三省官員還要求將他倆「掘墓劈棺」，有人認為發墓不是盛德之事，哲宗也以為無益公家，這才罷手。

這時哲宗雙眼已被強烈的報復心理給蒙蔽了。而他手下的那幫大臣們也絕不是一批社稷之臣，他們以哲宗為靠山，打壓報復當初讓他們落魄的舊黨。江山社稷對他們來說遠沒有自己的利益重要。情緒化的君主帶領的是一幫利慾薰心的臣子，試問這樣的江山社稷還能維持多久？

哲宗紹述使原本積貧積弱的北宋王朝更加積重難返。北宋滅亡固然還有外敵因素，但就其內政而言，「元祐」和「紹聖」年間的激烈黨爭是主要內因，其中「紹聖」年間的黨爭破壞性更大，其後政治混亂越發不可收拾。

【知識鏈結】

章惇（一〇三五—一一〇五），字子厚，福建浦城人，變法主要人物。元豐三年（一〇八〇）神宗起用章惇為參知政事，熙寧五年，受命察訪荊湖北路，五年後調參知政事，平定四川、貴州、廣西三省交界的叛變，招撫四十五州。後宦海沉浮，在哲宗朝曾權傾朝野，大量放逐舊黨官員。徽宗即位後，由於曾遭章惇反對，將他一貶再貶，不久死於任上，死後被追貶為惇昭化軍節度副使。

才子皇帝卻喜佞臣

親政後的哲宗大肆報復保守派，恢復新法，然而這種病態的心理也使得哲宗自己常年體弱，二十五歲便駕鶴西去。其弟趙佶（音吉）登基為宋徽宗。趙佶即位之初，確實表現出了英主之象，大刀闊斧進行改革，去奸佞，任賢人，廣開言路，積極納諫，儼然是一個中興的皇帝。但是歷史證明，這只不過是徽宗「新官上任三把火」的表現而已，徽宗只是把火苗給燃了起來，卻沒有繼續添柴，火苗便慢慢地滅了下來。不久，宋徽宗就開始重用蔡京等佞臣，大宋江山走向沒落。

蔡京在宋朝就是一個有才無德之人，早年的蔡京發奮學習，與莘莘學子一樣，試圖透過讀書科舉這個途徑來求得功名。功夫不負有心人，熙寧三年（一〇七〇）蔡京考中進士。可以說，蔡京是個不折不扣的才子，書、畫、詩、詞無所不能。就連號稱「米顛」的書法家米芾也對他的書法讚不絕口。現代人認為「蘇黃米蔡」宋四家中的「蔡」，是指蔡襄，其實在當時「蔡」指的是蔡京，不過因為眾所周知的原因，人們用蔡襄取代了蔡京。

宋徽宗在當時也是一位琴棋書畫樣樣精通的才子，與蔡京兩人正好有共同愛好，若不是一為君、一為臣，或許能夠成為一對詩酒相交、書畫相攜的知己良朋，然而造化弄人，才子拋掉了才子的風流倜儻，轉入仕途開始暗無天日的勾心鬥角。

蔡京原是王安石變法時的新黨份子之一，但在司馬光執政時，當時是開封府知事的蔡京卻是第一個回應廢除新政、恢復舊法的高官。即使是免役法他都毫不留情面地廢止，儼然一副忠貞的舊黨成員模樣。哲宗親政，章惇做了宰相，蔡京有借弟弟蔡卞的關係，成為新黨的忠實門徒。章惇下台後，蔡卞受到波及，蔡京難脫其咎，削職於杭州。但蔡京是一個很懂得鑽研的人，他一直在留意當權者的動態，準備伺機而動。

趙佶的藝術造詣很高，現在存世的畫有《芙蓉錦雞》、《池塘晚秋》，都是公認的珍品。他的字體初學黃庭堅，後來受到另一位書法家薛稷的影響，逐漸推出新意，形成了別具一格的「瘦金體」。趙佶登基以後，仍未失藝術家的本色，在杭州設了個訪求古玩書畫的明金局，並派宮裡的宦官童貫專門負責這項工作。蔡京便借這個機會透過童貫將自己的作品送往宮中，果然得到了趙佶的賞識，於是便被得到起用，出知定州，不久又改任大名府。

這時右相曾布與韓忠彥意見不合，明爭暗鬥，曾布欲利用蔡京打擊韓忠彥，向徽宗推薦蔡京。崇寧元年（一一〇二）三月，蔡京被召入京師，任翰林學士承旨兼修國史。不到三個月，出任尚書左丞一職。一個月後，即崇寧元年七月，出任尚書右僕射中書侍郎，終於爬上了宰相的職位，有了皇帝的寵信，獨攬朝廷大權，這時候他的奸詐醜惡已為世人所知。

蔡京上任的第二天，就奏請趙佶禁用元祐法規，改用王安石的新法，恢復一些舊的制度沿革和機構設置。蔡京又借打擊「元祐黨人」為由，排斥異己，結黨私營，所有與他政見相左的人全部被貶官。他誣陷守舊派的司馬光、文彥博、呂公著等二一〇人為奸黨，趙佶接受蔡京的建議，親筆寫下「黨人碑」，刻石立在皇宮的端禮門，碑上的名單全是由蔡京確定的。由於童貫對蔡京有援引之功，所以蔡京請皇帝下旨，命童貫先後出任制置使、節度使，領樞密院使，執掌兵權，權傾一時，成為中國歷史上權力最大的少數宦官之一。與蔡京不和的官員，都在不同程度上受到打擊和迫害。蔡京為了進一步鞏固自己的地位和增強自己的權勢，在京城附近的幾個州，都屯有兩萬精兵，由手下親信掌管，歸自己所用。

蔡京憑藉其善於奉迎的功力，在官場上遊刃有餘，他先後四次擔任宰相，共計長達十七年。他和宦官童貫、楊戩、李彥、梁師成、高俅、權臣王黼（音輔）、朱勔等人，相互勾結，貫通一氣，控制朝廷，為討得宋徽宗的歡心，搜刮百姓錢財，傾力供徽宗玩樂。宋朝的江山在這些奸臣賊子的禍害下迅速走上了沒落之路。徽宗自即位初到崇寧元年初，兩年多的時間裡本是勵精圖治的，可是這種光景僅僅持續了兩年。

趙佶每天做的只是安於修煉自己的琴藝，與人切磋一下詩詞，每天都可以與自己心愛的人共用美好的時光，放縱自己的欲望，沉溺於驕奢荒淫之中，全然忘了自己還是宋朝的君主，當初致力於做一個有作為皇帝的壯志蕩然無存，認為「忠心耿耿的蔡愛卿會幫朕將朝中的一切大小事務處理得妥當，朕完全可以高枕無憂了」。殊不知，他這位忠心耿耿的蔡愛卿在一點點地吞噬他的江山，正在斷送大宋的前程，在渾然不覺中慢慢將一頂亡國之君的帽子扣在了他的頭上。

【知識鏈結】

宋徽宗，名趙佶（一〇八二—一一三五），是宋朝第八位皇帝。宋徽宗在位二十五年（一一〇〇—一一二六），在位期間重用蔡京等奸臣主持朝政，大肆搜刮民財，窮奢極侈，荒淫無度。建立專供皇室享用的物品造作局。靖康元年，金軍南下佔領汴京，北宋滅亡，徽宗被俘。徽宗酷愛藝術，而且頗有造詣，他自創一種書法字體被後人稱之為「瘦金書」，另外，他在書畫上的花押是一個類似拉長了的「天」字，據說象徵「天下一人」。

昂貴的愛好

在蔡京當權的宋徽宗時期，朝廷一片烏煙瘴氣，而且宋徽宗生活奢侈，這給了蔡京一黨諂媚恭維的機會，卻讓勞苦民眾生活困苦。

徽宗風流蘊藉，即位前就喜歡玩弄花石，如果這僅作為徽宗的一項個人愛好，也不至於會造成多大的影響。然而當這項愛好被一些小人加以利用，所造成的影響就非同一般了。正因為如此，徽宗這個愛好，給老百姓帶來了深重的災難，並埋下了亡國的禍根。

一一〇一年，為了修景靈西宮，朝廷派人從江蘇蘇州、浙江湖州開採了四千六百多枚太湖石，這些千奇百怪的石頭立即引起了這位少年天子的濃厚興趣。不過當時他只是剛登大寶，不便過分搜求，惹人物議。雖然只是區區幾千塊石頭，但從千里迢迢的江南運往京師，也破費了一番周折，這便是運花石綱的濫觴。

善於逢迎巴結的蔡京看到趙佶垂意奇花異石，暗中指使市井無賴朱沖朱勔（同勉）父子取浙中珍異進貢。趙佶見後大喜，索性成立專門機構蘇杭應奉局和花石綱（運送花石的船隊，一隊為一綱）。從此以後，從東南巧取豪奪來的奇花異石便源源不斷地運到汴京。

朱勔是蔡京在杭州時結識的一個無賴，他是江蘇蘇州人，其父朱沖狡獪有術數，與蔡京有過交往。蔡京曾到蘇州，準備建一座寺廟。寺院的僧人向蔡京保舉朱沖，朱沖答應一定可以完成任務。幾天後，朱沖請蔡京去工地視察，建造所需的磚石和數千根巨木堆積如山，蔡京非常滿意，命朱沖監督這個工程。朱沖與兒子朱勔共同督造蔡京交辦的這個工程，只用了一個月的時間便完工了。一年之後，蔡京奉召還朝，就把朱沖、朱勔父子一道帶回京師，安置在童貫軍中。後來經過蔡京的一番操作，朱沖父子竟然搖身一變，成了朝廷命官，父子二人也就成了蔡京的心腹。

蔡京工於心計，喜歡揣摩徽宗的心意，見垂意於花石，便暗中囑咐朱沖父子採集蘇州珍玩，隨時進獻。朱沖果然幹練，第一次就尋覓到三株高達八九尺的黃楊樹。黃楊樹是一種比較稀有的植物，它生長十分緩慢，據說每年只長一寸，閏年不長。宋代的人又經常用到黃楊樹，使這種珍貴的木材更加稀少。徽宗對朱沖的做法非常滿意，後來，朱沖又送上了幾件奇珍異寶，於是徽宗對他更加讚賞。有其父必有其子，朱勔繼承了他的父親的特點，也是一個善於逢迎的小人。他知道徽宗喜好奇花異石，於是每年都從戶部領取數百萬貫錢幣，在江南採求花石。他還在手下養了一大批耳目，專門負責在民間採集奇珍異石。凡是民間的一棵樹、一塊怪石，只要是值得把玩的，他就讓人貼上封條，指為貢品，讓那家人小心保護，等著搬運，稍有不慎，便以大不敬之罪論處。他這種做法搞得百姓怨聲載道，苦不堪言。可是此時利慾薰心的朱勔眼裡哪還有百姓，一心只想要為自己的功名富貴尋找機會。開始時徽宗還是比較謹慎的，不敢過分張揚此事，運送花石綱的動作不大，只是從東南地區運送。然而到了一一〇五年，徽宗似乎肆無忌憚起來，開始大規模運輸花石，還設立了專門搜集貢品的機構，以朱勔領蘇、杭應奉局及花石綱於蘇州。宋朝將大宗運輸的貨物稱為「綱」，朱勔向京師運送奇石異木時，將十艘船編為一組，運送的是大宗貨物，貨物又是花石，所以將這些貨物稱之為「花石綱」。

人的貪欲會不斷地增大，尤其是所要的東西在不斷地得到滿足的時候。徽宗的胃口越來越大，越來越肆無忌憚，官員們也十分配合徽宗，不斷地滿足徽宗對奇石的需求。其實更重要的是，他們試圖以花石來迎合徽宗以求得功名富貴。因此，從東南巧取豪奪來的奇花異石源源不斷地運往汴京，好一片繁忙的景象。可想而知，身居皇宮的徽宗得到如此之多的奇珍異石，他的內心是多麼的欣喜。然而，宋朝的百姓又會怎麼樣呢？「一花費數千緡，一石費數萬緡」，可真是苦了大宋的百姓們，不得不為徽宗的這種鍾情於奇石的愛好付出沉重的代價。

朱勔在太湖發現了一塊巨石，長、寬、高各兩丈有餘，為了運這塊巨石，朱勔專門打造了一艘巨船，沿途中鑿去城牆、毀掉橋樑、堤岸不計其數，歷經幾個月才將巨石運抵東京汴梁。巨石抵京後，由於城門不夠高，巨石無法進城，竟拆掉城門，才將石頭運進城。趙佶見到這塊石頭，欣喜若狂，特賜役夫每人金碗一個，朱勔的四個僕人被封官，朱勔本人被封為節度使。而且，徽宗竟將這塊石頭封為盤固侯，真是滑天下之大稽。

花綱石的徵發，前後持續了二〇多年，使東南地區和運河兩岸的許多民戶家破人亡，百姓怨聲載道。花綱之禍，給北宋的人們帶去的是無盡的災難。

興，百姓苦；亡，百姓苦。

【知識鏈結】

蔡京，字元長，北宋權相之一、書法家，興化仙遊（今屬福建）人。蔡京先後四次任相，共達十七年之久。蔡京，投宋徽宗之所好，興花石綱之役；改鹽法和茶法，鑄當十大錢。宋欽宗即位後，蔡京被貶嶺南，途中死於潭州（今湖南長沙）。

方臘揭竿而起

面對君主昏庸和小人佞臣們醉心於功名利益，生活在水深火熱之中的廣大人民群眾不堪忍受，終於揭竿而起，這就是著名的方臘起義。

就在徽宗、蔡京等人輕歌曼舞、宴安逸豫之時，老百姓卻食不果腹、家徒四壁，兩者形成了鮮明的對照。尤其是受花石綱之擾最嚴重的東南地區，百姓們傾家蕩產，十室九空，那裡餓殍遍野，為了求得生存，人們不得不鋌而走險，紛紛揭竿而起。宣和二年（一一二〇）十月，睦州青溪人方臘登高一呼，頓時便群起回應，很快便匯成了一股聲勢浩大的起義洪流。

方臘擔任了這支聲勢浩大的起義軍的最高統帥，他自稱「聖公」，建元永樂，設立官制，封賞將士，儼然一個朝廷一般。將士們帶著各色頭巾作為標誌，附近一帶的百姓都害怕了，也都紛紛響應方臘參加了起義軍。在很短的時間內，起義軍就聚集了幾萬兵馬。方臘之所以能在短時間內能召集如此多的人，讓民眾一呼百應，除了與當時官府的殘酷壓榨使百姓苦不堪言以外，就是，方臘利用了民間摩尼教的影響來組織和發動民眾。

摩尼教是波斯人摩尼創立的一個教派，由於其教旨是崇拜光明，所以又稱明教。摩尼教的主張是「二宗三際」。二宗指的是光明和黑暗；三際則是指過去、現在和未來。其教義認為，過去是黑暗侵蝕了光明；現在，光明正在與黑暗進行搏鬥；將來，光明必將戰勝黑暗，達到「明界」，即未來世界，求得光明與幸福。該教主張「是法平等，無分高下」，信教者都是一家，同時還主張不喝酒，不吃肉，所以官方稱他們為「吃菜事摩尼教」。摩尼教主張節省錢財，教友中實行錢財等多方面的互助。明教的理念更符合當時百姓的願望，所以他有無數的信徒，並舉行了不少活動。方臘本人是摩尼教的信徒。他到處傳教，利用這些教義來吸引百姓認識到自己生活的不平等，藉此來團結積聚起義的力量。

方臘起義受到了人民群眾的熱烈擁護。起義軍所到之處，凡捉到貪官汙吏一律處死，決不饒恕土豪惡霸，起義軍也對他們實行堅決的鎮壓，毀其宅院，沒收其家財並分給窮苦的老百姓。另一方面，起義軍紀律嚴明，對群眾秋毫無犯，起義軍每到一個地方，老百姓總是像接待親人一樣，主動為起義軍燒火做飯，替傷患治傷、端茶倒水，竭盡支持，軍民間的感情極深。

方臘起義之處，地方官吏也曾上報過太宰王黼要求籌備出師北伐，然而王黼認為，東南百姓鬧事不足為患，責令地方官員自行彈壓。王黼擅作主張，沒有將兩浙地區的農民暴亂向趙佶彙報，趙佶還以為天下太平，依然沉浸在歌舞昇平之中，過著花天酒地的放蕩生活。

方臘起義後，當地官軍派兵全力鎮壓，皆因不敵義軍而兵敗。在很短的時間裡，義軍獲得了一系列的戰鬥成果，自身獲得了很大的發展。不到三個月，起義軍便控制了睦州、歙州、衢州以及周邊的幾十座縣城，並在不久之後又打下了杭州，這時起義軍的人數已在數百萬之上了。

義軍的發展遠遠超過了朝廷的想像，原本在朝廷眼裡不成氣候的農民作亂，如今已經成為宋朝統治的威脅，它來勢異常的兇猛。東南是朝廷的財源之地，當徽宗得知他的財富之源出了問題時極為震驚。於是被迫下罪己詔，將心愛之造作局、花石綱一律廢除撤銷。為重新安定民心，他宣布免除起義地區三年出賦，想以此瓦解起義軍的鬥志。同時他遣童貫為「江淮荊浙宣撫使」令其帥西北勁兵十五萬南下，還從湖南調集人馬前往協同作戰。

方臘原以為北宋政府短時期內難以出兵，誰知朝廷為了聯金滅遼，西北軍已經移至河北集中，糧草軍需也已齊備，而趙佶又果斷地罷了北伐之議，命童貫率兵南下，這些致使起義軍根本來不及佔領鎮江、江寧以控制長江天險。宋軍渡江後，一路進攻杭州，另一路則指向歙州。方臘起義軍勢單力薄，與敵軍殊死搏鬥，最終也沒逃過失敗的結局。在連連失利後，方臘不得已只好放棄杭州，撤回青溪，但仍繼續堅持戰鬥。起義軍退守幫源洞後，仍沒有放棄對宋軍的殊死抵抗，但由於物資供給不利，戰鬥力逐漸下降。宋軍最後攻入洞中，方臘不幸被捕並很快被押往汴京，不久就被處死了。

方臘義軍失敗了，一曲悲壯的歷史劇就此落下了帷幕，但它給了宋朝沉重的一擊。徽宗看到了人民的力量，於是下令將所有收買花石、造作供奉之物及有關機構一律廢除。如果以後還有人以供奉名義盤剝百姓的一律以違背御筆論罪，朱勔父子、弟侄等也因此丟掉了官職。

【知識鏈結】

方臘（？—一一二一），又名方十三，北宋末年農民起義領袖，歙州（今安徽歙縣）人，後遷至睦州青溪（今浙江淳安）。一一二〇年，由於不堪政府剝削，方臘率眾起義，建立了農民政權。北宋政府為之震動，派兵鎮壓，起義於一一二一年夏失敗，方臘被俘，被朝廷處死。

落荒而逃的徽宗

在成功擊敗方臘起義軍後，宋徽宗並未就此樂享太平，緊接著又有北方宋江起義。而平叛後，自信過度的宋徽宗想要收回燕雲十六州，面對逐漸強大的金國，這無疑與虎謀皮。結果竟然用重金買回一座空城，貽笑於天下，反而激起了金國對北宋的憤怒後來進攻的藉口。可憐的宋徽宗還以為自己立了多大的功業，殊不知正是他又將宋朝向滅亡的邊界推進了一步。

當金人揮師南下，宋朝潰不成軍，大面積的疆土淪落到金人的手中之時，徽宗清醒過來。金人真是背信棄義了，當初的「海上之盟」對這幫蠻人來說沒有絲毫的約束力。

宋徽宗真的沒辦法了，他惶然無計，一籌莫展，只得招來大臣宇文虛中共同商計。宇文虛中認為，國事現在已經頹廢到這個地步，皇帝應該下「罪己詔」，以改弦更張，革除積弊，或許只有這樣才可以挽回民心，使宋人同心協力，團結起來共同抵禦外敵的入侵。這完全背離了徽宗平時喜歡聽阿諛奉承之言的風格。可是現在朝廷處於極其危難的時候，徽宗也沒有其他更好的辦法了，於是就採納宇文虛中的建議，並讓他起草罪己詔書。

宇文虛中花了一夜的時間，替徽宗擬好了一份罪己詔書，並在第二天便昭告了天下。這是一份極為沉痛的詔書。古語有云：鳥之將死，其哀也鳴；人之將死，其言也善。在這江山和生命朝不保夕的時刻，徽宗坦誠了自己多年的錯誤。他承認二十多年當政以來自己的種種昏庸無度的行為禍害了大宋的江山，禍害了黎民百姓。承認他在位期間，奸臣當道，小人得志，大興土木，橫徵暴斂，使百姓處於水深火熱之中。為了表示自己的誠心，徽宗在詔書中信誓旦旦地表示，從現在開始他將大力整頓吏制，廢除苛虐的政治，以安撫天下蒼生。

人非聖賢，孰能無過？知錯能改，善莫大焉。在金人兵臨城下的危難時刻，徽宗終於意識到自己的荒淫無度了，正是他的所作所為把一個好好的大宋江山拖進了無底的深淵。徽宗現在雖然認識到自己的錯誤，但難道這麼一個簡單的罪己詔就能將他所做一切給抵消了嗎？就能挽救現在的局勢嗎？就能彌補他給宋朝百姓帶來的災難嗎？答案是否定的。早知今日，何必當初。這一紙罪己詔又豈能將金軍送回自己的老巢而還宋朝一個安寧呢！

一切依然照舊，金軍的鐵騎越來越近了。金軍南下的消息使汴京城內人心惶惶。朝廷大臣們此時也是茫然不知所措，他們明白此時的形勢已是無力回天了，所以他們只顧忙著遣散自己的家屬，運送自己的財物。滿朝的大臣基本上都是酒囊飯袋，在欺壓百姓方面可謂手段各式各樣，但是在大敵面前，一個個都束手無策了。只記得三十六計走為上策，都在忙著溜之大吉。徽宗也沒辦法了，皇帝之位是保不住了。在徽宗的腦海裡，他想得更多的是禪讓皇位以保全性命，將這個無法收拾的爛攤子交給太子處理。皇帝官員上下逃跑之氣蔚然成風，整個宋朝亂成了一團。

在逃跑之前，趙佶還是把京城安頓了一番，他任命皇太子為開封牧。在宋朝，開封牧或開封尹不屬於常設官職。

在北宋歷史上，只有太宗、真宗曾任開封府尹，後來都登基稱帝了。現在徽宗下詔命皇太子為開封府牧，還下詔賜予排芳玉帶，徽宗此時的用意已經非常明顯了。

就在宋朝上上下下亂作一團之時，金國又派使者帶來了一封書信，一下子又使原本緊張的氣氛多了幾分火藥味。原來這不是一般的書信，這是一封聲討宋徽宗的檄文，檄文裡盡是指斥徽宗的內容，而且言語十分激烈。趙佶看後，十分震驚，之前還猶豫不決的他這時已經有了主意，「既然朕這麼不得人心，又被金人說得這麼一無是處，就沒有必要再留在這個位置上了，讓有能力的人來力挽狂瀾吧！」徽宗決定讓太子監國，自己向東南方向逃跑。

其實徽宗已經知道自己沒有辦法挽救當前的局勢了，金軍兵臨城下，他想到的只是逃跑保命，現在對他來講沒有什麼比保住自己的生命更重要了，包括皇位。既然大臣們都有此意，他也正好來個順水推舟，將皇位讓給太子，也好落得一身清閒。於是，此時的徽宗沒有絲毫貪戀做了二十多年的皇位，他拿起筆，迅速寫下了詔書，正式將皇位傳給皇太子。

皇太子趙桓得知父皇將皇位傳給自己的消息，沒有一點欣喜之色。的確，能成為一朝天子是人人夢寐以求的事情，但現在的形勢卻大不相同了，金兵的鐵騎已經踏進宋朝的疆土，他們就是衝著京城來的，他們的目的就是取代宋朝。徽宗和大臣們絞盡腦汁也沒有想出解決問題的方法。在這個宋朝形勢告急的情況下，徽宗唯一的計策就是儘快逃離這已處於水深火熱情況中的京城，把他硬生生地拉到了皇位上去應付這千瘡百孔的局面。

【知識鏈結】

宇文虛中（一〇七九—一一四六）宋朝愛國大臣、詩人，字叔通，別號龍溪居士。宋徽宗大觀三年（一一〇九）進士，官至資政殿大學士，南宋時出使金國被扣，被迫官禮部尚書、翰林學士承旨，封河內郡開國公，並被尊為「國師」，後來因為圖謀南奔而被殺。

第十二章：國破家亡

自昏庸無能的徽宗在金軍將臨時，慌忙將皇位傳給欽宗後，大宋江山已垂垂欲墜，先祖趙匡胤辛苦得來的皇位就將在此毀於一旦。君主們早已聞金風喪膽，李綱等人卻還在堅守開封，只是最終仍要卑微求和，這讓人情何以堪？金軍的鐵蹄踐踏了大宋最後的尊嚴。不知，掠劫之後，中原是否還能為漢人所治？

大遼的沒落

從秦始皇建立大一統局面以來，在西部和北部這條漫長的邊境線上，衝突與爭端似乎就沒有終止過。代表先進文明的中原王朝和野蠻落後的游牧民族之間的關係永遠不會僅僅停留在和平相處這個單一的層面上。擁有先進文明的中原王朝想要憑藉其文化的博大精深使一切蠻族臣服，而生活的邊陲之地的游牧民族則會不滿自己狹小的生活圈子，時不時地襲擾一下中原王朝的邊境。於是就產生了中原王朝與游牧民族的正面交鋒，這種交鋒幾乎貫穿了中國千年的歷史，從來都沒有中斷過。

有宋一代，從建立之初到最終的滅亡，多個政權並立的錯綜複雜的局面始終存在。北宋也一直在不斷的和周邊少數民族鬥爭，戰戰和和，大多數情況下都是宋屈辱求和。北宋剛建立初期，最讓皇帝頭疼的是北方的契丹和西北的西夏。仁宗期間，遼國漸大，與北宋呈對抗之勢。而北宋末年女真族反抗遼的統治而崛起，對北宋構成了極大的威脅。

金國成立以後，積極地對遼國展開了軍事進攻，遼國的東京、上京、中京紛紛陷落，眼看遼國的半壁河山淪落到金人的手裡，遼天祚帝也在苦苦向各方尋求援助。

得知金軍大舉攻遼，遼軍節節敗退的消息，宋徽宗和大臣們欣喜若狂，認為事情有了轉機。原來徽宗一直希望收復燕雲十六州，也在尋找收復的良策，只是苦於遼國的兵力強大，一直沒能完成這個夙願。金軍的進攻讓徽宗看到了希望。「既然遼軍是如此的不堪一擊，我朝如若能與金人結成聯盟，共同打擊遼國，照目前這種戰爭的態勢遼國必敗無疑。到時候既能為我朝清除一個勁敵，又能收復喪失已久的失地，豈不兩全其美？」徽宗把事情想得太簡單了，幻想著靠投機取巧地做法解決所有的問題，他錯了，他的這種荒誕的想法將宋朝導向了一發不可收拾的局面。

宋徽宗派趙良嗣為使者，向金國表達了想要與之結盟的意願。經過協商，宋金最終達成協定，金人表示願意與宋朝聯合夾攻遼國。雙方約定，金攻取遼國的中京大定府，遼攻取燕京析津府。共同滅遼之後，燕雲十六州地區歸宋，其餘歸金國所有。

在南北夾擊的情況下，遼國最終投降，遼國滅亡了。在對遼作戰的過程中，宋朝的表現實在是太差勁了，幾次對遼的作戰中，幾乎沒有取勝的。宋軍虛弱的本質完全暴露在金人的眼裡。雖然事先已經訂立好了盟約，聲明打敗遼國後將燕雲十六州歸還給宋，但現在金人完全不把宋人放在眼裡了，態度發生了極大的轉變。最終金人僅歸還燕京及薊、景、順、涿、易六州給宋朝。而且金人在撤離燕京地區時，把城內的金帛財物、官員百姓洗劫一空，僅僅將一片狼藉的空城留給了宋朝。宋徽宗又不得不為了維持這座空城的發展投入了大量的人力物力，但是宋徽宗似乎沒有意識到自己的損失，他和官員們一直沉浸在收復燕京地區的喜悅之中，完全忽略了自己為這座空城所付出的巨大代價，也沒想到宋朝馬上就成了金國的下一個目標。亡國的鐘聲敲響了。

金人打敗了遼國，又從宋朝得到大批的財物，勢力大增，欲望也大增。此時，宋金的矛盾也凸顯了出來。宋徽宗宣和五年，金太祖完顏阿骨打去世，他的弟弟完顏晟繼位，也就是金太宗。在金國服喪期間，原來已經降金的遼國將領張覺叛金降宋，而且宋徽宗接納了張覺的投降，引起了金人的極大不滿。

金國就以此為藉口，攻佔了太原，並奪取了之前歸還給宋朝的燕京，並準備一舉攻破宋朝的都城汴京俘獲宋徽宗。

氣勢洶洶的金軍著實把宋徽宗嚇了一跳，未曾料想到昔日的盟友反戈一擊，衝著自己來了，自己哪裡是這般野蠻人的對手。此刻徽宗能想到的就是逃之夭夭，保全自己的性命。

慌亂之中，徽宗將自己做了二十多年的皇位傳給了兒子趙桓，自己逃離了這個是非之地。趙桓由此繼位，也就是後來的宋欽宗，改元靖康。但不是簡單地換國主、易年號就能阻擋金軍南下的鐵騎的。此時的金軍的大隊人馬已經渡過了黃河，朝京城汴京襲來，宋朝的江山危在旦夕。

【知識鏈結】

宋欽宗，名趙桓（一一〇〇—一一五六），是北宋末代皇帝，宋徽宗趙佶長子。宣和七年（一一二五）十二月金人南下大舉入侵時，徽宗為躲避責任而禪位於他，趙桓被迫即位。靖康之變時與宋徽宗一起被金人俘虜，南宋紹興二十六年（一一五六）病死於燕京，終年五十七歲，葬於永獻陵（位於今河南省鞏縣）。

誓死保開封

宣和七年（一一二五）十二月，由於金兵南下，宋徽宗落荒而逃，趙桓臨危受命，是為宋欽宗。欽宗繼位之際，正處於金國大軍浩浩蕩蕩南下之時。這位年輕的皇帝自是惶恐懼怕，不知所措。

面對金軍咄咄逼人的攻勢，欽宗決定向金國乞和以阻止金兵繼續南下的趨勢，然而勢如破竹的金軍怎會放棄這大好的攻勢呢？趙桓無奈了，不得不召集軍隊抗擊金軍，可惜虛弱的宋朝已經心有餘而力不足，臨時湊起來的宋軍在兵強馬壯的金軍面前敗得慘不忍睹。

太宰白時中諫言說，此次金人來勢太過兇猛，照目前情形來看，根本就沒有什麼好的辦法阻擋金兵南下，因此建議欽宗暫時躲避一下，以免落入金人之手。宰相李邦彥也認為留在京城實在是太過危險，主張欽宗暫時出去躲一躲。

賢臣的作用在國家危難的時候往往會更加明確地表現出來。一個好的大臣往往會在國家危難之際會竭盡自己的才智來挽救國家，拯救江山和百姓於危難之中。可是欽宗時的大臣在金兵來犯之際，首先想到的竟是讓皇帝出逃保命，而不是考慮怎樣才能更有效地組織兵力來抗擊金軍。

欽宗趙桓同徽宗一樣，也是一個怯懦無能、優柔寡斷的人，本來就是被生拉硬拽才坐上皇帝的座位的，極不情願接手這麼一個爛攤子。當他聽到幾個大臣建議他暫時出去避一下時局的想法時，他異常高興，這個想法正說中了他的心意，他也想像他的父皇一樣，拋開這個燙手的山芋逃之夭夭，以免自己落入賊人之手。

可是兵部侍郎李綱站出來反對，他極力主張抵抗金軍的進攻。李綱是政和二年（一一一二）的進士，為人正直，徽宗在位時曾因得罪過徽宗而被貶到地方上去。金兵對北宋發起進攻的時候，李綱又被召回京師出任太常少卿，掌管朝廷的禮樂郊廟事務，是一個純粹的文官。

現在大敵當前，李綱不能眼睜睜地看著宋朝的江山和百姓遭到金人的踐踏，堅決要求抵抗。他認為徽宗將大宋江山託付給了欽宗，現在欽宗沒有理由棄之於不顧。許多大臣認為，依照現在的形勢，京城基本上已經守不住了，沒有必要再苦苦戰鬥了。李綱認為如果京城都守不住了，恐怕天下就沒有守得住的城池了，他還建議白時中等宰相應該擔當起抵禦金人入侵的重任。

在白時中看來，當此之時抵抗必死，不如走為上策。李綱見無人敢擔當這份責任，於是自告奮勇地向欽宗表示願意統兵禦敵，以死報效朝廷。

趙桓見李綱不顧個人生死，願意領兵保衛京城，當即任命李綱為尚書右丞、東京留守。李綱臨危受命，積極部署兵力，表明誓死要保衛開封。雖然李綱一片赤心，發誓與北宋共存亡，但是欽宗看來，李綱僅有一片赤誠之心根本於事無補。他的心裡依然很害怕，準備收拾東西想要逃走，李綱費盡了九牛二虎之力才說服了欽宗皇帝放棄出逃。

就在李綱加緊部署的時候，金軍的鐵騎已經抵達城下。金軍對宋朝發起了異常猛烈的進攻，好在李綱上任後嚴密設防。積極地進行軍事部署，並且在李綱的帶領下，宋朝都城的軍民團結一致，進行了比較有效的抵抗和還擊。

雖然李綱只是一個並不精通戰術的文臣，但在他的帶領下，宋軍戰士發揮出了極大的戰鬥力，多次重創金兵。金軍雖然攻勢凌厲，但始終不能在軍事上佔到多大的便宜。由此可以證明，宋朝的軍隊還是有潛力的，如果有一個英明的將領與士兵同仇敵愾，全力以赴，將生死置之度外，宋朝還是有可能取得軍事上的主動權的。

可惜宋欽宗趙桓不是一個有膽識有魄力的人，在他的眼裡，金軍是不可戰勝的，他已經多次領教過金兵的厲害了，不相信僅憑宋朝的軍力就能挫敗金軍。怯懦的宋欽宗從開封保衛戰一開始，就暗中接受李邦彥割地求和的建議，並派使者赴金營談判。

由於李綱的堅持抗戰，金軍屢屢受挫。這時欽宗又談起了議和之事，金軍統帥斡離不便派使臣吳孝民入城，與宋朝議和談判。金人要求以黃河為界、賠償軍費等條件，還要求宋廷另派大臣前往議和。

欽宗以為事情應該很容易就解決了，金軍已經同意談判了，一切也應該結束了吧！哪裡知道金人欲壑難填。他們以攻破宋朝都城相訛詐，提出了更為苛刻的撤軍和議和條件：宋必須一次給金黃金五百萬兩，白銀五百萬兩，絹彩萬匹，牛馬萬頭；割讓太原、中山、河間三鎮；宋主尊稱金主為伯父；必須以親王、宰相各一人為人質。

主戰派李綱當然不同意金人提出的這些苛刻條件，但貪生怕死的欽宗已經顧不上在意這些了，而且朝廷上的眾多大臣都同意與金軍議和了事。其實在對金的作戰中，在李綱的帶領下，宋兵是處於優勢地位的。但是欽宗卻怎麼都不相信，一心認定只有接受金人提出的條件才能真正求得安寧。

就這樣，宋朝在自己佔優勢的情況下，卻恥辱地與金人結成了城下之盟。

【知識鏈結】

李綱（一〇八三—一一四〇），字伯紀，江蘇無錫人，北宋名臣。徽宗政和二年（一一一二）進士。他和趙鼎、李光、胡銓合稱「南宋四名臣」。靖康元年，當金兵逼近開封時，李綱排眾議，主張誓死保衛開封，取得了軍事上的勝利。南宋時期，李綱仍是抗金主力，後來被貶。

再圍開封

開封第一次被圍後，雖然在戰爭中，由李綱所帶領的宋軍是佔據優勢地位的，但是懦弱的宋欽宗決定以重金求和。但實際上這種和平是不能長久的。不久金軍就不顧合約，再次南侵。

靖康元年（一一二六）八月，金太宗決定再次對宋朝進行大規模的進攻。金太宗任命完顏宗翰為左副元帥，完顏宗望則被任命為右副元帥，二人分別從西京、保州南下，目標就是汴京開封。

宗翰率領的西路軍從西京出發，直撲太原。此時的太原因為金軍長達八個月的圍困，城內已經箭盡糧絕了。戰士們先吃牛、馬、騾等牲口，牲口吃完了以後只能靠弓箭的筋和皮甲來充饑。許多軍民戰死、餓死，剩下的也已經餓得連武器都拿不起來了，狀況十分淒慘。在金軍的猛烈進攻下，宋軍最終沒有保住太原，九月初三，太原失陷了。但宋將王稟仍然率領疲憊不堪的軍民同金人展開巷戰。王稟寧死不做金軍的俘虜，最後縱身跳入汾河，以身殉國。

太原失陷，消息傳到京師，朝廷上下全都震驚了。金人退出京師也沒多少日子，這麼快就給宋朝殺了一個回馬槍。金軍勢如破竹，步步緊逼，宋朝的江山告急。此時的宋欽宗和朝廷官員在幹什麼呢？

面對咄咄逼人的金軍，這些身居朝堂的人竟然又為是戰還是和的問題爭吵了起來。主戰派有徐處仁、許翰，他們認為在這江山危急的時刻必須破釜沉舟，全力抵抗金人的侵襲。而耿南仲、唐恪則認為金人來勢洶洶，戰則必敗，議和才是最好的辦法。吳敏之前一直是主戰派，此時他卻也站出來反對作戰。現在金兵大敵當前，朝廷上下又戰和不一，欽宗也不知所措了。已經賦閒在家的老將种師道立即上奏欽宗，指出此次金軍南侵勢力龐大，恐怕不是輕易能應付了的，因此一定得做好迎戰的準備。

但是怯懦的欽宗在登基之初就認為金人兵力龐大、勢不可擋，一直抱著求和的想法。因此，這次金軍又一次南下攻宋，宋欽宗依然寄希望於割地求和。他又與主和派站在了一條戰線上，認為只要將太原、中山、河間三鎮割給金人，他們自然就會退兵。他們哪裡知道，區區的三鎮之地怎能滿足金人的胃口，金人看中的可是大宋的江山。

金人依舊照原計劃行事，勢如破竹，其銳氣不可擋。金軍即將渡過黃河南下，消息一傳來，宋欽宗立即派康王趙構和王雲為割地求和的使者，前往金營。

同意與宋人和談其實只是假像，只是為了麻痹宋朝，金人依然在加快南侵的步伐。完顏宗翰自從攻佔了太原以後，繼續揮師南下，勢如破竹，攻佔平陽，佔領隆德府，一路長驅直下，向黃河邊挺進。

康王趙構奉命去金營談判，走到磁州時，磁州知州宗澤正率領軍民備戰。宗澤認為金軍不講信用，此去可能會凶多吉少，他勸康王不要去金營，當務之急應該是起兵援助京城。

金人南下的趨勢銳不可當，到了十一月下旬，有兩路金軍先後到達了東京，一時之間，大兵屯集，黑雲壓城，東京汴梁陷入萬分緊急的境況之中。汴梁城內的軍民面臨的是死亡的威脅。完全處於被動局面的趙桓在金人強烈的攻勢下只好硬著頭皮應戰了。他一面將守城的七萬士兵分成五軍，一面又命大臣們出謀劃策，擊退金人的進攻。

然而，就在這生死存亡的緊要關頭，軍國大事卻還能被視作兒戲，朝廷在慌亂之中病急亂投醫，什麼人都敢用，也因此上演了極其荒唐可笑的一幕。

有一個名叫郭京的人自稱神通廣大，會「六甲法」的法術，可以憑藉他的法術招來天兵天將，輕而易舉地生擒敵人元帥，消滅敵軍。他向趙桓保證，只要給他七七七七個人，他就可以憑藉他的法術退敵。昏庸的宋欽宗竟然相信了這個江湖騙子的術數，決定用郭京的天兵天將與敵人決一死戰。

不久，一切準備就緒，郭京發功的日子到了，他命令撤走城上所有的守軍，以免有人偷看，導致法術不靈。施展了法術之後，他命人大開城門，命他的六甲神兵出城迎戰。這些所為的神兵不過就是臨時湊起來的一群烏合之眾，連普通的士兵都不如，哪裡有什麼刀槍不入的法術。這些神兵最後的結局就是全部被金人殲滅。幸好城門及時關閉，金人沒能趁勢侵入城內。這位郭神仙見大事不妙，找了個藉口就溜走了。就在此時金人攀城而上，發現城牆上竟沒有守兵，就這樣，苦苦堅守了一個多月的京城，讓一支荒誕的神兵給毀了。

一個江湖騙子，輕易地葬送了三千里大好河山。一切都晚了，金人的鐵騎已經踏進了開封，大宋江山保不住了。

【知識鏈結】

完顏宗翰（一〇八〇—一一三七）本名黏沒喝，又名粘罕，小名鳥家奴，金朝名將，女真族。參與擁立金太祖完顏旻稱帝，備受信用。也曾領軍，參加滅遼攻宋等重大戰役。天慶五年（一一一五），建議舉兵滅遼，大敗遼軍於達魯古城。金太宗嗣位，建策攻宋。天會三年（一一二五），大舉攻宋，南渡黃河。七年俘虜遼末帝和北宋徽、欽二帝。十四年（一一三六）病卒。

完顏宗望（？—一一二七）本名斡魯補，又作斡離不，是金太祖第二子。宗望經常跟從太祖征伐，常在左右，屢建殊功。完顏宗望一次攻遼，兩次攻宋，而且俘宋徽宗、宋欽宗二帝。

昏庸皇帝竟然求和

由於宋欽宗昏庸竟然相信郭京江湖騙術，大宋都城開封就此被金軍打開，但由於英勇不屈的開封百姓的堅持反抗，金軍是否能攻下開封呢？

金人久攻不下，有些害怕了，因為經過這一次的進攻，金軍的兵力也已受到了不少的損失。現在雖然已經攻入汴京城了，但是軍隊需要整頓，士兵需要休養生息。可是此時汴京城內數十萬的百姓氣勢洶洶，一旦全部投入反抗金軍，金軍很可能會陷入不可自拔的一種狀態。當務之急只有依靠大宋朝廷來共同對付百姓的反抗了。

金人對大宋朝廷還是比較瞭解的，知道他們一直都想議和，於是金軍故技重演，又一次提出議和，宋欽宗和大臣們又從中看到了希望，命令軍民停止抗戰，向金人投降乞和。

得知金人同意議和的消息，宋欽宗欣喜若狂。立即派何栗與濟王趙栩前往金營中議和。宋欽宗奉上投降表，表示正式向金人投降。金將完顏宗翰、完顏宗望認為，佔領宋朝的京城還不能夠完全滿足他們，擒賊先擒王，他們還想俘獲誘擒北宋皇帝，於是便說：「自古以來，有南就有北，二者是缺一不可的。只要你們答應割地，議和就不成問題，不過條件是必須讓太上皇親自前來議和。」何栗回朝廷後，就將金人開出的條件轉告給了欽宗。欽宗說：「經過這麼一劫，太上皇是又驚又憂，大病一場，哪裡還經得起這麼一番折騰呢？倘若一定要去，那就我親自去吧！」

不得已，趙桓率何栗、孫傅等人硬著頭皮來到金營裡議和。宋欽宗送上降表，並屈辱地下跪。金人自視強大，態度傲慢，對宋欽宗百般刁難。無奈欽宗只能忍氣吞聲，任金人凌辱。

金人此次完全是漫天要價，實質上就是要滅了北宋。完顏宗望提出割讓兩河之地，並索要金一千萬錠，銀兩千萬錠，帛一千萬匹。迫於金人的淫威，無奈的宋欽宗只得答應了金人提出的條件。宋欽宗回到東京時，百姓夾道歡迎。一想到自己在金營裡受的屈辱，想到自己堂堂一國之君竟落得如此田地，還得看這幫蠻夷之人的臉色行事，忍不住號啕大哭起來。

既然金人已經開出了條件，而且欽宗也不得不答應，那就必須付諸實施。趙桓命何栗、陳過庭、折彥質等人為割地使，分別到河東、河北給金人割讓土地。還派人到各個州縣，通知地方官投降金國。

對於金人索要的金帛問題，宋欽宗也是絲毫不敢怠慢。為了給金人籌集錢財，宋欽宗大肆搜刮民間金銀。除了索要金銀之外，金人又向宋廷索要一五〇〇名少女。一時之間，欽宗命人到處去搜捕年輕的女子，搞得百姓不得安寧。許多少女不甘受辱，自殺而死。由於金人索要少女人數較多，欽宗一時難以湊齊，趙桓便讓自己後宮的嬪妃、宮女抵數。

在金人與在自己的子民面前，宋欽宗完全是兩種不同的姿態。他懾於金人的壓力而百依百順，想要求得金人的諒解，而對自己的子民則毫無愛護之心，將金人帶給宋廷的災難完全轉嫁到百姓的身上。金人想要挖空宋人的一切，於是漫天要價，百般刁難，將宋朝的百姓折磨得苦不堪言，幾乎將宋朝洗劫一空。金人想要什麼，趙桓就得及時送上什麼。但是，宋朝的供應能力畢竟是有限的。現在的京城汴梁已經被金人掠奪一空了，即便是挖地三尺，也沒有辦法滿足金人的要求。金人哪裡肯就此甘休，揚言要再次縱兵入城搶劫，又一次要求欽宗入金營商談。

儘管欽宗心裡一百個不願意，但是他終究不敢違抗金人的旨意。靖康二年（一一二七）正月時日清晨，欽宗拖著沉重的步伐，準備再一次跨入金營，乞求金人做出一些讓步。趙桓身上寄託的是百姓的希望，然而這個責任是如此的巨大，對手是毫無誠信的金人，趙桓心裡根本就沒有底，只有無盡的辛酸苦楚。

趙桓抵達金營後，受到了苛刻待遇。他被囚禁在幾間簡陋的小屋子裡，屋外還有重兵把守，完全失去了活動的自由。堂堂大宋天子，竟成了金人的階下囚。金人扣留了欽宗，聲稱金銀帛數一日湊不齊，就一日不放欽宗回宮。在金人的強大的壓力下，宋廷再一次對北宋的百姓進行瘋狂的掠奪。無能的朝廷在強大的金人面前，只會將自己所受的委屈強加給黎民百姓。

但是，宋朝已經沒有多少油水可供壓榨了，宋朝官吏搜集的財物與金人的要求還差十萬八千里。金人沒有就此善罷甘休，祭天禮器、圖書典籍、大成樂器都成了金人的囊中之物。人也沒有放過，技工、婦女都慘遭掠奪。

宋朝君臣對金人俯首貼耳，唯命是從，反而更加助長了金人囂張的氣焰。滅宋，是金人的既定方針，不管宋人如何地委曲求全，最終也難逃一劫。

【知識鏈結】

何栗（一〇八九—一一二七），字文縝，仙井監（今四川仁壽）人。宋代大臣。歷官秘書省校書郎、御史中丞、泰州知府、尚書右丞、中書侍郎、尚書右僕射兼中書侍郎。當金兵破開封之時，選擇不食而死。

孫傅（？—一一二八）北宋官吏，海州（今連雲港市西南）人，字伯野。金兵困汴京（今河南省開封市），他見士兵郭京守城，京妄稱施「六甲法」，用七千七百七十七人，擇日出兵三百，可直抵陰山（今內蒙古大青山），欽宗對此深信不疑，及金兵至開汴京宣化門出戰，大敗而逃。金兵遂陷汴京。次年正月，欽宗（趙桓）被俘，以他輔太子留守。不久，被金召去，第二年死於金。

金軍鐵蹄踏大宋

怒髮衝冠，憑欄處，瀟瀟雨歇。抬望眼，仰天長嘯，壯懷激烈。三十功名塵與土，八千里路雲和月。莫等閒、白了少年頭，空悲切。

靖康恥，猶未雪；臣子恨，何時滅？駕長車，踏破賀蘭山缺。壯志饑餐胡虜肉，笑談渴飲匈奴血。待從頭、收拾舊河山，朝天闕！

這是靖康之難後南宋抗金英雄岳飛留下的一首詞。靖康恥，猶未雪；臣子恨，何時滅？靖康之難給宋朝廣大軍民帶來的是深重的災難和難以磨滅的恥辱。

宋朝淪落到這樣的境地其實是意料之中的事。在那個以實力論英雄的年代，成者為王敗者為寇的現象司空見慣。一邊是殺氣騰騰的游牧民族，一邊是日落西山的中原王朝，孰強孰弱自然很清楚。

此時的宋廷已經完全喪失了主動權，皇帝都已經落入了金人手中。可憐的宋廷完全成了案板上的魚肉，不得不受金人擺布。

靖康二年（一一二六）二月初六，對於大宋王朝來說，是一個恥辱難忘的日子，金人廢除欽宗和徽宗為庶人。當欽宗被迫脫去龍袍時，隨行的李若水抱住欽宗不讓脫，還大罵金人，金人惱羞成怒，將他折磨至死。

金人的既定目標是滅大宋江山，宋朝是趙家人的天下，當然趙家人就難逃此劫。欽宗已經成了金人的階下囚，金人也不會輕易放過上皇徽宗和其他皇室成員。

二月初七，金人又傳來旨意，讓太上皇徽宗和太后等人出城前往金營，美其名曰使家人早日團聚。宋朝大臣莫不放聲大哭，大臣張叔夜認為，金人詭計多端，欽宗皇帝已經一去不復返，此次金營之行一定是凶多吉少，太上皇萬不可前往。他表示，願意率領眾將士誓死保衛上皇突圍。怯懦的宋徽宗哪裡有這般膽識，他當政期間就沒有對抗金軍的氣魄，更何況在現在國破家亡的悲慘時期。趙佶和太后乘坐牛車緩緩駛出了龍德宮，駛出了京城，走上了有去無回的不歸之路。

幾乎所有的皇室子孫都沒能逃得過此劫。金人擬定了一份趙氏宗室的名單，就這樣，趙佶的兒子、帝姬、嬪妃、駙馬等還有趙桓的太子、嬪妃以及所有趙氏宗室的人幾乎無一倖免。而且全城搜捕宗室的工作也展開了。開封府尹徐秉哲命令坊巷五家聯保，不得藏匿皇室成員。在短短的幾天時間裡，共抓獲皇室三千多人，並將他們的衣袖綁在一起，相互挽行至金營。

北宋就這麼滅亡了，而且結局如此慘不忍睹。東京汴梁被金人輕而易舉地攻破了，國土淪陷，財富、人口幾乎被洗劫一空，皇室子孫也都成了金人的階下囚。宋朝的江山成了金人手中的玩物。然而，金人畢竟是一幫蠻夷之人，他們雖然是勝利者，卻在面對中原王朝這麼一個爛攤子時也表現出有些為難。這是他們一手造成的，他們的鐵騎踏過之處一片荒涼。財富被洗劫一空，中原境內完全是一片狼藉的景象，而統治這片領土的趙家人也都成了他們的階下之囚。當務之急就是為中原王朝尋找一個異姓統治者。

經過眾人的推選，張邦昌成為金人的鎖定目標。張邦昌是一個無膽小人，他曾經與康王趙構一起在金營做過人質，對金人搖尾乞憐，極盡諂媚。所以在金人眼裡，張邦昌似乎是一個不錯的人選。三月七日，在金人的主持之下，為張邦昌舉行了冊命之禮，就這樣，在金人的支持下，張邦昌建立了一個傀儡政權，國號大楚。

或許在金人看來，他們已經得到了中原王朝的一切了。宋朝的領土現在駐紮著金人的軍隊，宋朝的財富也被他們搜刮得一乾二淨，宋朝的皇室也成了他們的階下囚，一切都是那麼順利。整個中原王朝完全被他們顛覆了，金人如釋重負，鬆了一口氣。於是，在靖康二年的三月底，金人開始撤離東京汴梁，已經成為金人俘虜的徽宗、欽宗二弟以及后妃、皇子、帝姬、駙馬等四百七十餘人，宮女、教坊樂人等三千餘人，被分為七批先後押解北上。

上皇趙佶、鄭太后以及親王、皇孫、駙馬、公主、嬪妃等在內的一批人，由完顏宗望負責押解，沿滑州北上；另一批趙桓、朱皇后、太子、宗室以及大臣何栗、孫傅、張叔夜、陳過庭等人由宗翰負責押解，沿鄭州北上。各路人馬約定在燕京齊會。當然，被金軍掠去的還有朝廷各種禮器、古董文物、圖籍、宮人、內侍、倡優、工匠、技工等，北宋王朝的府庫積蓄為之一空，這就是歷史上有名的「靖康之變」。

徽宗這批人分乘近千輛牛車，就這樣在金人的驅使下從青城出發了，淒風苦雨，淒淒惶惶，受盡屈辱折磨，這一路的辛酸苦楚也只有他們自己最能體會。早知今日，何必當初。今日的被擄完全是由昔日的昏庸導致的。生於憂患，死於安樂，這是亙古不變的真理。身為一國之主，只是享受作為帝王的榮華富貴，而置人民水生火熱之中於不顧，是為天理所不容，最終也就換來如此淒慘的下場。

【知識鏈結】

張邦昌，北宋末大臣。金兵圍開封時，他力主議和，與康王趙構作為人質前往金國，請求割地賠款以議和。而後，金軍擄走徽宗、欽宗，立張邦昌為大楚皇帝，但金軍離開後，張邦昌即選擇退下龍袍，歸權趙氏。

江山毀於誰手？

徹夜西風撼破扉，蕭條孤館一燈微。

家山回首三千里，目斷天南無雁飛。

這首《在北題壁》是宋徽宗在做囚徒時留下的一首詩，寥寥二十八個字深深地抒發了徽宗一腔欲說還休的傷懷悲愴。身為一朝之君，而今卻落入敵人之手，流落異鄉，飄零無依，內心的辛酸苦楚又有誰能真正體會呢？昔日的榮華富貴、養尊處優的宮廷生活而今都已是過眼雲煙。金人的鐵騎已經踏遍了大宋朝的每一寸領土，如今迫於金人的威逼只得北上。舊時王謝堂前燕，飛入尋常百姓家。

在金人的驅使下，徽宗、欽宗一行分乘牛車，從青城出發，開始了淒慘漫長的北上之行。身為階下囚的徽宗一行人，在被押解北上的途中受盡屈辱折磨，徽宗見到韋賢妃等人乘車先行而去，也不敢吱聲，不覺五臟俱焚，潸然淚下。徽宗的嬪妃曹才人如廁時，竟然被金兵趁機姦汙了。當他們行至相州時，正好趕上下大雨，車棚滲漏，沒有辦法避雨，宮女們到金兵帳中避雨，又遭到金兵的姦淫，很多宮女被糟蹋至死。徽宗看到這些，只能長吁短歎，卻也無能為力。

徽宗出發時，被迫頭戴氈笠，身穿青布衣，騎著黑馬，由金人隨押，一副飄零落魄的樣子。一路上受風霜之苦也就罷了，還要忍受金軍兵將的侮辱。曾經身為一國之主的趙佶，全然沒有了往日的威嚴。

徽宗一行渡過黃河，來到浚州城外時，金兵阻攔百姓觀看，只允許賣食物的小販接近。當小販們得知坐在囚車上的是徽宗皇帝時，不禁動了惻隱之心，紛紛送上炊餅、藕菜等食物，這也算是大宋子民們一片忠心的最樸實的表白。當他看到由於他的荒淫無度導致金人的攻入而身陷水深火熱之中的百姓們，他的心裡又會是怎樣的一番滋味？

在北上的途中，金人時刻都在使徽宗難堪。當他們行至中山府時，金軍故意讓這個已經廢黜了的天子喊話，勸守城的官兵投降。守將在城牆上看到這個場面忍不住痛哭流涕。他們昔日的高高在上的君主如今竟落得如此下場，將士們的心裡酸楚至極，但沒有聽從這位昔日君主的最後的命令。

一路從青城出發，預定集合的目的地到了，徽宗、欽宗二人也終於見面了。這一對苦命的父子，見面就抱頭痛哭，悲憤不已。徽宗還以為生活可以就此安定下來了，但是金人哪會這麼便宜了他們。九月，金人下令，徽宗父子要繼續遷往更遠的上京。原來金人認為，此時中原王朝南宋已經建立，而且勢力漸強，金人生怕他們會想辦法營救徽宗父子。一旦徽宗父子被奪回，他們在與南宋的交涉中就會失去討價還價的籌碼。不得已，徽宗父子不得不再次承擔顛沛流離之苦。

建炎二年（一一二八）八月，徽宗、欽宗兩位皇帝終於抵達了上京，這段艱苦的征程總算有了一個結尾。這一段的目的地到達了，可是金人也不會讓他們過上安穩的日子。金人讓他們穿上孝服祭拜阿骨打廟，這被稱為獻俘儀，實際上金人是藉此來羞辱北宋的君臣。然後，金人又逼著徽宗父子到乾元殿拜見金太宗。

堂堂的中原王朝的皇帝也竟然會有這樣的下場，在金太宗的眼裡，這兩位手下敗將無疑是宋朝的兩大禍害，正是這兩個昏庸無能的昏君將宋朝的江山拱手讓了出去。為了羞辱這兩個皇帝，金太宗封徽宗為昏德公，欽宗被封為昏德侯。此外，皇室的其他人也遭到羞辱，韋賢妃以下的三百餘人入洗衣院，朱皇后由於不堪受辱，最終投水而死，男子則被編入兵籍，為金軍賣命。

然而，上京依然不是他們的最終目的地，之後，徽宗父子又由上京轉到了韓州，之後又由韓州遷到了五國城，五國城是一個荒涼偏僻的邊陲小鎮，這是他們路途的終點，這對苦命的父子終於不用繼續再被驅趕著前進了，可以有一個稍稍安定的生活了。喜好讀書的徽宗雖然身處異國，衣不蔽體食不果腹，但仍然沒有忘記讀書，有時候竟然到了廢寢忘食的地步。有一次他讀了唐朝李泌的傳記後，知道李泌為國盡忠，復興社稷，後來竟被奸佞嫉恨。徽宗讀後感悟頗深，他醒悟了，只不過一切都太遲了。

徽宗一直居住在南方溫暖之地，北國的冰天雪地讓他難以適應，然而他忍受的不僅是身體上的痛苦，更是心理上的痛苦。

一一三五年（紹興五年）四月二十一日，徽宗終於沒能繼續堅持下去，病死在了這荒涼的五國城。與欽宗相依為命的父皇就這麼撇開他走了，欽宗痛不欲生，身心受到了極大的刺激。今後的日子對欽宗來說是極其難熬的，紹興二十六年（一一五六），五十七歲的欽宗因患風疾，也死在了五國城。

北宋的兩位末帝就這樣草草結束了他們的一生。在他們的一生裡，被刻在歷史裡的不是他們執政時期的光鮮，而是他們被俘之後的落魄。

【知識鏈結】

金太宗，即完顏吳乞買，漢名晟，一一二三年即位，在位十二年。即位期間，繼續進行滅遼戰爭，一一二五年，消滅遼朝。而後開始攻宋，一一二六年，攻下汴京，北宋亡。對於國內，太宗進行了經濟、軍事改革。他下詔在女真舊地實行賦稅制，不得私役百姓；規定權勢之家不得買貧民為奴；多次下詔敦勸農功和派遣使臣到各地勸農。死於一一三五年，時年六十一歲。

第十三章：北宋殘餘南遷

不幸的北宋在金軍多次入侵後終於滅亡，然而康王卻常常有幸運女神的眷顧，先是逃過靖康之難一劫，而後又在危難時刻有泥馬相助，繼而走上了復興宋室之路，建立了南宋。然而這位幸運的皇帝是否能一直有幸運女神相伴呢？面對仍然咄咄逼人的金軍，怨聲連連的將士，這次他是否還能順利度過？

峰迴路轉

在金軍南下攻開封城的危難時刻，康王趙構挺身而出，自願去和金軍談議和之事，可是最後被困在金，這一去就再也沒有回開封。但也正是這樣，才使得他躲過了靖康之亂這一劫。古人講因禍得福，這一點在趙構身上得到了應驗。

康王趙構和王雲一路北行，經滑州、浚州，很快趕至相州。不出幾日，趙構一行就到了磁州。恰在此時，趙構隨從在王雲所帶行李中發現了一頂金人經常戴的「番巾」。這件事讓趙構十分震驚，王雲的行囊中為何會有金人所用之物，莫非這個王雲是金國奸細。王雲極力督促自己加快北上行程的一幕幕在眼前閃過，讓趙構意識到了問題的所在。這一想，將趙構嚇出了一身冷汗，金國的奸細竟然就在自己身邊，而且位及刑部尚書。趙構當下決定拒不北上。

趙構的這個決定至關重要，這是趙構從康王一直走到南宋的開國皇帝——宋高宗的起點。試想，如果趙構就這麼一路向北，他的結局會是怎樣。從他的父皇和皇兄的結局不難得出結論，中國的歷史又將是另一番模樣。聽聞捉到金國奸細而趕來的磁州百姓，對金人痛恨不已，在宗澤的默許下，磁州百姓竟將王雲拖出去活活打死。

聽聞大宋康王趙構逃走，斡離不急忙派軍來追，途中被宗澤攔住，兩軍相遇一通廝殺。康王趙構則馬不停蹄，直往南跑。開封是回不去的，只能往南跑了。趙構的決策十分英明，一來他抗旨拒不北行貿然回去無法向皇帝交代，二來開封正在金軍的包圍下，回去凶多吉少。在金國做人質的日子讓趙構知道金軍人多馬壯、強悍兇殘。以今日之情景宋軍是難以阻攔的，而今之計唯有快馬加鞭、飛速前進。果不其然，金軍衝破了宋軍的防線，直奔趙構向南追來。

很快，趙構行至夾江邊，他只見江水滔滔，大浪拍岸，無船無渡。前有江水當道，後有追兵，真是進退兩難。偏在此時，他胯下之馬竟口吐白沫，被活活給累死了。可謂是屋漏偏逢連夜雨，一連串的打擊，使得趙構面江長歎「天要亡我，一切聽天由命吧」。

金軍鐵騎從遠處傳來，這一刻的趙構想到「大丈夫終有一死，何懼也」。他的心裡漸漸平靜，隨即看到右方有一座古廟，就走了過去。趙構抬頭一看首先映入眼簾的是廟門舊匾上的五個金字，字跡模糊，依稀可見，書曰「崔府君神廟」。趙構走了進去，廟中空無一人。剛剛一番疾跑讓他精疲力竭，他找個地方坐下稍作休息。片刻之後，他環顧四周，只見正對廟門的是一尊菩薩像，因長時間沒有修整，破舊不堪，牆上的壁畫幾不能辨認。只見趙構撩起衣裙，在菩薩面前祈禱，懇請菩薩保佑他能脫此大難，日後必定積德行善，保境安民，重修廟宇。而後，行禮叩首，虔誠至極。再看菩薩旁邊，乃一匹泥馬。這泥馬栩栩如生。趙構走過去繞馬一周，手拍馬背，心想：「馬兒，馬兒，奈何你只是一匹泥馬，若是能載我過江那該多好。」趙構這樣想著，苦笑一聲，搖頭長歎。

金軍馬蹄之聲已越來越近，趙構知道此次已是窮途末路，厄運難逃，索性也不做最後的掙扎了。他坐在菩薩像前的蒲團上，閉目養神。這時，他忽聞馬啼，趙構詫異地睜開眼來。只見那菩薩旁邊的泥馬竟成了活生生的真馬。廟外已見火把點點，耳聞馬蹄噠噠，金軍已至。回過神來的趙構來不及多想，立即上馬提起韁繩飛奔而出。趙構喜形於色，心想真是天助我也。但那馬卻直奔江邊而去，任憑趙構使出了所有的法子也不能使其改變方向。

到了江邊，趙構抱著必死無疑的決心，閉上了眼睛。眼見金軍追來，這千鈞一髮之時，那馬長嘯一聲，跳入滾滾的江水之中。死都不怕了，還有什麼可怕的。趙構睜眼一看，只見周圍波濤洶湧，自己依舊騎在馬背上，長袍已經被打濕，冰冷的江水一波一波向自己撲來，生死關頭哪裡顧得了這些，趙構緊緊抓住韁繩。不消半個時辰，人馬都已站在岸上了。

趙構這下徹底鬆了一口氣，對岸的火把點點，還清晰可辨，金軍自然是追不過來的。趙構忍不住仰天大笑，他想著前一刻自己還站在死亡線上，差一步就見了閻羅王。思緒回來，再看那馬時，那馬竟化成了泥巴。趙構懷著感激之情朝那攤泥巴拜了三拜，轉身離去。這真是「天樞拱北辰，地軸趨南曜。神靈隨默佑，泥馬渡江潮」。

趙構憑藉泥馬的相助躲過了一劫，走上了復興宋室之路。這個故事漸漸在民間流傳開來。趙構本就庶出無緣皇位，但靖康之變中金人把趙宋皇室的黃子龍孫全部擄走，使得趙構因禍得福，成了唯一的倖存者。歷史選擇了趙構，「泥馬渡康王」的傳說又給趙構真命天子的身分增添了一分神秘色彩。

【知識鏈結】

趙構（一一〇七—一一八七），南宋開國皇帝，即宋高宗。宋徽宗第九子，宋欽宗之弟，曾被封為「康王」。西元一一二七年（靖康二年）金兵俘徽、欽二宗北去後，康王於應天府即皇位，改元建炎。康王拒絕主戰派抗金主張，南逃至臨安（今杭州）定都，建立南宋政權。統治期間，雖迫於形勢以岳飛等大將抗金，但重用投降派秦檜。後以割地、納貢、稱臣等屈辱條件向金人求和，殺害岳飛。西元一一六二年（紹興三十二年）禪位於宋孝宗，自稱太上皇。精於書法，擅長行、草書，著有《翰墨志》，傳世墨蹟有《草書洛神賦》等。

一心北伐的李綱

正當趙構騎泥馬順利渡江，躲過一劫時，開封城內的欽宗面對金軍的進攻，早已焦急萬分，想到趙構在城外，便將聖旨塞在蠟丸裡，送給他，意圖裡外合擊金軍。然而，沒有等趙構準備好，欽宗又迫不及待地想要議和，卻不知奸詐的金人最終目的是要滅了宋。終於，開封被攻下，欽宗、徽宗被擄，北宋滅亡。

金軍佔領開封後，採取以漢制漢的政策，讓張邦昌統治。然而金軍撤退以後，張邦昌萌發了讓賢的念頭。於是，張邦昌的大楚皇帝就做了三十三天，皇后孟氏入朝，恢復元祐的年號，中原政權又一次變革。而後眾大臣和張邦昌都勸康王統領大局。終於靖康二年（一一二七），五月初一，趙構在南京應天府即位，改元建炎，史稱南宋，趙構即宋高宗。這一年趙構剛剛滿二十歲，年僅二十歲的他就這樣接下了重建一個國家的歷史使命。

這時天下剛剛大亂平靜，生靈塗炭，趙構想必須首先要穩定人心，找個有威望的大人物來幫自己。

高宗盤算著，直至李綱之名走入他的腦中。在開封被金人圍困的時候，李綱親率軍民抵擋住了金人的進攻，取得了東京保衛戰的初步勝利。李綱的行動使得他在軍民中的聲望大大提高，聲震一時。高宗覺得此人是可用之才。

事情緊急，讓高宗來不及多想，立即召被貶在外的李綱回南京，並任命他為尚書右僕射兼中書侍郎。這就使得李綱成為南宋第一丞相，萬人之上，一人之下。聽聞李綱被任命為右丞相，黃潛善和汪伯彥兩人坐不住了。他們兩人自認為為高宗的登基大業立下了汗馬功勞，跟高宗又是患難之交，平素兩人又頗得高宗喜歡，這左右丞相之位毋庸置疑要由他們來坐的。突然半途殺出個程咬金，怎能不叫人氣憤。兩人上書進言：「李好用兵，今召用，恐金人不樂。」

高宗當然也考慮到了這點，只是當務之急是要重建大業，籠絡人心，而李綱頗得軍民百姓之心，如今之計非用李綱不可。黃潛善和汪伯彥兩人沒有摸清高宗的心思，更不知高宗重用李綱的深意。不過，高宗也沒有完全棄二人於不顧，不久，黃潛善即當上了中書侍郎，汪伯彥為同知樞密院事，位在李綱之下。但是二人心中還是不服，可是皇上之令，兩人敢怒不敢再言。

朝中反對李綱為相的不僅是黃潛善和汪伯彥二人。顏歧拿張邦昌和李綱作對比，指出「張邦昌為金人所喜，雖已封三公郡王，宜更加同平章事，增重其禮。」

高宗聽這麼一說，思前想後，不無道理。但是轉念一想，對於他來說，攘外必先安內，皇位不穩，朝不保夕，還是先把自家的事情辦妥再說。高宗一咬牙，沒有理會這些反對的聲音，還是決定任用李綱。

李綱剛接到趙構手諭，受寵若驚，沒想到新皇這麼看重自己，他認為自己施展才華的機會到了，就日夜兼程趕往南京。沒想到卻收到顏歧的威脅書信，頓覺惆悵不已。原來新皇任用李綱為相，只是他一人獨斷，朝中竟有這麼多大臣反對李綱。

一時之間，李綱不知如何是好，在去與不去之間取捨難定。去，怕有性命之虞；不去，怕辜負皇恩。這時李綱手下也勸他還是不去蹚那渾水得好。但是「國家艱危至此，豈是臣子避嫌疑、自愛惜之時！皇上對我知遇如此，得一望清光，推心置腹，即便將來退歸田里，死且不朽。顏歧之言何足恤？」思及此，李綱再也不猶豫，加快了北上的步伐。

李綱沒有理睬朝中大臣的阻撓，毅然上任就職。他到達這日，高宗親自迎接，以示重視。李綱看皇帝如此待己，感動流涕。隨後君臣二人把酒言歡，共緬往事。趁著酒酣耳熱之際，高宗訴說了登基後的種種不順，為博得李綱同情。李綱看高宗對己如此掏心掏肺，自然不會讓皇上失望。懷著極大的熱情，李綱連夜將自己的治國方針總結為十個方面，翌日就上書了。

李綱這十個方針，概況總結起來就是議國事、議巡幸、議赦令、議僭逆、議偽命、議戰守、議本政、議責成、議修德。高宗看後，認為這些話雖多，但是整體來說就兩件事情，不過是殺張邦昌和練兵北伐，迎回徽宗和欽宗。這是李綱為高宗制定的一個立國方針，仔細看來，這十個方針戰略雖有些過於武斷，但也不無道理，如果高宗能夠拋去種種顧慮，認真實施，那當金人再次入侵之時，就不會落得狼狽出逃的局面。只是高宗此時所想，僅僅在於怎樣建立他皇帝的權威，坐穩皇位而已。

【知識鏈結】

黃潛善（一〇七八—一一三〇），字茂和，邵武（今福建邵武）人，十八歲登徽宗宣和六年進士。

宋室南渡後，任右僕射兼中書侍郎，主和議，與虜人畫河為界，遭李綱等人駁斥。建炎元年與汪伯彥貶逐李綱。建炎三十二月癸卯，黃潛善卒於英州。

宗澤抗金雪恨

高宗不顧阻撓，固執地任命李綱為相，李綱把這份知遇之恩記在了心裡，不辱使命，上任伊始就呈上治國十大方針戰略。不過當這十大方針被呈到高宗手上的時候，高宗非常失望。李綱所講不過兩件事——殺張邦昌和練兵北上，報仇雪恨，迎回二帝，只是這兩件事都不是高宗樂意所為。相處數月以後，高宗越來越清楚地看到，李綱所想與自己存在的差異，李綱與自己漸行漸遠，又因都城和對金態度問題產生矛盾，最終高宗罷免了李綱，李綱這個宰相僅僅做了七十五天。

以李綱為首的主戰派被排擠出南宋小朝廷後，以高宗為首的投降派本以為朝中不會再有異樣的聲音，可以照著自己的性子為所欲為。誰知年近七旬的老將宗澤，這時又舉起了鮮明的抗金旗幟。這真是一波剛平，一波又起。可想而知，高宗自然不會給宗澤好臉色看。

靖康元年（一一二六），金人圍困開封。宗澤在屢次勸說高宗率兵北上解開封之圍未果後，他獨自率領兩千餘人北上解圍，一路連戰連捷，打了十三場仗，皆勝，金兵聞其名而膽顫。但是終因孤軍奮戰缺乏支援，寡不敵眾，敗下陣來。後在襄陽任職。

南宋建立以後，宗澤仍堅持抗金，建炎元年（一一二七）六月因李綱的極力引薦，高宗任命他為開封府尹，後又加任東京留守。

宗澤知道金人在攻打宋朝之後獲得了莫大的好處，在其休養生息，得以喘息之後，必定還會捲土重來。因此，做好開封府的防禦工作是當務之急。宗澤上任伊始就「繕城壁，浚隍池，治器械，募義勇。」

他在開封城的四側，各派防禦大臣，分工合作，負責守衛一定的區域。又在城郊險要地帶，「據形勢立堅壁二十四所於城外，沿河鱗次為連珠寨」。這二十四座壁壘，各派兵數萬把守，沿黃河修築的縱橫交錯的連珠寨，也分兵把守。同時，還挖掘了深寬各丈的壕溝，並在壕溝外栽上密集的樹木，以此來阻止金兵的進攻。這樣就建立起了牢固的軍事防禦體系。如此牢固的防禦體系，金兵打來，一時半會兒也不會攻破。外部防禦準備就緒，就要開始搞建設了。

開封城的軍隊多是臨時招募而來，沒有接受過正規的訓練，不僅紀律性差，武器裝備也差。單單依靠這樣的軍隊保衛開封抵擋金人的入侵，恐怕難成氣候。如今之計，就是要大力擴充軍備。此起彼伏的兩河義軍抗金鬥爭，讓宗澤看到了人民武裝的力量，若是這股力量能夠為己所用，那抗金旗開得勝的把握就史增一分。因此宗澤一邊組織軍民煉製兵器的同時，還積極聯絡兩河堅持抗金的義軍。著名的紅巾軍和八字軍就被宗澤收服，另外還有王善、丁進等眾多義軍首領也投奔了宗澤。

金人聽聞張邦昌被宋廷賜死，哪裡嚥得下這口窩囊氣，於建炎元年（一一二七）九月再度揮師南下。此次南下分中、東、西三路大軍，依其規模和範圍來看，金人此次是傾盡所有，有克中原、滅南宋之勢。三路大軍勢如破竹，一路南下，中原地區除開封外竟被全部攻下。

這時的高宗不是積極備戰，做好防禦準備，而是拋下他的臣民百姓南逃揚州避難。真是有其父必有其子，高宗走了跟他父親徽宗同樣的路數。

鎮守開封的宗澤，以其堅固的防禦和正確的戰術取得了東京保衛戰的勝利。金軍數月攻取開封不下，阻礙了南下的進程，此時的糧草供應也不足，就於建炎二年（一一二八）撤兵回府。在此期間宗澤上疏高宗請求後者回鑾開封，前前後後有二十四次，這就是著名的《乞回鑾疏》，但是宗澤的一片愛國之情沒有得到高宗的回應。

宗澤抗金雪恨，一心為朝廷，高宗並不這麼認為。功高震主，這是歷代皇帝擔心的事情。宗澤的成就天地可鑒，聲望日益增高。宗澤現今手握重兵，跟群眾走得相當近，在王雲被活生生打死的時候，高宗就親眼目睹過人民群眾的力量。萬一有朝一日，宗澤要造反，這不是輕而易舉的事情嗎？另一方面，宗澤跟李綱一樣，終日以迎回徽宗、欽宗為己任，這更是高宗所忌諱的。宗澤的存在，對高宗來說始終是一個隱患。

高宗不僅沒有理會宗澤一道一道的奏摺，對他更是日漸疏遠。宗澤肚裡沒有那麼多心思，也摸不清高宗的心思。當初滿腔的熱情終究冷卻，大志未酬的宗澤對高宗徹底失望，不禁悲憤交加，積怨成疾，疽發於背，病倒在床。

宗澤自知時日不多，將眾將喚來，說，「我以二帝蒙塵，憤憤至此。汝等如能殲敵，則我死亦無恨！」這算是交代遺言了，宗澤至此仍念念不忘抗金大業。待諸將退出，宗澤長歎一聲自語道：「出師未捷身先死，長使英雄淚滿襟。」最後，這位年近七十的老將，連呼三聲「過河」而去。

【知識鏈結】

宗澤（一〇六〇—一一二八）北宋末、南宋初抗金名臣，字汝霖。宗澤在任東京留守期間，曾經二十多次上書高宗趙構，力主還都東京，並制定了收復中原的方略，均未被採納。他因為壯志難酬，憂憤成疾，七月，臨終三呼「過河」而卒，著有《宗忠簡公集》傳世。

兵變殺寵臣

高宗得知金軍南下的消息，沒有進行積極的防禦工作，而是悄悄制定了完整的逃跑計畫。建炎元年（一一二七）十一月，高宗一行乘船赴揚州。建炎二年（一一二八）年底，金人看宗澤已死，開封的防禦設施已經瓦解，南侵再無所顧忌，就再次大舉進犯中原。趙構又狼狽不堪地逃出揚州，乘船渡過長江，然後直奔鎮江。高宗在鎮江喘息片刻，等從揚州逃出的官員趕到，率領這些人，又是一路南逃，直到杭州，才安頓下來。杭州畢竟在長江以南，金人又不習水戰，要過江恐怕有些困難，這樣高宗與百官在杭州暫得一時安寧。

高宗寵臣黃潛善、汪伯彥二人在難逃途中充分發揮毫不為人，專門利己的精神，使其名聲遠揚，臭名昭著。軍民百姓恨之入骨，恨不得殺之而後快。高宗好生安撫後，忍痛將此二人罷免。然後任用朱勝非為宰相，王淵為樞密院使兼御營都統制總攬朝政大權。

王淵執掌軍事大權的消息傳出，眾將士一片譁然。王淵雖然年輕時在戰爭中屢立戰功，但是此時非彼時。這時的王淵不僅視財如命，貪婪無度，還貪生怕死，平日裡結怨甚多。

不僅如此，王淵還結交宦官康履、藍珪等人。此次王淵能夠升任樞密院使兼禦營都統制，與康履在高宗耳邊吹風有莫大的關係。

眾將士對宦官本來就有很多的不滿，而王淵不僅自身劣跡斑斑，還與康履、藍珪諸人關係密切，更讓將士不滿。此刻，這個貪生怕死之徒竟被任命為樞密院使兼御營都統制一職，此職位，可是統領御林軍，掌握著軍事大權，對南宋的生死至關重要。這個人擔當如此大任，將士們自然不服。因此心生憤怒的士卒越來越多。苗傅、劉正彥兩人此時挺身而出，經由二人一番慷慨激昂的演說，不滿氣氛完全被調動起來，群忿達到高潮。苗傅與劉正彥二人自認為戰功顯赫，卻仍為七品芝麻小將，這是嚴重的賞罰不公，憤怒到極點的二人已經失去了理智，在這兩人的主導下，一個密謀悄悄醞釀。

這日退朝後，王淵沉浸在自己的美好前途中，突然，橫空直降出一群士卒，二話不說，將王淵綁了起來。王淵一看領頭的是苗傅和劉正彥，頓時六神無主，王淵與這兩人結怨甚深，若落得他兩人之手，肯定沒有活路。正如王淵所想，沒有給王淵說話的機會，劉正彥上前一步，揮刀就砍下王淵的腦袋。

這時，軍中有人喊「殺宦官，殺康履，殺藍珪」。這一喊，眾將士殺機又起，氣氛高昂。苗傅和劉正彥看局勢已經不在自己的控制範圍之內，況且回頭無岸，後悔也來不及了，只能一不做二不休，帶領士卒，提王淵人頭直奔高宗的宮殿而去。之後，眾將士殺紅了眼，有仇的報仇有冤的報冤，眾多宦官都被誅殺，唯獨不見康履、藍珪，這兩個是他們的重點目標，不殺掉他們眾將士哪裡肯甘休，殺戮還在進行中。

下朝後疲憊不堪的高宗此時正在寢宮休息。他聽聞外面隱隱有喧嘩聲，皺著眉頭起身想要訓斥。只見近侍慌慌張張地跑進來，高宗知事情不妙，聽來人彙報完外面事情緣由。高宗心道，大事不好，竟不知如何是好。這時宰相朱勝非也趕來高宗的寢宮，高宗稍作喘息，思緒鎮定下來，總這麼等下去也不是辦法，但是此時張浚、韓世忠、呂頤浩等大將都遠在他處，確實是沒有將領可以調遣。君臣二人商量著要出去與苗傅、劉正彥談判。

君臣二人走上城門樓。苗傅、劉正彥帶領士卒趕緊行禮三呼萬歲。自稱「不負國家，止為天下除害耳」然後把將士對王淵和宦官的不滿傾吐給高宗，並要求高宗交出康履、藍珪。高宗這時候也顧不得他人的性命，決定先保全自己再說。命人將此二人送下城，這二人當即被攔腰斬成兩半，那場面，太血腥了，高宗實在不忍心看，背過身去掩面而泣。

害已除，這下苗傅、劉正彥他們總該滿足了吧，高宗的想法太簡單了。誰知他們二人得寸進尺，竟然要逼高宗退位。苗劉二人說高宗無才無德，不思進取，還寵小人罷良臣，根本沒辦法擔當皇帝這個重擔，不如退位。這下可是要了高宗的小命，高宗不再是掩面而泣而是欲哭無淚了。

如苗傅、劉正彥所願，一切按著他們的思路運行著。高宗退位，成了宋朝歷史上最年輕的太上皇。皇太子被推上皇位，太后垂簾聽政，改年號為明受。自此，朝中一切大權都操縱在苗傅、劉正彥手中。

大將張浚此時已經耳聞京師發生兵變的事情了，正準備帶軍平叛，此聖旨對張浚來說等於一紙空文。這時，韓世忠、呂頤浩也整軍趕往京師平叛。

張浚、韓世忠、呂頤浩大軍一到，高宗就下旨討逆。苗傅、劉正彥一路逃跑，但終究為韓世忠所獲，被誅殺是必然結果。

【知識鏈結】

苗傅（?—一一二九），南宋將領。隆祐太后（哲宗趙煦之後）南渡時，苗傅為統制官，駐軍於臨安（今浙江省杭州市）。一一二九年（高宗趙構建炎三年），三月他與劉正彥密謀叛亂，殺同僉書樞院事王淵，請隆祐太后同聽政並遷使與金議和，又逼高宗讓位於欽宗皇太子改元明受。後張浚約韓世忠、張浚、呂頤、劉光世等出兵討之，苗傅被俘被殺。

正義的選擇

正當苗劉叛變之時，韓世忠卻接到聖旨，原來是苗傅、劉正彥以升職為誘惑想拉攏他。與此同時，張浚的書信來了，韓世忠一看，是要其進京平叛的。韓世忠這下猶豫了，魚和熊掌，不可兼得。站在這岔路口，要怎麼抉擇。

高宗雖然不思進取，只知一味南逃，但是畢竟是皇室血統，終究是太年輕，以後的日子還長著呢。苗傅、劉正彥二人此次兵變也是為宗廟社稷，但是他們的做法確實有不妥之處，況且，讓一個三歲的孩子繼承大統，只能是任人擺布，成就不了大業，若他日江山落入他人之手，祖宗創下的基業就要毀於一旦。此外，據韓世忠觀察，苗劉二人，有勇無謀，不過是等閒之輩而已。思及此，韓世忠不再猶豫，立即率兵出發，直奔京師。

韓世忠最先率領大軍進入臨安城，高宗親自出來迎接。苗傅、劉正彥一夥看大勢已去，紛紛外逃。韓世忠率軍誅殺為首叛軍，將投降叛軍收為己用。最後，苗傅、劉正彥也被韓世忠擒拿，並手刃二人。高宗對韓世忠這次的護駕感激涕零，從此信任有加。他親自題寫「忠勇」二字繡在軍旗上贈予韓世忠，又授檢校少保、武勝、昭慶軍節度使。

韓世忠在平定苗劉兵變中立下了汗馬功勞。史載韓世忠，字良臣，是陝西延安人，身材魁梧，風度翩翩，兩眼炯炯有神，是個美男子。韓世忠在村子裡遠近聞名，不僅僅因為是個美男子，更因為他的「異類」。此人年輕時有力拔山河之氣概，天不怕地不怕，沒有被馴服的馬駒，他毫不猶豫大膽騎上去，讓人叫絕。同時，韓世忠還有年輕人的特點，愛打抱不平，遇到不平事總要插一腳，就連官府也沒有被他看在眼裡，搞得官府很是頭痛，常被劃入黑名單。年輕時候的韓世忠喜歡喝酒，經常喝得不省人事，但是這人酒品又不怎麼好，稍有不順就要起賴皮，跟人打起來，因為是家裡的老五，被人戲稱為潑韓五。

某個盛夏的一天，天氣炎熱難當，韓世忠閒來無事，就一個人跑到河裡去游泳了，卻被一條巨蟒給纏住了。這蟒蛇有碗口般粗，長約數丈，若是平常人早就被嚇得哭爹喊娘了，韓世忠卻鎮定自如，握拳拼命往蛇頭上連打數拳，硬是把這巨蟒活生生打死了。韓世忠將這蟒蛇纏到脖子上，往家走去，一路上圍觀的人驚歎不已，對這個年輕的少年刮目相看。韓世忠回家後，將蟒蛇剁成數段，煮著吃了，那個時候，解決溫飽都是問題，能吃上肉更是奢侈。如此美味，讓韓世忠回味了好久。說來也奇怪，韓世忠自吃了蟒肉之後，那一身的癩瘡竟離奇般的好了，這可真是因禍得福。沒有癩瘡的韓世忠，英俊瀟灑，儼然一個美男子。這年韓世忠十八歲，因為他隻身鬥巨蟒的事蹟，韓世忠大名遠揚。此時，恰逢西夏來犯，韓世忠就參了軍。

崇寧四年（一一〇五），韓世忠隨軍抵抗西夏的侵犯，韓世忠打先鋒，一路過關斬將，打敗西夏軍，取得了絕對性的勝利。只是，這次戰功沒有給韓世忠帶來什麼實質性的榮譽。因為當時的韓世忠只是一名小兵，跟朝廷權貴沒有什麼交情，所以上報戰功時，被操縱政權的大宦官童貫所懷疑，最後「止補一資」。後來，韓世忠在戰爭中屢立戰功，但是只是得到一些小恩小惠，仍沒有得到升遷的機會。在那樣一個社會，沒有關係，前途道路就要相對坎坷，鋒芒將露之時，往往就被那些心懷鬼胎之徒扼殺，除非天眷英才。

不久，韓世忠果真得到了上天的眷顧。宣和二年（一一二〇），江南發生了方臘起義，王淵領兵平叛，以韓世忠為副將，此二人一舉擊敗了起義軍。韓世忠又率幾人，乘勝追擊，在山谷中將方臘及其妻兒和軍師一舉捕獲。韓世忠之名被報上朝堂，眾人始知韓世忠。韓世忠因此次戰功官至承節郎，這雖然只是一個低級武官的職稱，但是已經仿若甘露一般給久旱的韓世忠帶來了希望。此時的韓世忠已經不再是那個潑皮無賴了。多年的歷練，讓他從心智上更加成熟，素養上更有內涵。他的追求不再是停留在吃飽喝足那樣的層次了，守邊衛國，大展宏圖，才是他一生的奮鬥目標。

但是，韓世忠沒有在北宋的舞台上伸展拳腳，北宋的歷史以徽宗、欽宗被俘結束。隨後，高宗登基建立南宋。朝代的更替沒有改變韓世忠的追求，韓世忠一路征戰，投入南宋的抗金潮流中。只是，抗金成就了他，也傷害了他。宋本就有重文輕武的傾向，金人入侵迫不得已重用武將，但是宋朝卻充滿著極其的不信任，當武將功成名就，手握重兵又違背了朝堂的意願的時候，結局已經註定。

【知識鏈結】

韓世忠（一〇八九—一一五一），字良臣，兩宋之際的名將。出身貧寒，十八歲應募從軍。英勇善戰，胸懷韜略，在抗擊西夏和金的戰爭中為宋朝立下汗馬功勞，而且在平定各地的叛亂中也做出重大的貢獻。韓世忠曾為岳飛遭陷害而鳴不平，最終因抗疏言秦檜誤國而被貶。

第十四章：戰戰和和

南宋建國以後，仍不時遭遇金軍的南侵，這時朝中形成兩大陣營，以岳飛為代表的力主抗金一派，而暗地裡與金人勾結的秦檜希望以屈辱的議和來平息戰爭。然而，在昏君那裡，正義卻往往不敵奸邪，一心想要精忠報國的岳飛卻遭誣陷被賜死，奸賊秦檜兩面逢源，宋又一次簽訂了喪權辱國的紹興和約。但是，相信歷史會給予每個人公正的評價。

不問蒼生問權位

南宋建國後，金軍也不斷南侵，試圖滅了南宋，擄走宋高宗。然而完顏宗弼率領的金軍卻敗於韓世忠所領宋軍之手，宋軍取得了「黃天蕩大捷」。在又一次金軍南侵戰中，岳飛領軍收復了建康，自此嶄露頭角，名聲大震，岳家軍的大名也不脛而走。

金人狼狽北逃的喜報傳來，高宗欣喜不已，他決定親自接見岳飛，並封岳飛為通泰鎮撫使兼泰州知府，使其歸於張浚名下。照理說，岳飛一舉成名天下知，本應享樂去。但是，非凡人自有非凡處。對於此事，岳飛有自己的想法，岳飛認為鎮撫使這樣的官職對於自己是不公平的。因為，在南宋擔當鎮撫使官員，一部分是英勇抗金，屢立戰功的將領，另一部分是那些本是盜寇頭目，後來被招撫歸順朝廷的人。岳飛在收復建康城中立下大功，卻跟一些投誠的山賊一起被加封，這讓他憤憤難平。

另一方面，岳飛希望自己能夠站在抗金戰爭的最前線，真刀實槍的跟金人拼命。依高宗的旨意，他只能退居幕後管理那一隅之地。岳飛對此是萬分不樂意的，他因此猶猶豫豫，遲遲不願去上任。於是，岳飛就給高宗上表，請求高宗希望能夠給予自己招兵買馬的權利，獨立成軍，以完成收復中原大業。岳飛想以母親、妻子為人質，來換得高宗的信任和支持，給予他自主招兵買馬的權利，以實現他收復中原的志向，盡到作為臣子的義務。

岳飛精忠報國的一番苦心，好不讓人感動。不過這樣的忠心卻沒有打動高宗，高宗對於岳飛的這份中狀置之不理。

岳飛上表的訴求，觸及了高宗的大忌。高宗一直不願意北伐，他認為北伐成功，中原失地得以收復，固然是好。但是北伐成功後，徽宗和欽宗得以歸來，高宗應該將他們安置在何處，高宗又以何自居，這件事情很難處理。朝中大臣的那點小心思高宗是瞭若指掌的，依現在的形式來看，一旦徽宗、欽宗若得歸來，高宗肯定要退位，這可不是他所希望的，他當皇帝雖然窩囊，卻也是樂在其中。

再來，北伐一旦失敗，高宗又要開始流亡的生活。曾經四年顛沛流離的生活，讓高宗體會到了生活的艱苦，高宗再也不想屁股後面有人死纏爛追。嚴重些講的話，還有可能被金軍追著打回來，那半壁江山不保那也未可知。總之，高宗認為，要想保得東南一隅，要想保得皇位穩定，北伐絕對是下下策，不到萬不得已之時，北伐這招是絕對不能夠使出的。

在高宗的心裡早有了上上策，那就是他一直宣導的跟金議和。高宗一直在為這樣的目標奮鬥不息，只要達到這樣的目標，不管金人開出什麼樣的條件也是在所不惜的。北伐阻止了議和的實現，高宗很謹慎地繞過這步棋。

在高宗的心裡，還有一樣事情比金人更可怕那就是農民起義。王雲被人民群眾毆打致死的陰影一直跟隨著高宗，後來洞庭湖地區的鍾相、楊么農民起義更使他目睹了人民群眾的強大和可怕。因此高宗從來都是站在人民的對立面，跟他講相信群眾，依靠群眾，那完全是扯淡。因此，岳飛上任後高宗交給他的首要任務就是去鎮壓農民起義，以穩固南宋政權。

綜其所想，高宗所顧及的不外乎自己的皇位穩固問題，管它什麼國破家亡，管它什麼民間疾苦，這些都靠邊站，不在考慮範圍之列。

宋朝的地方將領，大都擁兵自重，肯為高宗出力的不多。高宗自己可以支配的軍隊更是少得可憐，高宗想要收回兵權又沒有足夠的資本。若是他將地方將領逼急了，輕者要造反，重者要威脅到他自己的性命，未免得不償失。所以高宗一直都在尋找自己的心腹將領，宗澤軍事才能不錯，可惜一心想要北伐，收復失地，迎回徽宗、欽宗，這樣的將才只能採取打壓之策，視情況而用。杜充雖絕口不提北伐之事，可惜才能有限，忠誠不夠，最後竟然向金人投誠。張浚、韓世忠、劉光世這三人以老賣老，高宗對他們是完全壓不住陣腳。

高宗一心想要培養能夠為己所用的將才，當他看到岳飛的時候，見他智勇過人不由眼前一亮，這就是高宗久盼之人。高宗便立即對岳飛大力籠絡，迅速提拔，給予重任，可惜這次高宗還是失望了。岳飛上任伊始就上書表明自己北伐的決心，又一次觸及到了高宗的傷處。

【知識鏈結】

岳飛（一一〇三—一一四二）字鵬舉，南宋抗金名將，南宋中興四將（岳飛、韓世忠、張浚、劉光世）之首。紹興五年，平定楊么之亂。紹興十年，岳飛出師北伐，復潁昌府、河南府等十餘州郡。先後取得郾城、潁昌、朱仙鎮等大捷。紹興十一年，岳飛被誣陷，死於臨安風波亭，有《岳武穆集》傳世。

精忠報國

岳飛，是河南湯陰人。傳聞岳飛出生的時候，恰逢一隻大鳥落在他們家的房頂上，長鳴一聲，展翅高飛。因此，他的父親就給他取名岳飛，取字鵬舉。

岳飛這位後起之秀在對金作戰中英勇擊敵，並收復了建康，高宗對岳飛也是另眼相看，寵幸有加。而且高宗身邊一直缺少值得信任的心腹將領，當看到岳飛，見識了岳飛的軍事才能的時候，高宗心動了，並認定了他，之後為拉攏他而不懈努力。加官晉爵，促膝長談，委以重任，這都源於高宗對岳飛的信任有加。

岳飛聲名鵲起，不過這些遠遠還達不到岳飛所要求的。岳飛要實現自己抗金復中原的志向還需要高宗的支援，為此他不惜以母親和妻子的性命相抵押。岳飛是出了名的孝子，岳飛能以其母為質，這就充分表明了岳飛精忠報國的信念和決心。

劉豫大齊政權建立以後，在宋金之間建立了一個緩衝地帶，使得兩軍在一時之間保持了一個互不侵犯的局勢。其實，金人黃天蕩一戰，確實是被嚇破了膽，再也不敢輕易南下了。高宗南宋政權終得一時平靜，但南宋內部問題卻叢生不斷起來。當前亟待解決的重大問題就是地方遊寇和農民起義，這兩股力量嚴重威脅著趙宋政權的穩定。

紹興元年（一一三一），李成擁兵十萬叛亂，成了南宋的心腹大患。高宗要平叛，卻一時找不到合適的人選。最後他任張浚為江淮路招討使將岳飛的部隊也歸於他的名下，由他指揮。

李成所率部隊本是一支遊寇，在建炎三年被劉光世打敗以後接受招撫，高宗任命他為舒州鎮撫使。可惜李成接受招撫以後，本性未改，立即叛亂，他重操舊業，到處劫掠。李成的一個謀士，勸他「順流而過江陵，號召江浙，一貫天意」，李成猶猶豫豫，雖然沒有及時採納，但是顯然已經動心。李成趁金人南下，佔領了江淮數郡土地。李成之意，如司馬昭之心路人皆知了。李成要自立朝廷，南宋自然不能容他。

岳飛的部隊率先趕到，此時，江州城已經被李成部將馬進攻破。岳飛部隊退居洪州，張浚也率軍趕到。馬進與張浚所率士卒，相持半月之久，兩軍誰都不敢率先出兵。這是兩軍的耐性戰，張浚表現的戰戰兢兢，惶惶恐恐，馬進樂不勝收，認為張浚怯戰。又這麼耗了半月，馬進實在是等不及了，就命人送來大字書信，等於下了戰書。張浚一看，心裡竊喜，馬進如此心高氣傲，驕兵必敗，就恭恭敬敬地寫了一封回信，信中用語也是小心翼翼，一副可憐樣子。馬進看了回書，樂的屁顛屁顛，更加不把張浚放在眼裡。岳飛這邊卻有所行動了，他率軍給馬進一個出其不意的打擊，在張浚密切配合下，將馬進打了個措手不及，狼狽逃走，卻為追兵所殺。李成看馬進兵敗，就率領餘部投奔劉豫，成了劉豫的得力爪牙。

張浚班師回朝，岳飛便留在洪州平叛李成餘部。岳飛此次可謂收穫頗豐，被任命為神武右副將軍，高宗命令原洪州知府任士安的兵馬都交給岳飛統率，因此岳飛實力增加了不少。除了這些實際的恩惠外，岳飛還得到了名譽上的獎勵，高宗親自書寫「精忠岳飛」製成軍旗贈給岳飛。岳飛意氣風發，十分感謝高宗的知遇之恩，心中更是堅定了自己精忠報國的信念。

建炎四年（一一三〇）孔彥舟鎮壓湖湘地區農民起義軍。領導人鍾相和鍾子昂被殺害，楊么接管了他們的職位，在洞庭湖地區建立了大楚政權，自稱「大聖天王」又一次舉起了起義的大旗。

楊么公然建立政權，高宗不能容忍。高宗慌忙調兵鎮壓，屢次鎮壓，屢次失敗。最後，高宗想到了岳飛，他忙將岳飛招來，命他去洞庭湖鎮壓。

紹興四年（一一三四）岳飛到洞庭湖以後，採取分化瓦解的戰略，先是招降楊么親信，然後來個裡應外合，一舉將其打敗。楊么被捕，不肯投降，投水而亡。在鎮壓過程中，岳飛多次告誡士兵，不可濫殺無辜。此次岳飛收編精兵五、六萬，岳家軍的實力大增，名聲大震。

這邊戰事剛結束，岳飛被任命為鎮南軍承宣使、江南西路舒蘄制置使兼黃復州漢陽軍德安府制置使，高宗命其收復襄陽地區。襄陽六郡不出三個月，被岳家軍收復。高宗聽聞此捷報，不由得一驚，然後興奮地手舞足蹈。他萬萬沒有想到，岳家軍竟有如此破竹之勢，高宗對岳飛的信任又提升了一層。

高宗當即提升岳飛為清遠節度使、湖北路荊湘潭州制置使，後來又晉封為武昌開國侯。當著群臣的面，高宗給予岳飛史無前例的評價「有臣如此，朕復何憂，進止之機，朕不中制」。後來又把岳飛拉到寢宮，無比信任的委以重任「中興之事，悉以委卿」。

可以說，這個時期高宗與岳飛君臣二人的關係已經到了無可附加的地步。只是物極必反，隨著二人的相互瞭解，達到頂峰的信任卻逐漸滑向起點。兩人到如此田地，到底孰是孰非？

【知識鏈結】

鍾相楊么起義指的是南宋建炎四年鍾相、楊么等率眾於洞庭湖區起義。三月，遭宋潰軍游寇集團孔彥舟部鎮壓，義軍奮力抗擊獲勝。南宋紹興三年，義軍建立楚政權。起義一直維持了六年，最終為岳飛所率領的起義軍所擊敗。

口蜜腹劍

秦檜，江寧人，曾入太學學習，拜奸相汪伯彥為師，後成為汪伯彥的得意門生，有其師必有其徒。秦檜年少時就工於心計，善玩陰術。在太學學習時，得「秦長腳」這樣的綽號，因為他表面上與人和和氣氣，是個典型的笑面虎，背地裡卻總愛打小報告，挑撥離間。

徽宗政和五年（一一一五），秦檜中進士，一個算命先生看了他的面相後，對人講「此人他日必定誤國害民，天下同受其禍，其權愈重，其禍愈大」。若干年後，秦檜專政相權，他飛揚跋扈，殘害忠良，力主議和，致使南宋統治恐怖至極，真是印證了此話。

金兵南下，無奈之下徽宗傳位於欽宗。朝臣分化，主戰派和主和派爭持不下。秦檜權衡利弊，游離於主戰派和主和派之外，這樣對任何一方都不得罪，反倒是成了兩派爭相拉攏的香餑餑。秦檜在兩派鬥爭中漁翁得利，最後任何一派得勢或者是失利，都於己無礙，秦檜這一招確實是高明。

金人攻下開封，擄走了徽宗、欽宗，為防止趙氏東山再起，金人欲立張邦昌為帝。正統觀念根深蒂固的眾朝臣義憤填膺，紛紛反對，身為御史台長官的秦檜被推到了浪尖上。此時的秦檜，退也不是，進也不是，左右為難。箭在弦上不得不發，不得以秦檜向金人上書反對立張邦昌為帝。秦檜的上書儼然一副金人軍師的嘴臉，分析了立張邦昌為帝的不可行之處，博得了金人的好感。

金廷雖未採用秦檜的意見，但是完顏宗翰對其非常賞識，認定秦檜為可用之才，遂攜其一起北上。秦檜審時度勢認為好漢不吃眼前虧，就跟隨完顏入了金營，隨即向金人伸出了橄欖枝表現出了極大的忠誠，對金人之命更是言聽計從。

秦檜溜鬚拍馬屁的功夫爐火純青，一番馬屁拍下來，令金太宗雲裡霧裡，倍感舒適。太宗一高興，就將其賜予其弟完顏昌。秦檜自是感恩戴德，更是盡力出謀劃策，以報知遇之恩，此後，秦檜完全變成金人的走狗。

此時金人幾度南下欲抓高宗不能，又被宋軍重創，狼狽北逃。面對宋朝軍民突然爆發出來的實力，讓金廷意識到滅南宋之事不是輕而易舉就可以辦到的。他們必須改變策略，於是「以和議佐攻戰，以鑒逆誘叛黨」的口號閃亮出爐。

裡應外合那是最好的策略，若在宋廷之內安插一內奸，那是最好不過的了。可若找這麼一個合適人選卻是不容易的。正當金國朝臣一籌莫展之時，秦檜挺身而出，他信誓旦旦一副胸有成竹的氣勢，那架勢似此重擔非他不能擔當。秦檜經受住了金人的考驗，金太宗認為其忠心可鑒，謀略有餘，值得信賴，遂將其遣送入宋。

秦檜入朝，很快得到高宗信任和重用。其實朝中對他身分持懷疑態度的不在少數，害怕他是金人派來的奸細，卻也提不出有力的證據，但寧可信其有不可信其無。高宗卻不管這一套，因為秦檜此次歸來，為高宗帶來了福音。

秦檜自詡入金多時，聽聞金人有議和之象，並一手承擔下議和事宜。對於議和，高宗一直心嚮往之，只是事與願違，他幾次伸出橄欖枝都被金人無情的以炮火回應。高宗一度垂頭喪氣，秦檜的歸來為他點燃了希望之火。高宗聲稱「檜樸忠過人，是一個難得的佳士，朕喜得之而不寐。」

秦檜先是被任命為禮部尚書，卻辭而不受。此乃秦檜的一點小伎倆，秦檜要放長線釣大魚，意在謀取更高的職務。高宗一聽這些話，頓時來了氣，秦檜是何許人，竟如此不知好歹，但是求人辦事，正所謂人在屋簷下，不得不低頭。高宗壓下一肚子的怨氣，好言相勸，又以高官相賄賂，秦檜心裡樂開了花，表面卻不動聲色，幾番推辭後應允。不久，秦檜就被升為參知政事，此乃南宋副宰相，其升職之快，真是前所未有。

這日，已經位高權重的秦檜心中算計起來，位高才能權重，金人賦予他的使命時刻敲擊著自己，獨攬朝政大權那樣才好辦事。秦檜眼睛一轉，頓來一計，他想到了范宗尹。此時正在家中品茶的范宗尹不知是否感到後背一陣陰風。范宗尹本是秦檜的同窗好友，在秦檜歸來眾臣對其懷疑之時，范宗尹極力為其辯護，秦檜入朝伊始，范宗尹也十分照顧。可秦檜卻不念舊情，向高宗參奏其私下斥責當今聖上濫賞無度，更是居心叵測。高宗時值寵幸秦檜，聽信其言，將范宗尹罷免。秦檜順理成章坐上了宰相之職，這樣，大權在握的秦檜肆意妄為，無往不利，高宗也與議和之路漸行漸近。

【知識鏈結】

秦檜（一〇九〇—一一五五），字會之，宋朝江寧府（今江蘇南京）人。中國歷史上十大奸臣之一，因以「莫須有」的罪名處死岳飛而遺臭萬年。宋徽宗政和五年（一一一五）登第，補密州（今山東諸城）教授，曾任太學學正。北宋末年任御史中丞，與宋徽宗、欽宗一起被金人俘獲。南歸後，任禮部尚書，兩任宰相，前後執政十九年。

屈辱議和

秦檜回南宋不久，金朝的大權又由主戰派完顏宗弼掌握，於是再一次南侵。宋將劉錡於順昌取得了大捷，以少勝多，但是卻因高宗旨意而歸，錯失良機。面對來勢洶洶的金軍，高宗卻想要議和。這遭到了岳飛的反對，於是高宗做出讓步，允許岳飛北上抗金，不負眾望的岳家軍多次擊敗金軍。然而，最終卻因為高宗多次班師詔而撤軍。更讓人想不到的是，累累戰功卻為岳飛招來殺身之禍，一代名將就此冤死。自此高宗全心全意準備議和。

縱觀高宗登基以來，最上心的一件事情就是議和。高宗十幾年不改志向，其推動他如此的內在動力是什麼，這不得不讓人疑惑。在建國伊始，實力弱小，不足以與金相抗衡，以乞和為緩兵之計這還有情可原，但是現在名將層出不窮、橫空出世，又兵強馬壯，北上抗金收復失地是大有希望，可是高宗卻仍要不遺餘力地乞和，這裡面的道理卻讓人難以猜測。

唯一能夠站得住腳的解釋就是，高宗總是在力求自保，從來沒有把中興大業放在心上。高宗的親身經歷讓他明白了一件事，武將不可信，亦不可以全力依賴。靖康之亂時，眾武將眼睜睜地看著皇室被俘虜一空而無動於衷。高宗在逃命之時，更鮮有武將護駕，他在苗劉之變中又險些喪命，這些血淋淋的教訓，高宗記憶猶新。此外，抗金必然會使部分武將實力膨脹，他們憑著戰功，聲望日高，以至於聲高蓋主，難保有朝一日他們不造反。只有持之以恆地走議和之路，才是高宗眼中最無奈的卻是最好的選擇。

秦檜一直追趕著完顏宗弼商量議和之事，完顏宗弼左閃右閃，總是閃爍其詞。這讓秦檜摸不到頭腦，搞不清楚他的真實意圖。其實，完顏宗弼心中已經打好議和的主意，他這麼做的目的在於吊住高宗的胃口，以表現出萬般不情願來換取更豐厚的交換條件。

完顏宗弼幾次南下，都是碰了一鼻子灰，在遭遇極大的創傷後狼狽撤兵，當年那種意氣風發的氣勢已經一去不復返，好漢已提不起當年勇，完顏宗弼徹底覺醒宋軍已經不是當年那群任人欺凌的小嘍囉了，若是再打下去，宋軍有可能會打到自家門口，那時的結局肯定會是慘不忍睹。

完顏宗弼雖然是武將，但他卻極具有政治戰略眼光。他知道再這麼打下去不是上策，便改變了策略，以議和誘降，獲取更大的好處。他先是放回被擄走的南宋官員，這用意十分明瞭，這是要與宋議和的徵兆。

高宗聽聞完顏宗弼有議和之意，自是喜不勝收，趕緊張羅議和事宜，派人攜帶重金到完顏宗弼去商洽議和之事，此次去議和的官員是劉光遠、曹勳二人。為表議和誠意，高宗命令在長江以北的軍隊都撤到長江以南，撤銷中原地區防務，還命令張浚到長江沿岸視察，以確保各路將領按旨意辦事，以保證議和大業順利進行。宋軍既然已經退回長江以南，完顏宗弼率軍攻佔長江以北地區，如入無人之境，絲毫未遇到抵抗。

然而高宗派去的使臣卻垂頭喪氣歸來，原來完顏宗弼認為劉光遠、曹勳二人官職太低，不足以跟他談判，讓他有失身分，「當遣尊官右職，名望夙著者持節而來。」只要肯議和，在高宗看來，一切問題都不是問題。高宗又派魏良臣和王公亮這兩位官位較高的使臣前去，此二人帶去的高宗旨意是只要金肯議和，其條件全憑完顏宗弼提，悉聽尊便，高宗投降賣國的嘴臉一覽無餘。

魏良臣和王公亮二人又是狼狽而歸，此次事情的癥結在於岳飛。高宗、秦檜已經透過栽贓陷害將岳飛關入大牢，但完顏宗弼之意是「必殺岳飛，而後和可成」，原來岳飛不死，完顏宗弼就惴惴不安。高宗、秦檜一不做，二不休，遂賜岳飛毒藥，將其毒死，張憲、岳雲也被斬首。

議和的一切障礙都已除，而高宗對於完顏宗弼的條件又全盤接受，這議和之事就輕而易舉了。紹興十一年（一一四一）南宋與金終於簽訂了合約，史稱「紹興和議」。對於南宋來講，這完全是一份投降的合約，但高宗卻樂得合不攏嘴。對此，他大擺慶功對此次議和的功臣秦檜大大讚賞，加封他為太師，魏國公。「紹興和議」的內容可以歸納為：

一、宋高宗向金稱臣，並且是世代為臣。

二、宋金兩國以淮水為東邊界，西以大散關為界。

三、宋每年給金白銀二十五萬兩，絹二十五萬匹。

四、宋割地唐、鄧州及商、秦的一半給金。

五、金歸還死去的徽宗以及高宗生母韋氏。

紹興和議之後，宋金南北對峙的局面最終確立下來，高宗以稱臣、割地、納貢等巨大的代價換回了偏安一隅的夢想和死去的徽宗及其生母韋氏。

【知識鏈結】

完顏宗弼（？—一一四八），金朝名將，開國功臣。本名斡啜，又作兀術、斡出、晃斡出，太祖完顏阿骨打第四子。天會三年（一一二五），隨軍攻宋，克湯陰（今屬河南），參加圍攻東京（今開封）。六年，率軍攻山東，擊敗宋軍數萬，連克青州、臨朐（今均屬山東）等城。七年，復率軍攻宋，先後在大名（今河北大名南）、和州（今安徽和縣）擊敗宋軍。此後一直是金國主攻派的代表，並領導了多次南侵，戰功赫赫。

有志於抗金的孝宗

紹興二十九年（一一六〇），南宋與金兩軍又再次大戰於採石磯，宋軍在書生虞允文的指揮下以少勝多。高宗卻又要選擇議和，還想要效仿徽宗，臨危授命，將皇位傳給繼承人，自己舒舒服服做太上皇。紹興三十二年（一一六二）高宗退位由太子趙伯琮繼承大統，是為孝宗。

宋孝宗趙昚（音慎），是太祖趙匡胤的七世孫，是由趙德芳一支傳承下來的。孝宗即位以後，一改趙構的作風，他先是下詔為岳飛父子平反，重新起用被秦檜罷黜的大臣，驅逐秦檜黨羽，又召集主戰派將領，委以重任，張浚、張燾、王十朋相繼入朝。孝宗此舉是想要重振國威，內安朝政，外抗金寇，收復中原失地，雪恨報仇。

孝宗自始至終有志於抗金大業，所以他對於主戰派將領心存好感，尤其對於岳飛、韓世忠這樣的名將更是欽佩，也因此他對於卑躬屈膝的秦檜之流則極為看不上眼。孝宗自即位伊始便為岳飛冤案平反，還其舊職「以禮改葬，訪求其後，特與錄用」。

在給岳飛平反的同時，還有一件事情在緊鑼密鼓進行著，那就是北伐。孝宗一心北伐，北伐當然要有將領兵，可是縱觀朝廷將領，卻沒有一個合適人選。這真是讓人感慨，高宗趙構掌權時，名將層出不窮，將領要戰，皇帝不允許，可是到了趙昚這一代，皇帝要戰，卻沒有將領可派遣。孝宗趙昚感慨交集，困難重重，再次把朝中將領細數一遍，還真有個人物被孝宗數了出來。孝宗激動萬分，似乎北伐勝利的曙光片刻就要到來一般，此人是誰，正是當年跟岳飛、韓世忠齊名的將領張浚。

且不論張浚此人曾陰謀瓜分韓家軍、夥同秦檜陷害岳飛的齷齪行為，張浚的治軍才能還算過關，確實有兩把刷子。不然他怎能跟名將岳飛、韓世忠齊名。自從趙構登基就一直跟隨，屢立戰功，為高宗立下了汗馬功勞，在朝中頗有威望，金人對他也有幾分忌憚，趙構任其為知樞密院事。但是他後來不知怎地竟被秦檜收買，跟隨秦檜幹起了害人的勾當。只是秦檜這號人六親不認又逢得勢，只要讓他稍有不順心，那就離倒楣不遠了。張浚畢竟是武人出身，終究是心計不足，無論怎樣地小心，還是被秦檜趕下了馬。下馬的張浚結束了輝煌，過苦日子去了。

孝宗立即命人將張浚請來，對其功績一番稱讚，封其為少傅、江淮東西路宣撫使，後來又任命他為樞密使。孝宗趙昚將北伐大業希望寄託在張浚身上。張浚許久未受到這樣的禮遇了，看孝宗如此信賴自己，更是激動的老淚縱橫。受孝宗如此仰仗的張浚唯有幫孝宗完成抗金大業，才能報答後者的知遇之恩。張浚不顧年老，打算率軍親征。

俗話說得好，人多力量大。況且張浚一人領兵，這仗也是打不來，張浚就向孝宗推薦了一批領軍人才，虞允文、張燾、陳俊卿、王十朋都在列，孝宗此時正愁沒將領可調遣。張浚此舉正合趙昚心意，趙昚一一起用。就這樣，北伐的戰前準備就就緒了。

可是孝宗似乎想得太簡單了，即便他與張浚兩人一拍即合，朝中還有大量主和派，他們的意見也是不能忽視。首先站出來的是史浩——孝宗的老師。史浩對孝宗來說不同尋常，在立天子事宜上史浩是出了大力，幫了大忙，要不是聽從史浩的建議，還不知道坐在皇位上的人是誰呢。而且在即位之初，孝宗所做事宜都得到了史浩的積極支持，所以孝宗對史浩不僅是敬重還有感激，他的意見更是不容忽視。

史浩跟張浚在戰略方針上存在很大差異，史浩認為如今比較穩妥的方法是退守長江以北，放棄兩淮地區，先保住南宋小朝廷的安全，再考慮北伐的事情，然後他又以兵力不足，經費不足，將領無才為由阻擋北伐。其實史浩所說也不無道理，此時南宋兵力確實難以支撐北伐，國庫經費已經被揮霍一空，這些都是要亟待解決的問題。只是放棄防禦兩淮卻缺乏戰略眼光，兩淮是長江屏障，兩淮一失，長江就難以保障了。

張浚、史浩兩人據理力爭，大戰五晝夜，誰也說服不了對方。最後，兩人跑到孝宗那裡去評理。孝宗當然是力主北伐的，只是史浩是自己的老師，怎麼好當面回絕。好言相勸一番，打發史浩回去，卻秘密跟張浚討論其用兵的事情來。

【知識鏈結】

趙昚（一一二七—一一九四），即宋孝宗，宋太祖七世孫，南宋第二位皇帝，在位二十七年。宋孝宗在位期間，孝宗平反岳飛冤獄，起用主戰派人士，銳意收復中原。在內政上，孝宗積極整頓吏治，裁汰冗官，懲治貪汙，加強集權，重視農業生產，宋孝宗專心理政，百姓富裕，五穀豐登，太平安樂，史稱「乾淳之治」。

抗金失敗也議和

剛登基的孝宗一心要收復失地，想要派兵北伐。隆興元年（一一六三）春，孝宗以張浚為總統帥，以李顯忠和邵宏淵為領兵大將，開始了南宋歷史上首次主動向金出兵的北伐。此次擬定的作戰計畫是兩員大將各取靈璧和虹縣，然後兩軍合力攻取宿州。

孝宗命李顯忠攻靈璧，邵宏淵攻虹縣，兩人都希望能立下大功嶄露頭角，因此領兵打仗起來就特別來勁。戰場上最令人稱畏的就是有了動力和目標明確的將來，此刻的兩人意氣風發，頗有初生牛犢不怕虎之勢。

宋軍兵分兩路，憑其英勇無敵的氣勢，不久就打得金人潰散而逃。此時的金軍已無當年氣勢，宋軍節節勝利。靈璧、虹縣相繼被攻下，李顯忠、邵宏淵兩人洋洋自得，金人也不過如此而已。這種輕敵的情緒在軍中逐漸蔓延，不過這似乎是不祥徵兆的開始。

李顯忠攻克靈璧便乘勝率軍向宿州挺進，一鼓作氣，將宿州拿下。此時的邵宏淵還在虹縣與金軍周旋，宿州大捷的消息傳來，邵巨集淵剛剛得以從虹縣脫身，宿州大捷的功勞就歸於李顯忠的名下了。這邵宏淵本就度量不大，況且此次領兵就沖著出名而來，此刻卻讓李顯忠得了頭號功臣，心裡充滿了窩囊氣，對李顯忠更是耿耿於懷。

不管怎樣，宋軍大勝，孝宗自是十分高興。先是給李顯忠頒發了嘉獎令，將其升為淮南、京東、河北招討使，任邵宏淵為副使。這一下邵宏淵的火氣一下子來了，他心中十分不服，怒氣衝天的邵宏淵頓時心生退意。

打了勝仗又升了職的李顯忠，被勝利沖昏了頭腦。他自從攻下宿州，就停滯不前了。他既不作防禦也不整頓軍隊，卻終日沉浸在慶功的喜悅之中，與部下不停飲酒作樂，使得軍隊紀律鬆弛士氣低下。就在宋軍內部問題重重，讓人應接不暇的時候，金軍已在失敗中清醒過來，金軍做好準備，整頓軍備，調兵遣將，準備下一輪的反擊。

金軍到來，讓宋軍驚慌失措，頓時亂作一團。宋軍哪裡有什麼戰鬥力可言，面對金軍只有紛紛潰逃。李顯忠還算保持幾分理智，他急率部下抵抗，可是此時宋軍竟有大半逃跑。在這關鍵時刻邵宏淵仍不肯放下個人恩怨與李顯忠合作，徑自在一旁落井下石。

李顯忠孤軍難戰，棄城而逃。

戰敗的消息傳到朝廷，等著看好戲的主和派冷哼一聲，終於如願以償。孝宗和張浚君臣二人唉聲歎氣，在群臣面前丟盡了顏面。此時正是主和派站出來說話的最佳時機。

北伐的慘敗使孝宗收復中原的雄心嚴重受挫，他在主和派的壓力下，先是下詔罪己，然後罷免了張浚樞密院使職務，最後詔湯思退入朝。顯而易見，孝宗這一系列的舉動都表明了其向主和派靠近的傾向。果不其然，孝宗終於支撐不住，他向主和派妥協了。他派盧仲賢到金商洽議和方案。盧仲賢帶著孝宗的期望沉重地上路了，盧仲賢愁眉苦臉感覺此次任務艱巨，很可能是有去無回。全因為孝宗的要求太高，他希望不割地，不稱臣，打了敗仗，還如此囂張，這議和怎麼談。盧仲賢到了金國，此條件一出，完顏雍立即拍了桌子，勃然大怒，將盧仲賢掃地出門。盧仲賢帶著金人的條件風塵僕僕地回來了，總算是撿回了一條性命。

金人此次打了勝仗，胃口當然很大，除將兩國的君臣關係改為叔侄關係外，一概照紹興和議的條款而定。割地完全在孝宗的底線之外，金人實在是小看了孝宗了。如此條件孝宗毫不猶豫地拒絕，並把盧仲賢交給大理寺處理。

正當孝宗煩悶之時，金人再度南下，他此時卻無兵可調，因為主和派充斥著朝廷，並不聽從他的調遣。在金人的軍事脅迫下，孝宗無計可施，不得不接受金人提出的議和條款。

隆興二年（一一六四）底，宋迫於形勢，無奈與金簽訂和約，史稱「隆興和議」。內容歸納為三個方面：

一、宋金不再以君臣相稱，改成叔侄關係，宋主稱金主為叔父；

二、宋向金每年納銀五萬兩，絹五萬匹；

三、宋放棄收復的海、泗、唐、鄧、商、秦六州。

「隆興和議」的簽訂，是宋金勢均力敵的結果，金人雖然打了勝仗，但內部卻也是矛盾重生，金世宗完顏雍吸取完顏亮南侵的教訓，決定「攘外必先安內」。「隆興和議」後，孝宗更是奮發圖強，養精蓄銳，積極整頓軍政，準備一鳴驚人。

【知識鏈結】

李顯忠，南宋將領。初名世輔，後賜名顯忠。少年時便隨父征戰金人，金兀術進犯河南，李顯忠作為招撫司前軍都統制，與李貴一起攻破靈壁縣。金兀術又進犯合肥，李顯忠支援張浚。

隆興和議，這是南宋與金訂立的第二個屈辱和約。紹興三十一年（一一六一），金海陵王完顏亮兵分四路南侵，卻在採石磯遇到了虞允文的頑抗，同時金世宗完顏雍在遼陽稱帝，金兵也發生了嘩變，完顏亮被殺，南下之金軍也無功而返。初登位的完顏雍無力對外用兵，故派出使臣首先提出和議。而此時由於宋孝宗繼位之後，張浚北伐，遭到了符離之敗，為主和派抓到了口實，並且暗示金人將出兵兩淮，以迫和議。隆興二年（一一六四），金兵果然大規模南下，迫近長江，宋廷最終決定與金重新議和。

第十五章：權臣欲挽狂瀾

面對內憂外患，南宋王朝似乎早已應接不暇，禍不單行，又有木偶皇帝當政，皇權為奸臣韓侂胄所握。繼位的理宗卻有個中興救國夢，在與蒙古合作共同滅金後，試圖透過端平入洛來收復故都，誰料事與願違，不僅沒有達成目標，反而自此與蒙古結下仇怨，進而開始了漫長的抵禦蒙古侵略的艱辛之路。

紹熙內禪

兩宋歷史上，皇帝大多無能，而奸臣當道，禍國殃民。儘管如此，宋朝還是持續了三百多年，很大的功勞應歸於歷朝歷代少數忠直賢良的臣子，而趙汝愚就是其中之一。說起趙汝愚的一生，頗有些跌宕起伏的意味。趙汝愚是宗室成員，按照祖宗立下的祖法，宗室之人是不可以做宰相的，但是趙汝愚卻成功開創了此先河，高居宰相之職，但正所謂高處不勝寒，出盡風頭的他遭人妒恨，在成為宰相短短半年之後即受人陷害，被貶死他鄉，一朝繁華落盡，一代賢臣隕落。趙汝愚從小就刻苦學習。十年寒窗苦讀，使他終於年紀輕輕就考取了宗室進士第一，一鳴驚人。在他任職以後，先後在孝宗、光宗時期都有相當出色的政績。兢兢業業的他贏得了統治者的信任和賞識，也贏得了眾多有識之士尤其是道學家的支持和擁護，仕途一帆風順。然而使他最終登上宰相之位的還是紹熙五年的「紹熙內禪」事件。

光宗由於身患精神疾病，無法處理朝政並長期不去看望已退居太上皇的父親宋孝宗。紹熙五年，孝宗去世，在李后的挑唆下，宋光宗拒不出面主持喪禮，也不為父親守孝，以致「中外訛言，靡所不至」，南宋政局陷入了一片恐慌之中。

這種混亂的局面不能長久，必須當機立斷。無奈之下，趙汝愚就去求宋高宗的吳皇后垂簾聽政，出面代行祭奠禮。工部尚書趙彥逾向趙汝愚提議：根據光宗的手書御批：「歷事歲久，念欲退閒」，決策內禪，讓光宗下台，傳位於皇子趙擴。趙汝愚首先想到的就是韓侂胄，因為，要想改朝換代，必須名正言順，要名正言順只有請還健在的垂簾聽政的太皇太后吳氏出面宣布才是。

韓侂胄是名臣韓琦的曾孫，他的母親是太皇太后吳氏的親妹妹，他的妻子又是太皇太后的親侄女，他就是最親近的國戚，由他出面到太皇太后面前去說服，會更有效果。第一次韓侂胄出來，傳出太皇太后的口諭「要耐煩」，意思是要沉得住氣。看來，太皇太后並不著急。但是，時不我待，局勢一刻也延誤不得。趙汝愚又催促韓侂胄再去宮中說明時局的嚴重性和內禪的重要性。吳氏考慮再三，終於傳諭趙汝愚，決策內禪，讓光宗皇帝讓位於皇子嘉王。

《孟子・萬章》篇稱：異姓之卿，「君有過則諫，反覆之而不聽則去」；同姓之卿，「君有大過則諫，反覆之而不聽則易位」。面對這種局面，宰相留正作為異姓之卿，見勢不妙，立即逃出臨安城去。而身為樞密使的趙汝愚作為同姓之卿，則不能一走了之，只得「易位」，終於在孝宗喪禮期間，逼宋光宗退位，擁立光宗的兒子嘉王趙擴為帝，這就是史上著名的「紹熙內禪」。

趙汝愚力挽狂瀾，擁立寧宗繼位，促使政權轉危為安，進而得到了寧宗的信任。在寧宗的支持下，趙汝愚得以擔任右丞相，執掌朝中的大事，成為宋代歷史上唯一一位宗室宰相。在趙汝愚之前，宋朝還沒有出現過同姓為相的先例。照理來說，趙汝愚如果要為自己留條後路，就應該迴避此事。但是百廢待興，趙汝愚又是以忠直賢良而聞名的一個人，以振興天下為己任，就未加思索便走馬上任了。殊不知，這為以後想設計陷害趙汝愚的人留下把柄。

寧宗登基後，出現了短暫的和平狀態。但不久後，朝臣之間就開始了新一輪黨爭。趙汝愚因擁立有功，任樞密使，兼任右相；韓侂胄則任樞密院都承旨。韓侂胄是國戚，是寧宗韓皇后的叔祖。當內禪大功告成後，寧宗要推恩，韓侂胄是很想坐上高位的，但是趙汝愚卻說：「我是宗室之臣，你是外戚之臣，怎可論功求賞？」韓侂胄很失望，怏怏不樂。二人之前關係就不好，在「紹熙內禪」中因利益而臨時結成的聯盟，由於沒有實現利益均分，很快便土崩瓦解了。

趙汝愚執政後的第一件事，就是推薦朱熹為煥章閣侍制兼侍講，名為宋寧宗講道學，實則是要與朱熹合力排擠韓侂胄。韓侂胄、京鏜一派與趙汝愚、朱熹一派展開了激烈的明爭暗鬥。

然而，趙汝愚對韓侂胄沒有給予足夠的重視，對於道學派內部的矛盾也沒有很好地進行協調，這些因素使得他在黨爭過程中連連失利。韓侂胄一派最終獲勝，京鏜隨之升任右相，韓侂胄加開府儀同三司，權位重於宰相。趙汝愚的宗室身分也為奸人所利用，產生了負面作用，引起了寧宗的疑慮，在韓侂胄一黨的連續打擊之下，朱熹、趙汝愚相繼被罷免出朝。而趙汝愚在貶斥途中生病，到達衡州（今湖南衡陽）時為守臣錢鍪窘辱，暴死於他鄉。一代忠臣就這樣灰飛煙滅，實在是可悲可歎。

【知識鏈結】

趙汝愚（一一四〇—一一九六），字子直，饒州餘幹人，宋代漢恭憲王元佐七世孫。寧宗即位後，命汝愚兼代參知政事，特進右丞相樞密使。推辭不就，並請召還留正，遂與留正共同輔政。後遭奸邪誣陷，被罷黜。著有《忠定集》十五卷、《太祖實錄舉要》若干卷、《類宋朝諸臣奏議》三百卷等。

木偶皇帝寧宗

前面說到寧宗一朝，韓侂（音託）胄、京鏜一派與趙汝愚、朱熹一派展開了激烈的明爭暗鬥。結果是朱熹、趙汝愚相繼被罷免出朝，於是朝中由韓侂胄一派掌握大權。寧宗是如何淪為韓侂胄的牽線木偶的呢？在紹熙政變中，趙汝愚由於利益需要同本與他關係不是很好的韓侂胄結成同盟，並約定好事成之後會論功行賞。在擁立寧宗為皇的過程中，韓侂胄發揮了重大作用，原本期待著升官發財的他卻被趙汝愚來了個當頭棒喝。由於趙汝愚擁立有功，被提拔為宰相。新官上任三把火，趙汝愚執政後的第一件事，就是推薦朱熹為煥章閣侍制兼侍講，為宋寧宗講道學，並乘機大量提拔任用道學派信徒。而之前論功行賞的約定也未秉承公平，他的這種只顧及本集團利益的行為徹底惹惱了韓侂胄，這成了兩人關係破裂的導火線，兩人之間繼而展開了激烈的明爭暗鬥。

韓侂胄對趙汝愚恨之入骨，欲除之而後快。他知道要戰勝趙汝愚，必須要從他身邊的人下手，於是便將目光瞄準了寧宗身邊的朱熹。朱熹到臨安後，立即與趙汝愚結為死黨。韓侂胄因為力主抗金，得到參知政事京鏜等主戰派官員的支持。韓侂胄、京鏜一派與趙汝愚、朱熹一派很快便拉開了戰幕。朱熹在趙汝愚的推薦下入朝做了侍講之後，抓住一切時機向寧宗灌輸「存天理、滅人欲」等理學觀念。然而宋寧宗趙擴愛好詩詞書法，對政治缺乏興趣，對朱熹的大道理也無太大興趣。韓侂胄深知寧宗對朱熹很反感，便利用這一點大做文章。他讓宮中的唱戲的伶人刻了一個峨冠大袖的木偶，借給寧宗獻演木偶戲的機會，故意模仿朱熹的舉止。將朱熹平常對寧宗講解修身治國之道時的樣子刻意進行搞笑，以此來貶低和羞辱朱熹。這一招很有效，寧宗在其慫恿下，將朱熹趕出了京城。一代大儒朱熹從入朝擔任寧宗經筵侍講到離去只有短短的一個半月時間，可見韓侂胄的手段實非一般，藉此他也成功邁出了排擠趙汝愚的第一步。

由於趙汝愚得罪了很多人，韓侂胄就利用這一點，想盡辦法將這些人拉攏到自己的派營中，大肆結黨營私。他大力打擊道學派，於慶元三年（一一九七）發動「慶元黨禁」，宣布道學為「偽學」，誣陷趙汝愚、朱熹、彭龜年等五十多個道學名流為「偽學逆黨」，大肆打擊。

趙汝愚不幸在此次政變中遭迫害，客死他鄉。而所有道學門徒及其同情者一律被剝奪參加科舉考試的資格，在全國嚴禁傳播、談論道學思想。韓侂胄運用此等卑劣手段將趙汝愚一派剷除之後，朝堂之上已無人能與他抗衡，便一步登天。開禧元年（一二〇五），韓侂胄已累官至太師、平原郡王、平章軍國事，位在宰相之上，成為名副其實的大權臣，一人之下萬人之上，呼風喚雨，無所不能。他利用自己職務之便，勾結宦官和後宮，或對御筆的批示施加影響，或在御筆的傳達過程中上下其手，讓御筆成為自己利用的工具，甚至假造御筆，代行皇帝之權。另一方面則大肆引薦黨羽進入台諫，控制言路。如此一來，對寧宗的控制變得變本加厲。

其實，寧宗淪為韓侂胄的牽線木偶，也是兩人各取所需的結果。寧宗愚鈍，無心於江山社稷，為了撇清繁雜的政務，逃離每天等待他批閱處理的成百上千的奏章，就需要一個他信得過並有能力在幕後代他處理難題的人。而韓侂胄又有極大的權力欲，但又不敢篡權奪位，控制寧宗便成了實現自己權力欲望的最佳途徑，兩人可謂各取所需，一拍即合。寧宗如此做法，也算得上是笨人有笨法。可是既然想找一個得力助手幫助自己減輕負擔，就得先具備能控制他不會僭越主君的能耐。無奈，寧宗只是圖一時之快，本打算落個一身輕鬆，卻不曾想他信任之人沒有那麼忠心耿耿，到頭來，皇權被削，淪為坐在龍椅上的一具任人擺布的傀儡。哪裡談得上一身輕鬆，不僅不能按照自己的意願行事，還得配合控制自己之人上演「場場好戲」，成了名副其實的工具。

韓侂冑將寧宗玩弄於股掌之間，呼風喚雨，極盡一時之能事。但是好景不長，慶元六年，他的後宮靠山韓皇后去世，楊貴妃被立為后。由於他曾經反對立楊貴妃為皇后，因此遭到楊氏記恨，為自己引來殺身之禍。對他言聽計從的木偶，卻落在楊氏的操控之下，以至於自己被置於死地之時，也發揮不了任何作用。操控之術，可真是山外有山，人外有人。韓侂冑如此死法，也算是對他一生所作所為的諷刺。

【知識鏈結】

趙擴（一一六八—一二二四），即宋寧宗，是中國宋朝的第十三位皇帝。紹熙五年（一一九四），宋光宗被逼退位，由趙擴繼位，第二年改年號為「慶元」。宋寧宗在位三十年，其統治期間內，宋朝比較安定，百姓比較富裕，還恢復了理學地位。去世後諡號為法天備道純德茂功仁文哲武聖睿恭孝皇帝。

多行不義必自斃

韓侂冑在寧宗一朝操縱朝政，還發動了「慶元黨禁」，將趙汝愚、朱熹為首的道學派逼得走投無路。然而多行不義必自斃，韓侂冑最終命運如何呢。

史彌遠連任寧宗、理宗兩朝宰相，獨掌大權二十六年，將皇帝當成自己的傀儡，任意擺布。在這一點上，他和韓侂冑同出一轍。雖然史彌遠受韓侂冑提拔，平步青雲，但後來兩人關係卻逐漸惡化。

史彌遠由於步步高升，位處高職讓他嘗到了甜頭，也助長了他的政治野心。韓侂冑掌控寧宗，獨攬大權，一手遮天，史彌遠把一切看在眼裡，不免心生羨慕、嫉妒，為什麼自己就不能像韓侂冑那樣呼風喚雨。而上天在此刻賜予了他一個極好的機會來取代韓侂冑。

韓侂冑在部署不周、且備戰不足的情況下出兵北伐，由於不宣而戰，一開始宋軍大獲全勝。但好景不長，宋軍內部出現叛徒——韓侂冑支持重用的宋軍西線主帥吳曦叛變降金，使宋軍大受打擊。

此消息於開禧三年二月傳到南宋首都臨安時，宋朝君臣心灰意冷，對戰勝金軍，收復中原失地，已不抱希望，韓侂冑的威望也因而嚴重受挫。韓侂冑於六月遣使臣方信孺到開封與金朝談判，金方提出以韓侂冑首級作為議和的前提，這理所當然遭到他的拒絕，韓侂冑籌畫再戰。作為主和派的史彌遠哪能錯失此種良機，便決心設法殺死韓侂冑，既可以與金議和，又可以取而代之，正所謂一箭雙雕。但是要殺死韓侂冑談何容易。寧宗對韓侂冑信任有加，百依百順。而且韓侂冑的黨羽龐大，處處有眼線，要實行起來實在是太難。若是有人能幫助自己瓦解寧宗對韓侂冑的信任，能做到外朝、內宮聯手，裡應外合，那勝算就會大大提高了。此時，一個重要人物粉墨登場了，便是楊皇后。

楊氏出身低微，雖然寧宗對她寵愛有加，並封其為貴妃，但楊氏深知伴君如伴虎，一個弱女子若沒有娘家人支持，很難在宮中立足。於是便冒認同鄉楊次山為兄，讓他作為自己的後台，好在後宮、朝堂上互相幫襯。就在楊氏封貴妃的這一年，韓皇后不幸病逝。韓皇后一死，後宮嬪妃們都蠢蠢欲動，使盡渾身解數，爭奇鬥豔，展開了激烈的明爭暗鬥。

與此同時，韓侂胄也在後宮物色新的盟友，因為韓皇后的突然去世，後宮的靠山必須重新培養。隨著妃嬪們的鬥爭逐漸升級，最有可能成為皇后的人選也漸漸浮出水面：楊貴妃及曹美人。論心機，曹美人明顯不及楊貴妃的萬分之一。論美貌，兩人可謂是平分秋色，各有特點。如此看來，楊貴妃稱后是勝券在握。但是韓侂胄需要的是一個便於控制、對自己言聽計從的傀儡，而不是楊貴妃這樣太有主見的角色，於是就極力勸說宋寧宗立曹美人為皇后。就這樣在立新皇后的問題上，韓侂胄與楊貴妃結下了樑子。終於，嘉泰二年（一二〇二）末，楊氏如願以償，被立為皇后。

對韓侂胄曾經阻撓自己為后一事，楊氏一直心懷記恨，要伺機報復。韓侂胄北伐，楊皇后從一開始就不贊同，等到北伐遭到嚴重挫折，宋軍損失慘重時，她便想落井下石，藉此機會除掉韓侂胄。雖然自己現在已掌握了後宮的大權，但要做到天衣無縫，還需要有外朝大臣的有力支持。楊皇后便透過楊次山找到了與韓侂胄素不合的史彌遠。而此時史彌遠也正在尋找能夠幫助自己將韓侂胄取而代之的靠山和內應，正是踏破鐵鞋無覓處，得來全不費工夫。面對主動送上門來的這位盟友，史彌遠欣然接受。

他們串通好夏震等人，趁韓侂胄上朝的時候，連哄帶騙，把他截至玉津園夾牆內殘酷地殺將其死。如此一來，共同的敵人被殺死，史彌遠與楊皇后陰謀得逞，各取所需，解除了心頭大患。韓侂胄一死，北伐大業自然是以不了了之而告終。朝廷的實際大權落入史彌遠之手，他積極奉行降金乞和政策，並於嘉定元年九月簽訂了屈辱的宋金「嘉定和議」：金宋由叔侄之國改為伯侄之國，歲幣由二十萬增為三十萬，另加「犒軍銀」三百萬兩，這是以往和議中從來沒有過的條款。對於殘害自己國家的金軍竟然要犒賞如此重金，實在是恥辱至極。

史彌遠當年受到韓侂胄的重用從一個芝麻小官得以升至高位，最後為了一己私利勾結後宮，恩將仇報殺死韓侂胄。手段之卑劣，為人所不齒。雖說韓侂胄也是罪有應得，但未戰死沙場，卻死在史彌遠這種人手裡，終究不是他所願。大凡玩弄權勢之人，終究是慘澹收場。

【知識鏈結】

韓侂胄，中國南宋權相。相州安陽（今屬河南）人。北宋名臣韓琦的曾孫。光宗紹熙五年（一一九四），他與宗室趙汝愚等人擁立宋寧宗趙擴即皇帝位。不久，韓侂胄就逐趙汝愚出朝廷，自此，韓侂胄掌握了軍政大權。掌權期間，為排除異己，製造慶元黨禁，凡與黨人有牽連的，不得任官職，不得應科舉。韓侂胄當權的後期，為立蓋世功名發動了開禧北伐，曾取得一些進展。同年五月，寧宗下詔伐金。但正式宣戰後，南宋各路軍隊節節敗退，韓侂胄遣使向金請和。開禧三年，史彌遠等人謀殺韓侂胄，朝廷大權落入史彌遠手中。

試圖救國的理宗

史彌遠作為南宋一代權臣，自然是想永保權利，在寧宗死後，便假傳聖旨擁立趙昀登基為帝，是為宋理宗。宋理宗明白雖然自己登基做了皇帝，但是在朝中毫無根基，要想保住皇位還得繼續依靠史彌遠。只好任憑由楊太后垂簾聽政，史彌遠代自己全權執政。滿腔的熱情、雄心大志就這樣被埋在心底長達十年之久。

紹定六年（一二三三）十月，史彌遠病重，將他的黨羽兼親信鄭清之升為右相兼樞密使，薛極為樞密使，喬行簡與陳貴誼為參知政事，打點安排好後事才嚥氣，結束了他長達二六年的獨相專政。

史彌遠一死，理宗就將明年改為端平元年（一二三四），沉默了十年，他終於爆發了。理宗開始親政，新官上任三把火，他立即實行改革，試圖革除史彌遠專政時期的很多弊端，遲了十年的新火終於點燃了，由於這把火等的時間太久，因此來得格外猛烈。理宗實行的一系列改革被稱作「端平更化」，內容廣泛，涉及政治、經濟、軍事、文化等各方面。

要想真正實現親政，就必須消除史彌遠的殘餘勢力。理宗燃起的第一把熊熊大火就是罷黜史黨。理宗在史彌遠病危期間，就在一天夜裡降旨，罷免了史彌遠的鷹犬——台諫官梁成大。理宗也暗中培養了自己的勢力，他指使親信們上疏彈劾史彌遠一黨的梁成大、李知孝、莫澤，並在削去他們的官職後將其流放。

除掉史彌遠的黨羽對理宗來說是首要之舉，但任用賢臣，發展自己的政治勢力這個建設的巨大工程也是迫在眉睫。理宗將被史彌遠排斥的真德秀、魏了翁等召回朝廷，並任用了一大批賢良之士。理宗為了避免寧宗嘉定以來權臣獨相專權的局面再出現，謹慎選取宰相，鞏固自己的皇權。據史料記載：理宗在更化期間任用過三十七名宰執，縱觀這些宰執，除鄭清之與史嵩之受史彌遠的影響，無多大好評之外，其他宰相與執政，大都一時之選，深孚眾望。理宗透過任人唯賢，不僅加強了皇權，這段期間朝政也出現了較為穩定的大好局面。

理宗的另一措施就是親擢台諫。史彌遠專政，原本用來糾正帝王為政疏失、彈劾百官的台諫，卻被史彌遠利用來打擊異己，理宗把這一切都看在眼裡，記在心裡。史彌遠一死，他就把擢任台諫的權力攥在自己的手中。這個時期，他任命台諫四十餘人，知名的有洪咨夔（音魁）、李宗勉、李韶、謝方叔、江萬里、程元鳳、李昴英等，這些人大多剛正不阿，使朝廷上出現了一股新風氣。

光宗、寧宗以後，南宋朝的吏治遭到嚴重破壞，貪汙賄賂之風盛行，理宗親政後，澄清吏治，誓將這種局面清除。

為了顯示自己嚴懲貪汙受賄的決心，他親自撰寫編制了《審刑銘》、《訓廉銘》等規定，要求有關人員嚴格執法。他還利用道德宣傳與法律約束雙管齊下的辦法，狠狠的懲辦了一批貪官汙吏。

當時官吏冗濫，致使行政效率低下，國家財政遭到大肆浪費，理宗透過控制取士人數和嚴格升遷制度來解決大量冗官存在的問題。從端平元年開始，平均每次科考的中進士人數從以前的平均每次六百人減為四百五十人。理宗又規定無論在京城的朝官還是在外地的地方官都不得私薦官員，沒有擔任過州縣地方官的人不能進入朝廷做郎官，已經當上郎官的必須外放，補上州縣地方官這一任。這些措施似乎可以限制透過關係入仕，或提高了官員的能力，但大多是蜻蜓點水，以事論事，未深入到內部解決問題。

理宗親政時，財政問題很不樂觀：紙幣的發行量大大超過現實需要，導致通貨膨脹，物價飛漲。雖然他採取了一些措施進行整頓，使得情況暫時得到了好轉，但是不久後宋蒙之間戰爭的打響，使得軍費陡升，又極大地增加了南宋財政的壓力，最終財政整頓以破產而告終。

理宗重用理學之士，將朱熹和理學大師周敦頤、程顥、程頤、張載等人先後請入孔廟，尊崇、宣導理學，最終使理學成為官方正統官學。他為理學的發展、中國文化的發展做出的貢獻非常值得載入史冊，讓後世的人們永遠加以銘記。

「端平更化」時間長達二十年，理宗得以一展心中的偉大抱負。他實行的一系列改革對革除史彌遠專政時的弊政及對穩定政局與社會經濟，產生了一定的積極效果，為死氣沉沉的南宋朝平添了一抹亮色。但南宋王朝已病入膏肓，無藥可救，理宗的這些措施也只是治標不治本，稍見一些起色後，便恢復原樣，或是更糟。縱使理宗有再大的熱情、再大的能耐，歷史的轉輪也不會因他而停止或倒退了。

【知識鏈結】

史彌遠（一一六四—一二三三），南宋權臣。字同叔。明州鄞縣人。開禧三年（一二〇七），韓侂胄北伐失敗，金朝來索主謀，史彌遠時任禮部侍郎，便與楊皇后等密謀，遣權主管殿前司公事夏震於玉津園槌殺韓侂胄，後函其首送金請和。史彌遠因此升任右丞相兼樞密使，掌握朝中大權。

收復故都無望

在宋理宗改革的同時，在大草原上，蒙古正悄然強大起來。面對江河日下的金國，宋蒙聯合滅了金。然而聯蒙滅金，對於南宋朝來說，卻是個弊大於利的選擇。因為對於南宋朝，蒙古的崛起構成了繼金朝之後的另一個極大的威脅。

宋朝與蒙古決定聯手時，蒙古答應滅金以後，將河南歸還給宋朝，但遺憾的是雙方沒有針對河南的歸屬達成書面協定，而只是口頭約定，宋朝如此沒有遠見，如此不成熟的政治舉動讓自己收復故土的願望最終化為了泡影。

金朝的滅亡，使收復故都的念頭在一些人之中急速升溫。理宗決定乘勝追擊，將失去的故土一併拿下。由於河南的歸屬未加以明確規定，金朝滅亡以後，按照事先約定，宋軍和蒙軍各自撤退。由於蒙古大汗窩闊台考慮到糧草不足，天氣轉熱，遂將軍隊向北撤離到黃河以北，河南成了無人佔領的空白區。終於理宗首先沉不住氣了，空虛的河南對他充滿了誘惑，他想來個先發制人，先佔先得。而這時在朝堂之上，以趙范、趙葵兄弟為代表的一些人想乘著這大好時機撫定中原，提出據關（潼關）、守河（黃河）、收復三京（西京洛陽、東京開封、南京商丘歸德）的建議。這與理宗的想法不謀而合，正中他的下懷。但是大部分的朝臣沒有被金朝滅亡的消息衝昏頭腦，依舊能夠冷靜分析局勢，認為南宋在聯蒙抗金的過程中也損失不小，軍民都筋疲力盡，以現在朝廷的力量根本與強大的蒙古無法抗衡，若一旦失手，還會給自己引火上身，此時不是出兵收復失地的恰當時機，因此對出兵持反對態度。而理宗已經對收復故土達到近乎狂熱的程度，哪裡還聽得進去這些潑自己冷水的建議，他將南宋的實際情況拋於腦後，罷免了反對出師的大臣吳淵、吳潛和史嵩之。

端平元年（一二三四）五月，理宗命全子才率一萬淮西兵為先鋒直趨汴京，命趙葵為主帥，率五萬主力軍作為後繼，命趙范為兩淮制置大使，駐軍光州、黃州間負責接應，正式下詔出兵河南。淮西軍單槍匹馬發起了進攻，一場不成熟、計畫不周密的軍事行動拉開了序幕。

六月十二日，全子才率領先鋒隊的一萬兵士浩浩蕩蕩地踏上了征程。他們從廬州（今安徽合肥）出發，向河南進軍。由於沒有了阻礙，宋軍很快就收復了南京歸德府。隨後他們繼續向汴梁進發，駐守汴梁的部分舊金國降蒙將領因不滿蒙古的殘酷統治，主動向全子才獻城投降。就這樣，全子才不費吹灰之力便得以進駐汴梁城。此時的汴梁城已繁華不再，宛若一座孤魂野鬼出沒的寂寥空城。

收復汴京的消息傳回南宋，整個朝野上下幾乎都沸騰了，人們奔相走告，喜悅之情溢於言表。大宋帝國，終於在此時一雪二宗被擄、朝廷南遷的恥辱了！宋理宗也沉浸在勝利的喜悅當中，迫不及待地給將士們升官，統帥趙范晉封東京留守，前線總指揮趙葵晉封南京留守，全子才晉封西京留守。

南京、東京二京已經安全收入囊中，此時只剩下西京洛陽，收復三京的大業似乎是唾手可得，宋軍意氣風發，勢在必得。但是卻不知蒙古鐵騎已經悄悄地埋伏好，等著宋軍自投羅網了。

全子才率軍連拿下南京、東京，有獲封賞，自是意氣風發。但他佔領汴梁後，卻一直無法展開軍事行動。宋軍內部的分歧給他造成了極大的不便：史嵩之在運糧事宜上加以拒絕，軍糧不得不從兩淮千里迢迢地轉運，而屋漏偏逢連夜雨，兩淮的運糧隊又陷入黃河泥潭，後方糧草供給不足，士兵們大多處於饑一頓飽一頓的不穩定狀態，體力逐漸不支。如此一來全子才無法繼續進軍，貽誤了戰機。然而使局面更糟糕的事情發生了：半個月後，趙葵到了汴京後，不考慮宋軍正遭遇的問題，就不分青紅皂白的指責全子才沒有繼續西進攻取洛陽。他一心想著要建功立業，不顧及後果如何，便兵分兩路，在糧餉不繼的情況下率領一部分軍隊繼續向洛陽進軍，其餘的留守汴京。

結果可想而知，宋軍一到達西京洛陽就被潛伏在此、守株待兔的蒙軍打了個落花流水，狼狽撤回。由於趙葵的心浮氣躁，使得宋軍完全喪失了在收復西京上的主動權，大勢已過，宋軍狼狽南撤。牽一髮而動全身，西京戰爭的失敗給其他地區造成了極壞的影響，宋軍士氣一落千丈，全線敗退。已到手的三京再一次落到了別人的手中，理宗收復故土的希望又一次化為了泡影。更糟糕的是，「端平入洛」成了宋蒙戰爭的導火線，它使蒙古找到了進攻南宋的藉口，蒙古由此開始了長達半個世紀的攻宋戰爭，加速了宋朝的滅亡。

宋理宗受到極大的打擊，下達罪己詔來安撫民心。可惜為時已晚，現在後悔也不能挽回任何事情了……

【知識鏈結】

宋理宗趙昀（一二〇五—一二六四），是南宋的第五位皇帝，西元一二二四—一二六四年在位。宋理宗繼位的前期都是在權相史彌遠控制之下，對政務完全不過問，一直到一二三三年後宋理宗才開始親政，立志中興，採取了罷黜史黨、親擢台諫、澄清吏治、整頓財政的改革措施，史稱「端平更化」。執政後期，朝政相繼落入丁大全、賈似道等奸相之手，國勢急衰。

佞臣當道

「端平入洛」的失敗讓宋理宗一蹶不振。「罪己詔」的下達暗示了他對外態度發生了極大轉變。先前一度高漲的熱情灰飛煙滅，取而代之的是消極保守，並且貫穿在他之後的朝政中。他沒能從這次挫折中爬起來，因而給了心術不正之徒鑽空子的好機會，理宗後期執政的腐敗也因此開始了。

在轟轟烈烈的「端平更化」之後，理宗已是一個年過半百的老人，而蒙古帝國不斷發起攻宋戰爭，使他精疲力竭，早年勵精圖治的一腔熱情早已煙消雲散。年邁的他力不從心，逐漸喪失了改革時的銳氣，厭倦朝政，怠於政事，縱情聲色，放縱自己萬般享樂，因此給有心之人造成了可乘之機，朝廷和後宮出現了一批竊威弄權之徒，狐假虎威，朝政大壞，國勢日漸衰微。理宗晚年好女色，因此造成後宮妃嬪專寵。理宗在沉迷聲色的同時，開始追求奢侈豪華，在臨安大興土木，造佛寺道觀祝長壽，建樓榭亭閣專供遊幸。

他命董宋臣管辦祐聖觀，董宋臣趁機大興土木，建梅堂、芙蓉閣，改造香蘭亭，擅奪民田，假公濟私，搞得民怨沸騰。董宋臣在內廷與閻貴妃勾結，與亦因百般巴結閻貴妃而深得眷顧的內侍盧允升一起胡作非為。在外朝董宋臣則與丁大全狼狽為奸、禍亂朝政。

丁大全本是一個無名小卒，當初只當了一個小小的蕭山縣尉，但是因為後來他娶了外戚家的侍婢為妻，也搭上了閻貴妃。他善於逢迎，做人八面玲瓏。他托人向閻貴妃進獻了大量的金銀珠寶。閻貴妃見錢眼開，內心自然歡喜，便在理宗面前對丁大全大加讚賞，說盡好話。如此一來，丁大全因攀附迎合閻貴妃與董宋臣而得到理宗的青睞，不上幾日，便得到了重用，升為右司諫。當時除了丁大全之外，很多人也將閻貴妃當作升官發財的跳板加以利用。陳大方、胡大昌就在這些人當中。三人同為諫官，但他們不僅對宦官、後宮的專政不聞不問，還加入這卑劣的行列，同流合汙。於是當時人們在他們的名字——丁大全、陳大方、胡大昌中的「大」字上分別加上一點，戲稱他們為「三不吠犬」。這個比喻實在是恰到好處，他們毫無用處的形象躍然紙上，在此不得不感歎普通百姓的智慧。

寶祐四年（一二五六），理宗下詔罷免董槐，丁大全落井下石，在此時上章彈劾董槐，他沒有等罷免詔書下達，就私自調用御史台牒，夜半率兵百餘名，手持利刃，包圍了董槐的府第，威脅他出了臨安城後，棄置不顧，呼嘯散去。董槐入城後才收到罷相詔旨。丁大全率兵驅逐宰相，在兩宋歷史上絕無僅有，朝野震驚，他卻志滿意得，不可一世。同年十一月，丁大全如願以償地當上了執政。但是這並不能滿足他那顆貪得無厭的黑心，兩年後，他設計趕走了右相程元鳳，自己則成功替補當上了右相。

寶祐四年十一月，與丁大全同時拜為執政的還有馬天驥，他與丁大全一樣也是個善於逢迎的小人。理宗的愛女出嫁時，馬天驥送了一份別出心裁的厚禮，大得理宗的歡心，從此一步登天，當上了同簽書樞密院事。理宗僅憑一件禮物就決定官員的任命，而不是任人唯賢，可見他當時的昏聵程度。

閻貴妃、馬天驥、丁大全、董宋臣成了當時赫赫有名的禍害，他們分別控制了後宮、內廷、朝堂，狼狽為奸，做盡壞事。這引起了眾多正直之士的不滿，迫於四人的淫威，大家都不敢正面指責他們，於是有人悄悄地在朝堂大門上寫下八個大字「閻馬丁當，國勢將亡」，藉以諷刺氣焰囂張的四人弄權亂政。理宗面對朝野上下對自己放縱奸佞的非議之聲，細細回想，也意識到自己確實是用人不當，急忙採取措施進行補救。他先後罷免了馬天驥、丁大全、董宋臣。理宗的寵妃閻貴妃在景定元年病死。景定三年，丁大全也在被流放的途中落水溺死。唯獨董宋臣由於受到理宗百般庇護，在被流放到安吉州編管後不久就官復原職。董宋臣比理宗早死幾個月，理宗特贈節度使的封號，來表示對他的恩寵。

景定五年（一二六四），平民皇帝理宗病逝。次年，被葬於紹興府會稽縣永穆陵，廟號曰「理」。閻、馬、丁、董四人，在理宗的晚年發揮了重大的影響，他們利用溜鬚拍馬的本事讓一蹶不振的理宗在心理上得到了某種慰藉，也難怪理宗對他們恩寵有加了。而這四人奏響的「叮噹交響曲」也成了南宋滅亡的配樂……

【知識鏈結】

閻貴妃（?—一五四一），明世宗朱厚熜的貴妃，是世宗長子朱載基之母。

丁大全（一一九一—一二六三），字子萬，南宋鎮江（今屬江蘇）人，南宋權臣。丁大全為南宋著名奸臣，不僅專權自恣而且貪財好色，對於前線的緊急戰事瞞而不報，間接導致了襄陽淪陷、大宋滅亡等重大事件。

第十六章：再次流亡

南宋末年，風雨飄搖，理宗去世後，繼位的竟是智障的度宗，真是屋漏偏又逢雨。朝政實際上為宰相賈似道掌控，這位宰相曾試圖改革，希望改變積貧積弱局面，也曾抗擊蒙古，希望一振大宋雄風，但是都以失敗告終。在軍事重地襄陽一決雌雄後，南宋的命數似乎真的到此為止，歷史又再重演，南宋朝廷又將流亡。

智障皇帝

理宗病逝以後，趙禥即位，是為度宗。在國勢衰落之時，度宗又是先天智障，看來南宋已近末年。

趙禥成為先天智障，僅僅是因為一碗墮胎藥。趙禥的母親名叫黃定喜，原本是一戶李姓人家的侍女。這家的李小姐後來被趙與芮看中，就嫁給了趙與芮。黃氏作為陪嫁侍女也一起進了趙家的門。李氏雖然貴為夫人，而且容貌甚佳，卻不能為趙與芮生下一男半女。不料此時侍女黃氏被趙與芮相中，兩人有了夫妻之實。黃定喜也不是愚笨之人，很有自知之明。她深知自己地位卑微，竟然在小姐的前頭懷上了趙與芮的孩子，自然以後的日子不會好過。自己沒名沒分，孩子一出生必然會受到歧視，於是她一咬牙，心一橫，喝下了墮胎藥。誰知這墮胎藥竟然沒有成功將孩子打下，反而使腹中的胎兒受到藥物的影響，造成了先天的缺陷。趙禥出生後，發育緩慢，手腳發軟，很晚才學會走路，智力遠遠低於同齡正常孩子的水準，他七歲才會說話，比一般孩子晚了整整五年之久，真是不幸至極。

理宗有兩子一女，兩個兒子分別是永王趙緝和昭王趙繹，但都夭折了。後繼無人乃帝王的一大忌，朝廷上的大臣們不免心急。吏部侍郎兼給事中洪咨夔曾建議理宗將宗室子弟納入宮中進行養育培養，並選擇賢良優秀之人為皇子，但理宗此時剛過中年，認為自己還身強力壯，仍然有希望讓後宮給自己產下皇子，所以就沒有採納他的意見。但是，偏偏事與願違，到了淳祐六年（一二四六），理宗已經年過四十，卻仍然沒有兒子，再加上理宗後期貪淫無度，後宮的妃子不可能有人能再為理宗誕下皇子。至此，立儲之事已經不能一拖再拖了，理宗無奈只得開始物色皇子人選。宋理宗來自民間，根基單薄，沒有什麼強大的背景，為了保持住自己這一脈的皇位，理所當然地傾向於不管從感情還是血緣關係上來講都與自己最親密的親弟弟趙與芮的兒子了。

理宗既然有了立親侄子為皇子的意向，就立即開始了行動。他在淳祐六年（一二四六）十月將年僅七歲的趙禥接入宮中，賜名孟啟。理宗讓他入宮內小學讀書，接受教育，並為他選取了湯漢、楊棟、葉夢鼎等在當時大名鼎鼎的大儒給他授業解惑。寶祐元年（一二五三）正月，理宗又立他為皇子，賜名禥，正式確立了皇儲身分。十月，又封趙禥為忠王。然而，當時很多大臣們都對理宗立趙禥為皇子一事頗為不滿。宋朝的慣例是若沒有合適的親生子嗣繼位，就要在宗室裡選擇優秀的人來繼承皇位，當時高宗就將皇位禪讓給了孝宗。大臣們原本以為理宗會效仿先帝的做法挑選有治國之才的賢良宗室之子為繼承人，不料他卻任人唯親，把這個先天智障的侄子立為了皇儲，很不得人心。

面對臣子們的質疑，理宗背負著巨大的壓力，被逼得走投無路。無奈之下只得使出下下策——裝神弄鬼、借助神的力量來勸服大臣們，以此來度過立儲危機。他欺騙大臣們說神人曾托夢對自己說趙禥將做十年的皇帝，而且還連同自己的家人暗中散布無中生有的，所謂的趙禥出生時的帶有神秘色彩的故事，以此向世人表明趙禥是被神選中的真天子，成為皇儲是神之所願，天命所歸。

景定元年（一二六〇）六月，理宗下詔正式立忠王趙禥為太子。理宗為了把趙禥培養成合格的君王，對他的教育從不懈怠。當初，趙禥被立為皇子後，理宗專門給他建造了「資善堂」，作為學習的場所，而且還親自為他作了一篇《資善堂記》，鼓勵他努力學習。理宗為了趙禥煞費心思，對他每天的日程都作了嚴格而緊密的安排，小到問安禮儀，大到處理政事，從各方面培養他作為君主的教養和能力。可憐的趙禥由於先天智障，名師們講解的內容對於他來說過於高深，而且每日長時間的學習強度太大，讓他本來就羸弱不堪的身體負擔不了，因此他的學業如在原地踏步一般，沒有太大長進。理宗見狀，經常是氣得咬牙切齒，恨鐵不成鋼，但是啞巴吃黃連有苦說不出，理宗也無可奈何，誰讓自己沒有一個能存活下來、爭氣的兒子呢？畢竟趙禥是自己的親侄子，自己的皇室基業還得靠他來續，即便再怎麼不成器，也只能默默忍耐了。

理宗見趙禥實在朽木不可雕也，將來恐怕很難成大器，就想了其他的辦法進行補救。理宗為他娶了一位才智出眾的妻子來輔助趙禥。趙禥的妻子名叫全玖，是理宗母親全太后的侄孫女，與度宗是表兄妹關係。這樣一來，親上加親，全玖當然會盡心竭力的幫助趙禥。理宗的這一招，不可不謂是高招。有妻如此，也算是趙禥的一大幸事了。

景定五年（一二六四）十月二十六日，理宗去世，趙禥登基稱帝，是為度宗。先天不足的他，竟然成為九五之尊，羨煞了旁人。但是由於天生智障，無治國之才，註定要受制於人。度宗稱帝十年，卻始終碌碌無為，不僅如此，還荒淫無度，被「蟋蟀宰相」賈似道鑽了空子，將自己玩弄於股掌之間，終此一生。

【知識鏈結】

宋度宗，名趙禥（一二四〇—一二七四），榮王趙與芮子。宋理宗沒有兒子，收其為養子，一二六

○年，被立為太子。理宗於景定五年（一二六四）一○月病死，他於同日繼位，第二年改年號為「咸淳」。宋度宗在位十年，但由於是先天智障，因此無法真正親政，醉心聲色犬馬，大權為宰相賈似道所掌握。

好大喜功的賈似道

南宋末年，禍不單行，度宗趙禥竟是一個先天智障兒，似乎命運註定就要受制於人，而這個人就是賈似道。其實理宗在位的最後五年，賈似道就擅權主政。度宗即位後他仍然把持朝政，將趙禥當作自己的牽線木偶百般控制，人稱「蟋蟀宰相」。

開慶元年（一二五九），蒙軍渡過長江大舉攻宋，圍攻鄂州（今湖北武昌），軍情緊急，邊關報急的文書傳到朝廷，丁大全隱而不報，以致戰事日益轉向不利，理宗將丁大全罷相，拜吳潛與賈似道為左、右丞相兼樞密使。在鄂州戰場上，賈似道同忽必烈媾和，答應向蒙古割地並納幣，約定與蒙古修好，蒙古軍撤走。賈似道隱瞞了向蒙古人求和以及答應割地納幣之事，向理宗報告說蒙軍大敗已倉皇逃走。昏聵的理宗對前線實況一無所知，他在接到賈似道的捷報後，十分感激賈似道，說他是「股肱之臣」，對宋室江山有「再造之功」。於是在景定元年（一二六○）三月，他下詔褒獎，命賈似道入朝陛見，同時令滿朝文武百官去京郊迎接慰勞。四月，晉升賈似道為少師，封衛國公。但賈似道並不滿足，為了獲得更大的權力，他又進行了一系列陰謀活動來排除異己。

賈似道妒賢嫉能，於景定二年（一二六一）八月實行「打算法」，以清查軍費為名，誣陷各地抗戰將領侵吞官物，把自己不滿的武將削去官職或迫害致死。賈似道還大造輿論，指使門客廖瑩中和翁應龍等撰寫《福華編》，竭力鼓吹他的所謂「援鄂之功」。

有名無實的「鄂州大捷」使理宗沉浸在勝利的喜悅當中。他沒有了後顧之憂，好了傷疤忘了疼，很快就又沉湎於荒淫無度的生活中了。此時的賈似道作為「功臣」，自然是春風得意。但是，春風得意的不止他一人。宦官董宋臣仰仗理宗對自己的寵信，狐假虎威，干朝亂政。而由於理宗大肆寵愛後宮嬪妃，「一人得道，雞犬升天」，使得和她們有關的外戚子弟也都靠了裙帶關係身居要職。宦官與外戚內外勾結，使得賈似道不能一枝獨秀，就視他們為眼中釘，利用宰相的權威，趕走宦官薦用的人，勒令外戚子弟不得為監司、郡守，以此削弱他們的力量。

當時的太學生們不滿賈似道的所作所為，就群起而攻之。正所謂，兵來將擋，水來土掩。賈似道自有辦法對付。他把反對丁大全的「寶祐六君子」收買到自己門下，瓦解了太學生中的反對派勢力。還派遣密探監視太學生們的言行，透過利祿引誘與政治高壓相結合的手法，弄得太學生們暈頭轉向。就這樣，賈似道採取一系列措施，打擊宦官，抑制外戚，控制台諫，籠絡太學生，排擠一切異己力量。理宗在位的最後五年，賈似道完全把持了輿論與朝政，為所欲為。

不久後理宗病死，他的侄子趙禥繼位，是為度宗。由於度宗天生智障，實在無治國之才，這就為賈似道專政提供了極大的方便。度宗稱賈似道為「師臣」，對他百依百順。賈似道狡詐無比，他為了讓度宗對自己寸步不離，採用欲擒故縱的方法，屢次假惺惺地辭相回鄉，卻暗中派人謊報蒙古來攻的軍情嚇唬膽小的度宗。度宗愚昧，不知道這是賈似道的詭計，多次派人專程請他回朝，並為了不讓他再離開自己的身邊，給他加官晉爵，賜給他大量的奇珍異寶。

度宗不學無術，打理江山他不在行，縱情聲色卻是他的長項。他無心處理朝政，全部委託給了賈似道，並且為了討好賈似道，在靠近西湖的葛嶺賜給他一所豪華私宅。

南宋的傀儡皇帝和實際掌權的奸臣都在醉生夢死的時候，蒙軍卻沒有停止南下攻宋的腳步，樊城、襄陽城、鄂州等軍事要地被逐一攻破，情形十分嚴峻。賈似道此時卻當起了縮頭烏龜，藉著為母親辦喪事，躲在老家不肯回京。

咸淳十年七月初八，酒色過度的度宗突然去世，年僅三十五歲。賈似道入宮立度宗年僅四歲的兒子趙顯為皇帝，是為恭帝，太后謝道清臨朝聽政，並被尊為太皇太后。

此時元軍仍在氣勢洶洶的攻擊宋朝，賈似道迫於朝臣的壓力，雖親自上陣，但不戰而潰，落荒而逃去了揚州。宋軍全部潰敗。賈似道兵敗之後，元軍主力順長江東下，很快逼近臨安，趙宋王朝的命運岌岌可危。賈似道罪大惡極，朝野上下要求將他正法，但謝太后心存仁厚，只決定將他貶到循州。但人人都對賈似道恨之入骨，在路過漳州的時候，被監送官鄭虎臣殺死在那裡。

縱觀賈似道入主朝政前，在地方尚有作為，入朝之後，獨攬政權，胡作非為，荒淫無度，在導致南宋土崩瓦解的同時，也使自己身敗名裂。

【知識鏈結】

賈似道（一二一三—一二七五），字師憲，南宋宋理宗時權臣，中國歷史上有名的奸臣之一。任宰相期間，曾率軍攻打蒙古，失敗而歸。一二六一年賈似道提倡以強硬的手段阻止富人囤積穀物，隨後提倡公田法。德佑元年（一二七五）遭罷官、貶逐，被監送官鄭虎臣擅殺於漳州。

一腔熱血，無處可用

蒙古不斷南侵，南宋幾位皇帝卻都荒淫無度，貪圖享樂，難道南宋一朝就這樣命數將近了嗎？這時又出現了最後一根稻草，孟珙（音拱）。

面對崛起並不斷強大的蒙古，衰落的金朝屢屢潰敗，紹定六年（一二三三），金哀宗遷都蔡州，進入四川。如大宋朝「門神」一般存在的孟珙豈能坐視不管，他率軍大破金軍，徹底打破了金國想要進入四川的企圖。孟珙大獲全勝後，又率軍來到了襄陽，成為了鄂州江陵府副都統制。

這一年的十月，理宗接受了蒙古發出的聯合滅金的請求，而迎戰對敵的最佳人選非常勝將軍——孟珙莫屬。於是孟珙帶著國人一雪前恥、剷除世仇的期望再一次領兵出發，踏上了滅金的征程。有了強大的蒙古盟軍做幫手，宋軍有恃無恐。孟珙率兵一路過關斬將，端平元年，孟珙與蒙軍會合，一同攻克金朝最後的據點蔡州，強強聯手，金國無力抵抗，潰不成軍。金哀宗見敗局已定，救國無望，自縊於幽蘭軒而死，金朝滅亡。

金朝滅亡後，理宗一心想著要乘勝收復中原。他對屢建奇功的孟珙相當的敬重和信任，就向他諮詢收復失地的中興大計。面對理宗的詢問，他如實回答說希望皇上體諒連年遭戰火煩擾的廣大臣民，養精蓄銳，等待好的時機再發兵。言下之意是反對理宗貿然出兵。但是端平元年六月，宋理宗不顧之前與蒙古定好的盟約，派兵進軍中原，試圖收復故都，不料大敗，並且與蒙古戰事從此開始。

由於孟珙不同意進軍中原，所以就沒有參加「端平入洛」的行動。理宗收復故土的計畫失敗後，孟珙受理宗之命出任黃州，統治那一帶的兵馬。他在這裡積極地開展積攢實力的各項措施：招徠流民開墾荒地，安頓諸軍，招兵買馬，增強軍隊的訓練，加強黃州的防務。

宋蒙戰爭的前十餘年間，他一個人獨撐大局。孟珙江陵一戰的勝利，扭轉了長江中游的頹廢戰局，大快人心，孟珙也因此升官加爵。

然而，蒙古軍死心不改，於嘉熙元年十月再度南侵，大力進攻黃州。在蒙古的大軍的層層圍困中，孟珙一次次的施展妙計，奮勇殺敵，終於將蒙古軍擊退，解救了黃州城。之後，升任湖北路安撫制置使的孟珙便積極謀求進兵，收復了襄陽城，並積攢兵力，使襄陽重新成為軍事重鎮。孟珙還主動出兵騷擾蒙軍，讓蒙古軍無法安心屯田，破壞蒙古的攻勢準備。

一波未平一波又起，當京湖戰局有所緩解後，蒙古軍又攻打蜀地，佔領了眾多地區，此時四川的軍事防務岌岌可危，孟珙又奉命奔赴四川戰場收拾爛攤子。孟珙對於防禦蒙古大軍的計畫已經了然在胸，他審時度勢，準確部署防禦兵力，再加上其間孟家軍的舊將晉德從光化率軍來增援，更加鞏固了孟珙布置的軍事防禦體系。蒙軍倉皇出逃，這次大捷徹底地粉碎了蒙古軍隊妄圖直接進攻臨安的陰謀。

再次大立戰功的孟珙，理所當然地得到了高升，統領長江上游、中游的防務，正式成為南宋兩個戰區的主帥。蒙古軍接連受到孟珙的打擊，元氣大傷。孟珙的人氣一再飆升，崇拜之人源源不絕，而受到蒙古軍統治壓迫地區的人尤甚。蒙古河南行省范周吉對孟珙的英勇事蹟大為崇拜，再加上已經厭煩蒙古的殘暴統治，就於淳祐元年春（一二四一）悄悄向孟珙暗中投降。孟珙大喜，以為良機不可失，就立即向朝廷報告，並且準備受降，但最終他只是空歡喜一場。「端平入洛」以後，收復失地已經成為理宗心中不能被觸及的傷痛，理宗不敢再次嘗試，畏首畏尾，因而沒有批准范周吉的主動投降，南宋最後一次北進的大好機會破滅。縱使英雄孟珙有再大的壯志雄心，也只能歎一聲「三十年收拾中原人心，今志不克伸矣」。

這件事讓孟珙深受打擊，一腔熱血無處可用。在此五年之後，孟珙身體逐漸出現問題，他因病先後五次申請辭去實職，但是朝廷不會輕易放棄能保住自己平安的最後一根稻草，就拒絕了他的請求。孟珙的主張無法實現，憂慮之中，病情加重，不久病死，享年五十二歲。一生戎馬生涯的孟珙帶著失地未還的遺憾離開了人世。

孟珙的死，不僅使宋朝喪失了一員大將，也使整個長江防線因為缺少凝聚力而逐漸失去了屏障。縱觀宋朝，在軍事上宋朝經歷了一個由統一全國到收復失地，直到最後敗亡的過程。北宋初年，宋太祖趙匡胤雖希望收復北方的疆土，卻終生以先統一南方為前提。對北方的規劃，始於太宗趙光義。九八六年，宋朝除在正面進攻之外也在山西方面大規模發動側面的攻勢，但沒有成功。這是宋朝在北方所做的最後的努力，其後，宋朝在少數民族的進攻面前節節敗退，言辭中沒有了進攻的奢望，只有收復的雄心，孟珙則成了宋朝在垂死之際對北方最後的一絲期盼。然而，這最後的一根稻草——孟珙也沒有了。

【知識鏈結】

孟珙（一一九五—一二四六），字璞玉，隨州棗陽人，南宋抗金抗蒙名將。他曾參與聯蒙滅金。南宋中期宋蒙戰爭爆發後，曾以一人之力統禦南宋三分之二戰線上的戰事，在江陵之戰中扭轉了局勢，而後又保衛黃州，還一度收復了襄樊，攻進河南。一二四六年，孟珙死於江陵。

生死決於此戰

孟珙死後，南宋再也無強有力的抗蒙大將，反而由於賈似道當權，面對蒙古咄咄逼人的進攻，南宋自是招架無力，將要走向滅亡。

襄陽樊城是兩軍的爭奪焦點。襄樊處於重要位置，自古以來是兵家必爭之地。早在三國時代，就曾發生過襄樊之戰。而在千年以後，宋元之間也在襄樊展開了一次血戰。現代的著名武俠小說作家金庸在《倚天屠龍記》中就曾描寫過宋元之間的襄樊之戰。襄樊之戰在宋元兩國四十餘年的拉鋸戰中所佔有的地位不是三言兩語就可以說得清道得明的。簡單地說，歷時近六年的這場戰爭使得元朝消滅南宋成為了定局。

雖然宋軍與蒙軍相比不堪一擊，但是還有個優勢，那就是水戰。依照雙方水師力量的對比，宋軍有能力將蒙軍阻隔在長江以北。至於雲南那邊，由於蒙軍的駐軍較少，加上剛剛攻取，形勢未定，應該不足為患。因此，眼下的當務之急應該是大力修整水師。右丞相文天祥上書稱，保疆的上等在於造舟船，興水師。朝廷也有此意，便加強了水軍的力量。

但這個企圖沒有逃過忽必烈的算計。在他的倡議下，蒙古人也開始大造舟船，加強水師。

忽必烈認真總結窩闊台、蒙哥等人在攻宋過程中的策略，取其精華，去其糟粕，並結合自己在與宋軍交戰中的實戰經驗，制定了一個周密的滅宋計畫：首先將長江上的軍事重鎮襄樊兩地拿下，然後順流直下，沿著漢水到達主流長江，然後再長驅直入直逼臨安。只要將長江的「重要門戶」襄樊收入囊中，其他的就可以很容易地攻下。這個計畫抓住了重點，一氣呵成，可見忽必烈老謀深算，戰術之精明。

南宋咸淳三年，也就是元朝至元四年（一二六七），長達六年之久的襄樊戰役正式拉開了序幕：蒙古大將阿術作為襄陽之戰的總指揮打響了這場持久戰的第一炮。他率領一支精兵部隊進攻襄陽的安陽灘，在這裡設好埋伏，出其不意地殲滅了宋軍萬餘人。呂文喚奮起抵抗，雖然損失慘重但最終在安陽灘擊敗了阿術。阿術在積極訓練水兵、製造戰艦、增強蒙軍水上實力的同時，還針對宋軍長於守城隘和水戰的情況採取了一系列的應對措施：他率人在襄陽週邊修築了鹿門、白河口等城堡，以此來阻斷宋軍的水陸聯繫，襄陽被長期圍困。咸淳四年（一二六八）十一月，為打破蒙軍的包圍，呂文煥命襄陽守軍進攻蒙軍，但被強悍的蒙古軍隊打敗，宋軍傷亡慘重，反包圍戰以失敗告終。

襄陽孤城無援，宋軍自然不能坐視不管。在朝廷的命令下，宋將張貴、張順等先後率大軍前去增援襄樊，但是礙於蒙軍防守、包圍都太過嚴密，因而一次次被挫敗，無功而返。困守襄樊的宋軍一次次的從希望的最高峰跌到失望的谷底，援軍被阻，他們妄圖自救，也多次發動反包圍戰鬥，但是由於長期被圍，城內儲糧、兵器等都不足，將士們不僅體力下降，士氣也很低沉，反包圍戰也都以失敗告終。阿術又透過虎尾洲之戰、湍灘之戰、櫃門關之戰等一系列戰爭重創南宋軍隊，逐一拿下襄樊周邊的州郡，使得襄樊徹底陷入孤立的狀態。

外援不能到達，自身從內部的努力也不見成效，而此時南宋的皇帝度宗是個先天不足的愚鈍之人，只知花天酒地，吃喝玩樂，而實際掌權的賈似道又是個貪生怕死之徒，根本無心救援。襄樊的守軍就像是被拋棄了一般，獨自苦苦支撐。不知不覺間襄陽、樊城被圍已有五年之久，外援斷絕，供餉困難，兩城夾江對望，僅靠水上浮橋互相聯繫，彼此支援。

與南宋的頹勢大大相反，此時，元朝的皇帝忽必烈雄心勃勃，加緊對襄、樊的攻勢。蒙軍制定了水陸夾擊，先破樊城，再一舉拿下襄陽的策略。至元九年，阿術率軍進攻樊城，這年的十二月，樊城陷落，襄樊兩城之間用來相互聯繫的浮橋被破壞，兩城最後的一絲聯繫也被切斷，襄陽陷於既無力自守，又無外援支持的悲慘境地。不久呂文煥在巨炮威脅下再也無力支撐，無奈舉城降元，襄陽也最終陷落。至此，襄樊之戰以宋朝的慘敗而宣告結束。

襄陽、樊誠的陷落，就好比是大壩被毀，洪水一瀉而下，南宋沒了這個軍事重鎮的保護，把自己暴露於元軍的進攻下，無處躲藏。南宋的劣勢更加明顯，敗局已定。這之後，元軍一鼓作氣，順勢而下，一路過關斬將，最終攻入都城臨安，滅掉了南宋，大獲全勝。

襄樊之戰，一決雌雄。南宋在襄樊之戰的慘敗昭示了它不可避免的滅亡命運。然而襄、樊古城作為軍事重鎮，依然屹立江邊，為後來的王朝守護江淮。看著發生在這裡的戰爭，看著朝代更替，不知古老的襄樊城會作何感想。

【知識鏈結】

孛兒只斤・忽必烈（一二一五—一二九四），元朝的創建者。是監國托雷第四子，元憲宗蒙哥弟。他一生征戰，一統天下，建立了幅員遼闊的統一多民族國家元朝。他在位期間，建立行省制，加強中央集權，使得社會經濟逐漸恢復和發展。他也曾多次派兵侵略鄰國，但多遭失敗，在位三五年，一二九四年正月，在大都病逝，諡號聖德神功文武皇帝，廟號世祖。

歷史重演

襄樊之戰，　決雌雄。南宋在襄樊之戰的慘敗昭示了它不可避免的滅亡命運。這個重要軍事要地失守後，很快，蒙古鐵騎已兵臨臨安城下，敗局已定。

謝太后有好生之德，為了保證臨安城內老百姓免遭元軍的殘忍屠城，德祐二年正月主動向元軍請降。二月，元軍攻進臨安，在城內舉行了受降儀式，恭帝被逼退位。謝太后為了保住趙宋王朝一室的血脈，在元軍進入臨安以前，急中生智，封恭帝的哥哥趙昰為益王、判福州、福建安撫大使，趙昺為廣王、判泉州兼判南外宗正，並千叮嚀萬囑咐命人好好保護二王逃出了臨安。三月，恭帝等一行數千人被押往大都，而自己的兄弟們一行人也在拼命的逃亡之中。一個北上，一個南下。自此，分道揚鑣，永無再見之日。

趙昰一行人在海上一路漂泊，躲過元軍的層層圍堵，終於到達了溫州。當時不敢與元軍大將伯顏當面談判、落荒而逃的陳宜中躲藏於此，陸秀夫派人把他找了出來，而張世傑也率兵從定海前來會合。眾人擁戴益王趙昰為天下兵馬都元帥，廣王趙昺為副元帥，以二王為旗幟進行抗元鬥爭。

在溫州建立都元帥府後，眾人知道溫州離臨安城太近，元軍不久就會追到這裡，就決定起身前往遠離元軍威脅的福建。又經過一番海上顛簸，趙昰一行人到達福州。五月一日，趙昰在福州即位，是為端宗，改元景炎。

他的母親楊淑妃被冊封為太后，垂簾聽政，趙昺（俞修容所生）晉封為衛王。陳宜中被任命為左丞相兼樞密使、都督諸路軍馬，陳文龍、劉黼為參知政事，張世傑為樞密副使，陸秀夫為簽書樞密院事，蘇劉義主管殿前司。

麻雀雖小五臟俱全，就這樣，流亡小朝廷在福州建立起來了，並初具規模。然而，小朝廷剛剛建立，還極其脆弱。在面臨元軍一刻不停追殺的時候，內部人員卻各懷鬼胎，開始了爭權奪利的鬥爭，如此一來，原本已非常孱弱的小朝廷顯得更加不堪一擊了。

雖然南宋已經投降元朝，但是還有許多地區依然掌握在宋室遺民的手中。元軍只顧著追殺趙昰等一行人，消滅反抗勢力，還來不及將大片大片的宋朝土地收於自己的囊中。福建、兩廣的大片土地仍處在流亡小朝廷的控制之下。曾拒絕向元軍大將伯顏投降的李庭芝一直堅守在淮東、淮西地區，同元軍進行著拉鋸戰，雙方相持不下。但是，由於僵持時間過長，宋軍有些吃不消，再加上後援不足，不久在元軍的進攻下，淮東、淮西等地相繼失陷，南宋名將李庭芝英勇戰死。

元軍沿著趙昰的行蹤一路南下，到了景炎元年（一二七六）十一月，元軍逼近流亡小朝廷所在的福州，試圖消滅這支殘餘勢力。此時小朝廷還有正規軍十七萬，民兵三十萬，淮兵萬人，擁有的兵力遠比元軍要多，若是勇敢的放手一搏，完全可以與元軍一較高下。

但是，小朝廷現在的朝政掌握在陳宜中和張世傑手裡，陳宜中膽小懦弱，不敢與元軍正面交鋒，這自不必多言。可是張世傑也沒有獨當一面的魄力，竟然說「惟務遠遁」，在這兩位實權者的主張之下，還未在福州站穩腳跟的流亡小朝廷又開始了流亡。

十一月十五日，陳宜中、張世傑護送著端宗趙昰、衛王趙昺及楊太妃乘一艘海船逃跑，誰知剛剛入海，就遭遇了元朝水軍的圍堵。幸好當時天氣不好，海上大霧彌漫，趙昰一行人才僥倖得以脫身，撿回一條命。離開了根據地福州之後，小朝廷只能建立海上行朝，四處流亡。

趙昰一行人在海上一路顛簸，輾轉泉州、潮州、惠州等地，於景炎三年（一二七八）春，來到雷州附近的岡州。而年幼的端宗，由於長期漂泊流離於海上，不久就死於岡州，結束了他僅十年的短暫生命歷程。

陸秀夫帶領眾臣擁立年僅七歲的趙昺為帝，由楊太后垂簾聽政，改元祥興。如此一來，在陸秀夫的力挽狂瀾下，小朝廷得以苟延殘喘。但正當百般欣喜的宋朝遺民重拾勇氣，誓死復興大宋朝的時候，殊不知災禍即將降臨。此時遠在大都的忽必烈得知趙昺在雷州稱帝，心煩氣躁，擔憂不已，發誓要將他們斬草除根，以絕後患。他立即命令手下大將張弘範火速前去圍剿。浩浩蕩蕩的元軍來勢洶洶，很快便把小朝廷置於三面包圍之下，接著元軍發起猛烈攻擊，雷州失守，小朝廷危在旦夕。

雷州有很重要的戰略位置，張世傑妄圖將雷州奪回，進行了多次嘗試，但無奈實力相差懸殊，每次都以失敗告終。看奪回雷州無望，小朝廷當機立斷，迅速將政權遷到崖山，並在此竭盡全力召集軍隊，為即將來臨的大戰作準備。

張弘範依然緊追不捨，率大軍來到崖山。在這裡，南宋流亡小朝廷和元軍之間即將展開一次、也是最後一次的血戰……

【知識鏈結】

南宋端宗趙昰（一二六九—一二七八）為宋度宗長子，宋恭帝兄。恭帝被元擄往北方，陸秀夫等擁立他為帝。趙昰曾經先後被封為吉王、益王。德祐二年（一二七六）元軍進逼臨安時，他由駙馬都尉楊鎮等護衛，出逃福建。三月，趙昰等人到達福州，得知臨安淪陷，恭帝被擄往北方。五月，陸秀夫、陳宜中、張世傑等人在福州擁立他為帝，改年號為「景炎」。

趙昺（一二七二—一二七九），南宋亦是宋朝最後一位皇帝在位二年，享年八歲。趙昺是宋度宗第三子，宋恭帝、宋端宗的弟弟。一二七八年四月在岡州即皇帝位，改元祥興。南宋於一二七九年三月一九日在崖山海戰中被元軍大敗，全軍覆滅，陸秀夫遂背時年八歲的趙昺跳海而死，張世傑、楊太妃等人也相繼投水殉國。南宋最後一位皇帝死去，宋王朝滅亡。

最後一搏

陸秀夫帶著小皇帝一路被追兵追到崖山，在這裡，他們展開了最後的戰役。

小朝廷到達崖山時，尚有正規軍和民兵二十萬人。張世傑、陸秀夫立即派人進山伐木，在島上建造了行宮三十間，軍屋三千間，供君臣將校們棲身之用。餘下的二十萬士卒，則繼續留在船上生活。張世傑、陸秀夫又令隨軍的匠人們修造艦船，趕製兵器，以迎接即將到來的殊死搏鬥。

宋軍佔據著崖山這個易守難攻的天然堡壘，只要取得對入海口的控制，就算有再多的元軍，也可以做到一夫當關萬夫莫開，將前來攻擊的元軍一併阻擋在外。但這時天助元軍，負責指揮防禦的宋將張世傑犯了一個致命的錯誤：他放棄了對崖門入海口的控制，把戰爭的主動權輕而易舉的拱手讓給了元軍。這個毫無戰略性可言的愚蠢舉動讓元軍撿了大便宜，形勢瞬間好轉，變得對元軍有利。

然而，張世傑的失誤還不止這些，他為了防止中途有人臨陣逃脫，增強將士的團結心，下令將幾千艘宋軍船隻用鐵索連成一線，然後將幼帝趙昺所在的御船置於中央，週邊沒有布置任何防護措施，就這樣赤裸裸地置於海灣之內。這樣的做法使宋軍眾多的兵力被鎖在一起，機動性盡失，笨重不堪，完全將自己暴露在敵人的炮火劍雨中，任人攻打卻不能還手，連逃跑的後路都被切斷了。

張世傑此法不是一無是處，在一定程度上對阻止元軍的進攻也發揮一定的作用：面對宋軍數千隻戰艦結成的巨大屏障，最好的辦法就是用火攻。三國鼎立時期，周瑜借助那股及時的東南風利用火攻在赤壁大敗曹操，才有了「萬事俱備，只欠東風」這句千古名言。但是元軍卻沒有這麼幸運。元軍使數百艘點著火的小船駛向宋軍，企圖將宋軍連為一體的戰艦一舉焚毀。但是張世傑也不是等閒之輩，深知三國時曹操慘敗的經歷。他既然敢把如此眾多的戰艦連為一體，就表示他早料到元軍會有此招。

事實證明果不其然，張世傑早就命人在最外側船隻的船體上塗滿了厚厚的海泥來阻止火勢的蔓延。而且當元軍著火的小舟靠近時，宋軍就用足夠長的竿子把小舟往回推。如此一來，這些小舟順流來到元軍處使其數十隻船著火。不曾想元軍竟然搬起石頭砸了自己的腳，宋軍內爆發出小小的歡呼。

這時的張弘範惱羞成怒，但無計可施，他抓獲張世傑的族人為俘虜，一面要脅張世傑，一面派人前去勸降。然而張世傑是個血性漢子，並不為所動，斷然拒絕投降。張弘範又令兵敗被俘的文天祥寫信招降張世傑，但文天祥威武不屈，拒絕做出此等有辱氣節的事情，張弘範無奈，只得放棄。

張弘範勸降之計未能得逞，只好再想他法。他派重兵將宋軍重重包圍，斷絕其水上供應。如此一來，宋軍糧水缺乏，將士們只能吃隨身攜帶的乾糧來勉強充饑。而更糟糕的是沒有了所謂生命之源的淡水，將士們體力不支，只好飲海水解渴，但是未經過處理的海水人體是不能適應的。將士們的饑渴非但沒得到緩解，反而嘔吐不止，宋軍中一片狼藉的景象。張弘範的策略發揮了作用，就在宋朝兵士們戰鬥力嚴重削弱的時候，他率兵一舉發起了總攻。

張弘範利用海上天氣變幻莫測的特點，在大霧籠罩，辨不清敵我的一天吹響了戰爭的號角。形勢對元軍有百利而無一害，宋軍戰鬥力孱弱不濟，而被鐵鎖連成一線的千艘戰艦在如此惡劣的天氣下顯得更加笨重，根本無法靈活反擊。而元軍又是選擇了在漲潮的時候發起總攻，因此一路順風順水，很快就到達宋軍的停留地，將宋軍逼至角落。

只不過一天時間，宋軍損失慘重，多艘戰艦被毀，將士也多有傷亡，宋軍已全線潰敗，亂成了一鍋粥。事已至此，只能下定決心，放手一搏了。張世傑下令將鐵索砍斷，以便各艘戰艦可以自由活動。他率領眾將士進行突圍，一路殺出了重圍。此時張世傑回頭卻發現幼帝趙昺的御船由於過於龐大，被卡在中間動彈不得，只得派人划小船前去接應。但是當時海上大霧彌漫，再加上已是黃昏，四周暗沉，即使面對面也根本分不清你我。

俗話說：小心駛得萬年船，與幼帝同在御船上的陸秀夫怕來人接應是元軍的詭計，就一口拒絕來人把幼帝接走。

過度的謹慎，最終葬送了幼帝的逃脫之路。

接應幼帝失敗，張世傑無計可施，元軍又緊追不捨，無奈之下只得率領戰艦繼續拼殺。元軍殺紅了眼，越戰越勇，眼看宋軍敗局已定，陸秀夫回天無力，心中如五味雜陳。雖有萬分不捨，但為了讓自己的妻兒不落入敵人之手以後受盡屈辱，毅然把他們趕下了大海，然後用一條白練將幼帝趙昺綁在自己的背上，一同投入大海，消失在茫茫的霧氣中……

【知識鏈結】

陸秀夫（一二三六—一二七九）字君實，一字宴翁，別號東江，楚州鹽城長建里（今江蘇省建湖縣建陽鎮）人。南宋左丞相，抗元名臣。和文天祥、張世傑並稱為「宋末三傑」。元軍攻破臨安後，他與張世傑等人福州立益王趙昰為帝，定年號「景炎」。趙昰死後，他又擁立趙昺為皇帝，定年號「祥興」。一二七九年，在元軍的追剿下，背著小皇帝投海而死。

第十七章：兩宋精神

兩宋雖飽受少數民族的入侵、欺辱，卻在文化科技上大放光彩。由於宋代皇帝大多推行文治，因此朝中大臣多文采飛揚，留下許多膾炙人口的詩歌辭賦，都說巾幗不讓鬚眉，這時有許多才女問世，給兩宋增添了一抹亮色。俗話說，人傑地靈，兩宋時期的城市已經很有規模，而且經常歌舞達旦，一幅盛世景象，想像著西湖邊漫步，欣賞古城，必是心曠神怡，讓人怎能不好生嚮往？

宋詞最多情

北宋王朝幾度歷劫，雖然國家政權無漢唐時代的氣魄，但北宋卻是一個非常富裕的朝代，其文明更是史無前例的發達。

宋朝發達的文明催生了一大批文人，晏殊、柳宗元、歐陽修、范仲淹、蘇軾、王安石、陸游、辛棄疾等。歷史學家陳寅恪先生說：「華夏民族之文化，歷數千年之演進，造極於趙宋之世。」最能展體現宋朝文化發展的，當屬詞曲莫屬了。有人說，幸與不幸，跟時代沒有關係，跟機遇和際遇卻是大大的相關。人喜歡用詩詞歌賦發牢騷，三言兩語，寫景寫情，真切不隔，境界其中。詞這種文體，以其芬芳之姿，成為才子佳人抒情的最佳方式。

宋初，有一個男人令後世萬千少女「崇拜」，他已經不是高高在上的帝王，亦不再是南北皆知的風流才子，而是被趙匡胤鎖在深宮中的南唐後主李煜。李煜曾寄希望於趙氏兄弟，給他復國的機會，但是趙家給了他錦衣玉食，獨獨這朝堂，再也沒有讓他碰過半分。「**江南江北舊家鄉，三十年來夢一場。吳苑宮闈今冷落，廣陵台殿已荒涼。**」晚景淒涼的李煜，才驚覺數十年來玩物喪志、崇尚神佛，如夢一場。他為失去國家而沉痛，悲呼「**小樓昨夜又東風，故國不堪回首月明中**」，再歎「**問君能有幾多愁，恰是一江春水向東流**」。君當憂愁，君以不爭當惆悵啊！李煜的詞作淒婉哀絕，卻豔如桃花，斯人已經作古，桃花卻依舊，喜愛他詞之人，又何止千萬，因為他的詞實在太過應景應情。

晏殊生活在北宋的前期，比較安逸，仕途也無甚起落，所以他的詞讀起來如沐春風，一派閒情雅致。他在《浣溪沙》中曾對女子午睡初醒的情態做過勾勒：「**玉碗冰寒滴露華，粉融香雪透輕紗，晚來妝面勝荷花。**」其中「粉融香雪透輕紗」描寫了宋代女子的襟衣，質地多為羅紗，開襟穿著，寬鬆舒適，精美異常。晏殊的不經意描寫，卻也著實為這個朝代發達的紡織業做了最好的側面一捧。

詩詞文賦，都是反應時代背景的最好文獻。文人不經意的感世之作，民間不經意的傳唱詞句，就是當時生活的最真實寫照。范仲淹用他的《蘇幕遮》寫了他「酒入愁腸，化作相思淚」的羈旅鄉愁，而他的愁又豈止於此，實為天下民生發展犯愁。柳永在皇帝那裡不得賞識，情緒都化為溫柔鄉中的「豔科」，然這「豔科」豈止鶯鶯燕燕，實則把民間的生活寫了個遍，自己的鬱悶寫了個全。周邦彥的詞可以稱為「豔甲一方」，可他只欣賞美麗的女人嗎？蘇軾的詞間起起落落都是風波，把一個朝代政治震盪最嚴重的時期影射而出。岳飛、辛棄疾、陳亮，哪一個不是將才出身，詞作都透露出蓋世英豪對山河破碎的擔憂。

可以說，宋詞勾勒了趙氏王朝的夢，編入了無數騷客的喜怒哀愁，它是一個王朝的縮影，也是這個王朝文明中最璀璨的明珠。一部宋詞錄，就是一部簡明宋代史，它站在歷史長河的兩岸，靜靜看水流過，記載下一切水紋的變化。「**我花開罷百花殺**」，沒有了宋詞，宋王朝的一切文化沉澱在它的眼前恐怕都要失色了。

詞不是宋朝獨有，但在這個時期它卻大放光彩，與唐詩並稱雙絕，著實讓人驚歎。早在唐代，詞曲就曾經大為流行，而且成為帝王的娛樂生活。它本屬於音樂文學，其所配合的音樂即燕樂，又叫宴樂，是北周和隋以來由西域胡樂與民間里巷之曲相融而成的一種新型音樂，宴會和娛樂場所都會大肆地演奏，隋代開始流行，到唐代時已經形成氣候。詞本屬於市井小民，《敦煌曲子詞集》收錄的一六〇多首作品，幾乎都是從盛唐到唐末及五代的民間歌曲。它源於最普通的百姓生活，卻在晚唐五代時期被奉為文人之詞。

詞牌就是詞的格式，不像律詩只有四種格式，它大約有一千多種。有的詞牌就是樂曲本身的名稱，如《菩薩蠻》，據說是在唐代大中初年，女蠻國進貢，因她們梳著高髻，戴著金冠，滿身瓔珞，形如菩薩，所以當時的教坊依此譜成《菩薩蠻曲》。唐宣宗曾非常愛唱《菩薩蠻》，足見其在當時的流行程度。一些詞牌的名字來自於詞本身，像是《如夢令》，原名《憶仙姿》，後唐莊宗所寫的《憶仙姿》中有**「如夢，如夢，殘月落花煙重」**等句，李清照才將之改為如夢令。另外一些詞牌是詞曲的固定題目，例如《踏歌詞》詠的是舞蹈，《舞馬詞》詠的是舞馬，《漁歌子》詠的是打魚，《浪淘沙》詠的就是大浪淘沙。

這些名目繁多的詞牌，讓詞曲變得絢麗多彩，甚至一些不識字的百姓，也可以口口傳唱民間的詞兒，何必非要韻腳嚴格的詩呢。宋代的文人把詞的作用大大提升，它不是流行歌曲，更似一部部民謠和民殤，勾畫出宋代的婀娜身形。詞在這個時代被推到了文化的頂點，成為一個時代的縮影。可是，站到了高位或許也是它的不幸，它涵蓋了太多的殤。家國情懷、恩怨情仇、風花雪月……

許多當代的散文家、小說家，最喜以宋朝作為背景，那些花前月下、柳絮飄飛，那些塞外風流、疆場風波。這是一個安世，也是一個亂世，一切文化的高質內涵都被融入當世之人對這世事的評價，留給後人無盡地追憶。

【知識鏈結】

晏殊，字同叔，北宋前期婉約派詞人之一，撫州臨川文港鄉人。十四歲時就因才華洋溢而被朝廷賜為進士。之後到秘書省做正字，北宋仁宗即位之後，升官做了集賢殿學士，仁宗至和二年，六十五歲時過世。他生平著作相當豐富，計有文集一百四十卷，及刪次梁陳以下名臣述作為《集選》一百卷，一說刪併《世說新語》，主要作品有《珠玉詞》。

書法界的四大才子

所謂「文人」與「墨客」，就是一個作詩詞文賦，一個能寫能畫。宋朝的文人墨客數量太多，能說能寫的人到處皆是，街邊賣「名家」手筆的當然也多。

在電影《唐伯虎點秋香》中有一個情節：唐伯虎的字畫和書法，隨便幾筆，就價值萬兩，如果是名作，就要上百萬兩之多，甚至只有皇家才能收藏。所以唐伯虎的家丁一開門，扔出的廢紙簍都有人蜂擁而上一搶而空。

宋代書法大家有很多，他們的字畫雖然不至於像電影裡演得那麼搶手，但凡是懂點書法又喜歡收藏的人，看到他們的字，往往會垂涎三尺。飄若驚鴻，宛若游龍，逍遙往來，自在其中。上下翻飛，如若敦煌仙子，游於壁石之間，意欲乘風歸去，卻仍落入其中。古來能到達這個水準的人不多，偏偏宋代的幾位書法家，大多都能達此境界。

宋代有四大書法家「蘇、黃、米、蔡」，分別為蘇軾、黃庭堅、米芾、蔡襄。人品和字畫一樣，皆是響噹噹的。不過，關於蔡到底是誰卻有爭論，原來據聞當時的宰相蔡京的書法造詣甚高，「蔡」很可能指的是他，但是因為他的人品問題，使原屬於自己的美名落入蔡襄之手。

蔡京名聲之所以差，是因為他本是王安石變法的堅決擁護者和得力幹將，後來王安石變法失敗，他倒戈元祐黨人而打擊新黨。如此搖擺不定，所以被人所不齒。待宋徽宗即位後，蔡京利用了大宦官童貫的關係，以書畫的奇巧取悅了愛好風花雪月之事的徽宗，徽宗便拜其為太師，從此蔡京扶搖直上，封魯國公，權傾朝野。本來，蔡京有一著名的石刻在宮內太清樓，史稱《太清樓閣帖》，但也因他的人品不好，後人將該帖棄如敝屣。其實，蔡京的藝術天賦極高，素有才子之稱。當時的書法家米芾素來以狂傲聞名，但如此傲骨的他，對於蔡京也透露過佩服之語。

有一次，蔡京與米芾聊天，蔡京問米芾：「當今書法什麼人寫得最好？」米芾回答說：「從唐朝晚期的柳公權之後，就屬你和你的弟弟蔡卞了。」蔡京問：「其次呢？」米芾說：「當然是我。」蔡京的書法藝術有姿媚豪健、痛快沉著的特點，與保持著較多「古法」的蔡襄相比，蔡京的書法似乎更富有新意，也更能體現宋代「尚意」的書法美學觀。

關於這「蔡」的爭議有很多，大部分人都相信，蔡襄才是真正的大家，而蔡京是用權勢來獲得的美名。蔡襄生活在宋仁宗年間，算是書法界的老前輩，他的書法取法晉唐，講究古意與法度。其正楷端莊沉著，行書淳淡婉美，草書參用飛白，謂之「散草」，自成一體，精妙異常。宋仁宗曾捧著他的書法呆瞅數個時辰。黃庭堅曾說：「蘇子美、蔡君漠皆翰墨之豪傑。」稱讚的就是蘇軾和蔡襄。一個「蔡」姓屬誰的爭論，引發了後人無數的揣測，到底美名花落誰家，至今沒有定論。但終歸說明一件重要的事情，宋人既愛舞文，又愛弄墨。只看四大書法家，其書法的特點便各有千秋。

蘇軾的書法渾然天成，用他自己的話來說就是：「吾雖不善書，曉書莫如。苟能通其意，常謂不學可。貌妍容有矉，璧美何妨橢。端莊雜流麗，剛健含婀娜。」在他看來，書法最重要的是自然有新意，也就是應有神采和意態。蘇軾認為，書法如詩，一派適意逍遙遊，不拘一格、內涵豐富即是上乘。而黃庭堅以筆法勁健著稱，大開大合，像一杆長槍飛舞。不僅如此，他以其所崇尚的禪家理念來處理書法，禪定中有機鋒。

米芾縱逸飄灑的筆法自然不必說了，他本人天生不羈，書法自然也像他本人一樣，瀟灑無束。而蔡襄則是蘊藉，端莊穩重。四人乃書法大宗，字體各具儀態，說不上孰好孰壞，總之是書如其人。

宋代的書法藝術是中國書法史上變革和創新最繁盛的時代的產物，各類字體在此時發生了許多變化，叫人很難不為它的清奇、靈動、新鮮感到驚喜。作書法如作詩，作詩如做人，清新自然則不俗，方圓有度而不濁，可是作書法容易，作詩容易，做人可就難了，而做一個才華橫溢，身世清白的歷史人物則更難了。

【知識鏈結】

黃庭堅（一〇四五—一一〇五），字魯直，自號山谷道人，晚號涪翁，又稱豫章黃先生，洪州分寧（今江西修水）人。北宋詩人、詞人、書法家，為盛極一時的江西詩派開山之祖，而且，他與杜甫、陳師道和陳與義合稱「一祖三宗」（黃為其中一宗）。詩歌方面，他與蘇軾並稱為「蘇黃」；書法方面為

「宋代四大家」之一；詞作方面，曾經與秦觀並稱「秦黃」。

米芾，中國北宋書法家，畫家，書畫理論家，世號「米癲」。書畫自成一家，精於鑒別書畫。曾任校書郎、書畫博士、禮部員外郎。善詩，工書法，擅篆、隸、楷、行、草等書體，長於臨摹古人書法，達到亂真程度。

蔡襄（一〇一二—一〇六七），字君謨，宋代書法家、建築家。先後在宋朝中央政府擔任過館閣校勘、知諫院、直史館、知制誥、龍圖閣直學士、樞密院直學士、翰林學士、三司使、端明殿學士等職，出任福建路轉運使，知泉州、福州、開封和杭州府事。卒贈禮部侍郎，謚號忠。主持建造了中國現存年代最早的跨海梁式大石橋泉州洛陽。其書法，以渾厚端莊，淳淡婉美，自成一體。

巾幗不讓鬚眉

「生當作人傑，死亦為鬼雄。至今思項羽，不肯過江東。」身處南宋，卻時刻思憶北宋。在兩宋交接時期，國家興亡最關鍵的時刻，在詩詞的國度裡，站出來一位女性，發出了比男性更加富有氣概的呼聲——生就要做人中之龍鳳，死也要做鬼中的英雄。

李清照，號易安居士，身為女兒之身，出於大家之中，卻在北國生亂、南國初開中顛沛流離一生。早年生活的優裕幸福，使李清照不僅工書能文，而且通曉音律，在寫詞方面也有很深的造詣。晏殊、柳永、周邦彥、秦觀寫了那麼多女子深閨詞話，卻不如李清照一句發自女子內心深處的情感語言來得更真實。

常記溪亭日暮，沉醉不知歸路。興盡晚回舟，誤入藕花深處。爭渡，爭渡，驚起一灘鷗鷺。——《如夢令》

酒醉、花美，清新別致，盛放的荷花叢深處有一葉扁舟搖盪，舟上是遊興未盡的少年才女，這優美怡人的場景讓人覺得意猶未盡。這是一個時代的嫵媚，即便此時北宋國如風中殘燭，但是社會的經濟狀況卻依然在自我增值。李清照在寫她女性心聲時，似乎特別喜歡《如夢令》這個詞牌，上面是一首千古佳作，下面也是一首萬人頌揚佳作，而且形象飽滿，情真意切。

昨夜雨疏風驟，濃睡不消殘酒。試問捲簾人，卻道海棠依舊？知否？知否？應是綠肥紅瘦。

芳春時分，名花正好，偏那風雨就來逼迫了，心緒如潮，不得入睡，只有借酒消愁。酒吃得多了，覺也睡得濃了。結果一覺醒來，天已大亮。但昨夜之心情，已然不同，所以一起身便詢問侍女：「海棠花怎麼樣了？」侍女笑回：「一夜風雨，海棠一點兒沒變！」女主人聽了嗔道：「你可知道那海棠花叢已是紅的見少，綠的見多！」

閨中少女，可以喝得微醺暢遊溪水，可以睡夢方醒關心著海棠花，她愛生活，也有纏綿悱惻、純真誠摯的愛情。李清照也用她的前半生，書寫了一段愛情經典。她的情路不是同歸於盡的羅密歐與茱麗葉，也不是相思成狂的梁山伯與祝英台，沒有千難萬阻，生離死別，而是一開始就跌進了柔情蜜意。她的夫婿趙明誠是一位翩翩少年，兩人又是文學知己，情投意合。趙明誠的父親也在朝為官，兩家門當戶對。更難得的是他們二人除一般文人詩詞琴棋的雅興外，還有更相投的事業結合點——金石研究（考古），可謂郎情妾意。在不准自由戀愛，要靠媒妁之言、父母之意的時代，二人能有如此愛情蜜果，實乃天賜良緣。陸游留下《釵頭鳳》的遺世淒清，而李清照留給後人的是無限的愛情甜美。然而，幸福來得太早也是不幸，北國兩位皇帝被擄，國土淪陷，李清照與丈夫南渡，過著顛沛流離、淒涼愁苦的生活。本就滿懷對國破家亡的感傷，恰此時趙明誠病死，李清照一時之間悲痛欲絕，生活境遇日漸孤苦。一個失去了家、失去了夫君的女人，卻沒有被打倒，她的代表巔峰詞作《漱玉集》橫空出世於南國。

「尋尋覓覓、冷冷清清、淒淒慘慘戚戚。」《聲聲慢》中的悲苦無告，在天涯間遊走，一面說著自己的無依，一面也透露了北方難民失去國與家的共同心情，現實的情感在她的詞作中表露無遺。

李清照的詞，婉約中不失氣節，在她的筆下，愛國詞不避豪情千百丈，不必急聲呼告，只消幾個清清淡淡的字眼，就足以訴說慘澹和悲憤。很多人說，李清照的《烏江》，把堅決抗金的態度表露無遺，詩中熊熊燃燒的奮戰烈火，絕不亞於任何豪放詞人抑或愛國詩人。李清照似乎把她所有的肝膽留給詩作，而詞作卻沒有分得一份豪情。**「國家不幸詩家幸，賦到滄桑句便工。」**南唐的衰亡孕育了李後主，北宋的滅亡也造就了李清照。清人沈謙在《填詞雜說》中言之切切：「男中李後主，女中李易安，極是當行本色。」

自古有「女子無才便是德」的說法，女人有才便是罪，但在宋代，不僅「當時風尚，婦女皆知愛才」，而且在她們當中湧現的人才也有不少。朱熹曾言：「本朝婦人能文，只有李易安與魏夫人。」魏夫人是宋徽宗的宰相曾布之妻，但從二人的詞作上，魏夫人無疑要遠遜李清照。

「花自飄零水自流，一種相思，兩處閒愁。」思念啊，才剛剛從眉頭「落」下來，卻又進入了心頭，縈繞不絕。再一看，人竟也比那黃花瘦了一圈。從前是思夫，如今再翻看，思的哪只有夫君呢，更是國啊！

在古代文學銀河中，燦若晨星的女作家之中，李清照是最傑出的代表。她以平民之身，思公卿之責，念國家大事；以女人之身，求人格平行，愛情之尊。無論對待政事、學業還是愛情、婚姻，她絕不隨波，絕不逐流。她有超越時空的孤獨和無法解脫的悲哀，也正是這一切，成就了這個獨一無二的女人。

【知識鏈結】

李清照（一〇八四—一一五五），宋代女詞人，婉約詞派代表，號易安居士。早期生活優裕，與夫趙明誠共同致力於書畫金石的搜集整理。金兵入據中原時，流寓南方，境遇淒苦。形式上善用白描手法，自闢途徑，語言清麗。論詞強調協律，崇尚典雅，提出詞「別是一家」之說，反對以作詩文之法作詞。

歌舞達旦的西湖

「畢竟西湖六月中，風光不與四時同。接天蓮葉無窮碧，映日荷花別樣紅。」楊萬里在寫六月西湖的時候，恐怕不是想著如何去修飾西湖的美景，而是思考如何才能把美景說盡。西湖是一首詩，一幅畫，一個美麗動人的故事。

陽春三月，鶯飛草長，蘇白兩堤，桃柳夾岸；秋霜月下，掩映三潭；冬雨浩渺，細水樓台。水波瀲灩，遊船點點，遠處山色空濛，青黛含翠，偶見高塔，如臨仙境。早在一千年以前，杭州與西湖就已經無限風光了。馬可・波羅將已經破敗的杭州描寫出來之後傳到歐洲，仍然引來西方人的淘金熱，足見杭州有多富有、風景有多花豔。西湖，就是臨安最為亮麗的明珠。

相傳南宋時期，西湖奇景引來無數遊人，格外熱鬧。當年西湖名景甚多，不可勝數，官宦遊人為了一表西湖之盛，「冊封」十處景觀為美景之至，包括蘇堤春曉、曲苑風荷、平湖秋月、斷橋殘雪、柳浪聞鶯、花港觀魚、雷峰夕照、雙峰插雲、南屏晚鐘、三潭印月。十景各擅其勝，組合在一起又能代表古代西湖勝景精華。清代學者陸以湉在隨筆漫錄《冷廬雜識》中稱讚：「天下西湖三十又六，惟杭州最著。」也就告訴人們，各地叫「西湖」這個名的湖有很多，但杭州的西湖是哪裡也不能比擬的。宋代學者吳自牧為了記錄南宋都城臨安城市風貌，寫下一本《夢粱錄》，其中稱讚西湖：「春則花柳爭妍，夏則荷榴競放，秋則桂子飄香，冬則梅花破玉，瑞雪飛瑤。四時之景不同，而賞心樂事者亦與之無窮矣。」此等良辰美景，若是不來看看，就妄活一世了。所以，宋朝的皇帝們也喜歡到此處遊賞。

據聞南宋淳熙年間，皇帝到西湖遊覽，乘坐大龍舟遊湖，各司各府均乘坐大船舫跟隨在後，一時之間，整個湖面上百十來艘船，格外熱鬧。皇帝並不喜歡這種官家的排場，更傾向於與民同遊同樂，於是命令西湖邊做生意的百姓不得走避，買賣照常進行，可以無所顧忌。所以即便帝王出巡，西湖邊上也一樣到處可見買賣果蔬羹酒、戲具、花籃、畫扇、彩旗、魚給、胭脂水粉、花、泥娃娃、糖人、風箏、飾品，總之能想到的生活用品和娛樂事物，目不暇給，無所不有。偶爾還有歌舞伎表演，吹拉彈唱、起舞弄水，西湖三堤上還常有投壺、蹴鞠等遊戲提供。史載皇帝最喜歡到西湖名景中的先賢堂、三聖堂、四聖觀等處，然後找個有名的小店，吃點西湖醋魚等美食，飽餐一頓之後打道回宮。這是皇帝的娛樂生活，對於百姓來說也是一種娛樂，畢竟皇帝是很難見到的，所以百姓們都會爭相觀望，把皇帝當成稀世珍寶，即便站在酒旗杆、趴房頂，也要看看，到處都是令人捧腹的好笑場景。

說到西湖，就不得不提錢塘江。錢塘江過杭州而不急，西湖恰恰就是錢塘之水憋壩而成。人們圍湖造景，才使得當地如此漂亮。錢塘大潮更是享譽中外。古時的錢塘江從富陽鸛山入海河口只有一般的潮汐漲落，天長日久，北面的長江從上游挾帶泥沙在杭州灣北岸形成太湖沖積平原，與相對穩定的南岸形成獨特的河口形狀，使得每日的潮汐中有更多的海水匯入杭州灣，推動灣口附近泥沙向灣內移動，形成沙壩。每每天體變動，引出大潮，潮波進入灣口遇到沙壩阻礙，便湧出水面，滾滾向前，數公尺之高，驚濤駭浪間海市蜃樓隱見，奇景出。當真是「滔天濁浪排空來，翻江倒海山為摧」。錢塘江大潮白天有波瀾壯闊的氣勢，晚上有詩情畫意的境界。觀潮是一種意趣，聽潮是一種修養。所以才有人說：「錢塘郭裡看潮人，直到白頭看不足。」

大文豪蘇軾在觀潮之後，禁不住震撼，寫下一首《瑞鷓鴣》：「碧山影裡小紅旗，儂是江南踏浪兒。拍手欲嘲山簡醉，齊聲爭唱浪婆詞。西興渡口帆初落，漁浦山頭日未攲。儂欲送潮歌底曲，尊前還唱使君詩。」

西湖與錢塘江大潮不過是宋代美景的一隅，我們卻能透過瞭解宋人的生活狀態。無論是當世人的詩詞還是有關宋代城市生活的記載，都表現了一種熱鬧繁榮的景象，而非晚景淒涼，所以後人才說，宋人是歷朝歷代最會玩樂和享受生活的人，從皇帝到百姓，都存在不知歌舞幾時休的惰性。不過以東京（今開封）之繁華、臨安（今杭州）之勝景，此等能令人擁有極端消費欲望的城市，也難免叫人享樂，這是宋代的一喜，也是一悲。不過人們愛宋朝，可能也是愛在此處吧！

【知識鏈結】

《夢粱錄》，這是一本吳自牧介紹南宋都城臨安城市風貌的著作。該書仿效《東京夢華錄》體例，記載南宋臨安的郊廟、宮殿、山川、人物、市肆、物產、戶口、風俗、百工、雜戲和寺觀、學校等，為瞭解南宋城市經濟活動，手工業、商業發展情況，市民的經濟文化生活，特別是都城的面貌，提供了較豐富的史料。書中妓樂、百戲伎藝、角觝、小說講經史諸節，為宋代文藝的珍貴資料。

偉大的改進：活字印刷術

一九六五年二月，在時光隧道裡漂泊了近一千年的《佛說觀無量壽佛經》殘頁在浙江省溫州市郊白象塔內露出了斑駁的面孔，在專家的鑒定下，幾乎已看不清的殘頁被認為是北宋的活字印刷本。對照了同處發現的宋徽宗崇寧二年（一一〇三）墨書《寫經緣起》的殘頁，認為此經很可能是與之同年或相近年代的刊印，而殘頁成為最早見證畢昇活字印刷術的歷史遺物。

在活字印刷術尚未發明之前，出版一本書籍是一件費時費力的事情。大部分的書要花費幾年的時間，存放版片又要佔用很大的地方，有時候還沒有等發揮完作用，版片已經被蛀蟲「消化」了。如果遇到印量少而不需要重印的書，版片只能作廢。不但如此，版片上一字錯，整版都要作廢，成本大大地加大。隨著社會對書籍的需求增加，資訊流量與流速都在加快，老式印刷辦法已經逐漸脫離時代。尤其到了宋代，印刷業更加發達，全國上下忙著出書刻書。成都印《大藏經》，刻板十三萬塊；國子監印經史方面的書籍，刻板十多萬塊。文化的交流和商業的興起，人們的溝通量和閱讀量大增，光宋朝雕版印刷的書籍，現在知道的就有七百多種。

需求量的增大暴露出許多商業問題，一方面出版商忙得不可開交，供稿方又一再催書。一本書有時需要推遲數年才能「首刷」，本來在當時代應該可以成為「暢銷書」，但時間一拖，連「暢銷書」的邊兒都搭不上。而畢昇的閃亮登台，解決了這個問題。

畢昇發明了「活」字印刷，也就是每個字都有印章，可隨時拼版，印完後，可以把版拆卸下來，活字可重複使用，而且活字比雕版佔用的空間小，容易存儲和保管。畢昇大大提高了印刷術的進步，同時也引領了宋王朝的科技風尚。一些歐洲人曾經把活字印刷術歸功於一個叫古騰堡的德國人，但那是一四四〇到一四四八年間的事，比畢昇發明膠泥活字印刷術整整晚了四〇〇年。

台灣學者孫隆基曾說：「宋代中國是前現代的『高科技』之家：造紙、印刷、火藥、羅盤雖然多發明於前代，但至宋代成為大規模製造業。在這段期間，中國與回教世界是世界文明的兩個頂峰，文教和科技發達。」宋王朝向世人展現的不只是高超的印刷術，也不只是四大發明在這個時期改良得有多麼好，而是一個全方位科學文化發展的蓬勃盛世。這一切，都在沈括的「夢筆」之下，開出了燦爛之花。

沈括本是王安石變法的支持者，受到王安石的信任和器重，擔任過管理全國財政的最高長官三司使等許多重要官職。一人失勢，「全家」遭殃。王變法失敗後，沈括受到連累，晚年的沈括躲到潤州（今江蘇鎮江）的夢溪園裡閒居，閒來無事把自己的科學實踐與平生見聞整理一下，著成了《夢溪筆談》，可以說這是記載宋朝的一部百科全書。

《夢溪筆談・技藝》正確詳載了「布衣畢昇」發明的泥活字印刷術，成為世界上最早關於活字印刷的可靠史料，深受國際文化史界的重視。還詳載了許多重大科技發明和重要人物，涉及天文、數學、物理、化學、生物、地質、地理、氣象、醫藥、農學、工程技術、文學、史事、音樂與美術等多個領域。

沈括本人也是天文地理樣樣知的人。他在觀察的基礎上提出了新的天文曆法理論。熙寧七年（一〇七四），他向朝廷奉上《渾儀》、《浮漏》、《景表》三議。

《渾儀》指出前人天文測量儀器渾天儀的不合理性，還提出製造新儀的方案。《浮漏》討論觀測時刻的銅壺滴漏，《景表》討論觀測正午時太陽影子的設備，針對這兩樣的錯誤，都提出了新的解決方案。沈括是中國第一個發現指南針並非指正南、而是略偏東的人。其實他地處中國東部，而地磁的偏角不過二、三度而已，卻能讓他一眼看出，非同凡響。也許王安石的熙寧變法沒有成功讓許多積極份子大失所望，但它就像姜太公的一杆釣竿上所繫的無勾之鉤，讓一大批出色的文人才士跳出了政治染缸，自動咬鉤而出，看到一個新的世界。

《夢溪筆談》是北宋王朝科技發展的縮影，也是宋代人們思想之花處處開的情景繪本，但它不是一個王朝科技成果的全部。韓公廉等人製造的水運儀象台，蘇頌的《新儀象法要》、王懷隱主編的《太平聖惠方》、賈黃中等編纂的《神醫普救方》、《開寶本草》、《嘉本草》、《大觀本草》、《政和本草》，同樣見證了宋朝天文、醫藥的發展。

硝煙四起，烽火沖天，戰場上灼燒的火藥所閃耀的光芒照亮了宋王朝的身影。海上指南針給這艘龐大的航船指明了遠航的方向，明代鄭和七下西洋的雄風正是從這時刮起的，雖然看不到威揚四海的壯舉，但已聽到了四百年後激蕩的浪濤聲。

【知識鏈結】

畢昇（又作畢晟，約九七〇—一〇五一），中國發明家，發明活字版印刷術。畢昇發明泥活字印刷術，被認為是世界上最早的活字印刷技術。宋朝的沈括所著的《夢溪筆談》記載了畢昇的活字印刷術。

佛教王朝

莊子夢蝶把道家的思想推到了極致，而漢明帝劉莊的一個「仙人夢」，把佛教「夢」到了中國。兩匹白馬馱著來自印度的佛經，萬水千山到了洛陽，終在白馬寺前「立地成佛」。自此，佛教在中土大為興盛，雖然經歷了唐武宗、周世宗兩度毀滅性的滅佛打擊，可是佛教終於成功地與儒學和本土的道家相容，在宋代形成了三教合流的趨勢，成為統治者治國的思想。

蘇軾在《懷西湖寄晁美叔同年》詩中有云：「獨專山水樂，付與寧非天。三百六十寺，幽尋遂窮年。」煙波浩渺的宋王朝，佛教寧靜致遠的氛圍給了許多人以心靈的安慰，特別是物質發達的社會境況，讓人們更加注重求神拜佛等業餘生活，因而寺廟林立就不足為奇了。

另一個原因就是，宋代的佛教已經世俗化，原因在於早先的佛教宗旨是不拜父母、不拜君王，只拜佛祖，這一點讓為君者甚為不爽，在宋初時，太祖趙匡胤就曾因這一點，過寺而不拜。後來，為了讓佛教廣為流傳，便開始拜君，佛教因此而普及於世。佛教和佛寺在當時已經不是一種精神領袖和政治統治的象徵，顯然成了一種時代風尚。

北宋東京的佛寺中，尤以相國寺、開寶寺、天清寺、太平興國寺為群寺之首。其中，相國寺幾乎可以稱為「皇家寺院」，現代大多數古裝電視劇，凡是以宋代為背景，少不了要提一提這座寺廟。它的每一屆主持都是由朝廷詔任。每年的正月十四皇家燒香時候，相國寺是必到之處。不但如此，什麼科舉中的、朝廷搞什麼活動，都要來相國寺拜拜。相國寺翻修的時候，朝廷都會增派大量的工程師和丹青好手來為其添磚加瓦、添彩增色。一些史書中記載：相國寺東壁有一幅阿育王及戰士所乘的鹿馬，栩栩如生，是宋代當時著名丹青畫家高益的手筆。一座寺廟不但留下帝王家的滿身「靈氣」和足跡，還有許多大家留下自己的筆墨，供人觀賞，相國寺恐怕已經不是一座寺廟這麼簡單，更成為當代文明的象徵。除了相國寺外，開寶寺也極為有名，它被譽為寺廟的「天下之冠」，金碧輝煌，後來雖被焚毀，但人們又用琉璃重建磚塔，今日在開封可見的鐵塔，便是開寶寺的後身了。

南宋的寺廟興建更為興旺。「南朝四百八十寺，多少樓台煙雨中」，杜牧不經意地感歎，道出了臨安一代寺廟之多，佛教文化之盛。位於杭州西湖西北飛來峰間的靈隱寺，乃千古名剎。周圍兩峰對峙，林木聳秀，深山古寺，雲煙嫋嫋，仿佛置身雲端，身在其中，若出其外。相傳東晉年間，印度僧人慧理來到杭州，看到這裡山峰奇秀，認為是「仙靈所隱」，所以就在這裡建寺，取名「靈隱」。靈隱寺至今猶在，它能遺留一六〇〇多年之久，實在讓人驚歎。

有趣的是，宋代的寺廟不但是宗教場所，還是交易場所和市井小民的文化娛樂場所。佛門本是清淨地，本應悄無聲息或禪唱語嗡嗡作響，可宋代的寺廟前卻常有雜耍。有市井小民開玩笑：「相國寺前，熊翻筋斗；望春門外，驢舞柘枝。」由此可見，相國寺前經常有雜耍表演，這種雜耍並非對佛門的不敬，據聞宋神宗時期，皇帝壽誕，天下的寺廟不但要為皇帝上香，還要安排戲劇上演。有時候，一些趕考落第的人遇這種排場，時常觀看，順便看看能不能遇到什麼大才子大賢士出訪，順便引薦自己。人言佛祖佛心，不阻人家的官路，當然也不拆姻緣，所以宋代的話本、小說等，都喜歡把寺廟作為男女結緣的一個「套路式」場所。

宋代流行一時的小傳《鴛鴦燈傳》記載：有一戶貴族出遊，在慈孝寺前停車。有一個美麗的少女走下來，來到了廟裡，從懷中掏出一個錦囊握在手中，向佛祖拜了又拜，然後出門登車，順手把錦囊拋到地上。這時候有一個叫張生的俊美公子，撿到了這副錦囊，看到裡面有紅帕，寫著：「如果有情人得到此物，如不相忘，願與妾身見面，就在第二年的元夜來到相府後門等著，車前掛鴛鴦燈以示。」因燒香拜佛而發生的男女情愛故事，成了宋代「劇作家」必寫的情節之一，同時也可以看出，佛寺已不是被束之高閣、遠離塵囂、神聖不可侵犯，而成為最為貼近百姓生活的文化場所。佛寺與佛教被善男信女們親近，是因其強調眾生皆平等、行善便積德、苦楚即是樂的宗旨吸引人，可讓人心淨神寧。而士大夫、文人墨客們對其表示親近，也是因為佛家所宣揚的佛旨符合他們的心境。

著名文人嚴滄浪在《詩辨》中說：「大抵禪道惟在妙悟，詩道亦在妙悟。」蘇軾的「橫看成嶺側成峰，遠近高低各不同。不識廬山真面目，只緣身在此山中」一詩，充滿了佛家的禪機，能不能理解其中奧秘，就在於各人的領悟程度，不同的人所體會到的境界應是大不相同。

秦觀在《雨中花》中寫道：「重重觀閣，橫枕鼇峰，水面倒銜蒼石。隨處有、寄香幽火，杳然難測。」這段話所描寫的山水杳然，幽火難測，充滿了清苦之意。悟得悟不得，就像男女的情愛，講究一個「緣」字。官場不得志的文人墨客從佛那裡找到了平和心境的方法，落第的文人從佛寺前找到了舉於世的機會，癡男怨女在佛祖面前求到了姻緣，而市井小民則是在佛寺前獲得樂趣。佛教，在宋朝時期就是如此受人青睞。

【知識鏈結】

相國寺，現在位於河南開封市自由路西段，原為戰國時魏公子信陵君故宅。禪宗勝地，在中國佛教史上佔有重要地位。北齊天寶六年（五五五）始建相國寺。整個建築保持著清代風格，古色古香，金碧輝煌。

汲古閣 21

一讀就停不下來的

大宋史

作者	劉觀其
美術構成	騾賴耙工作室
封面設計	九角文化/設計
發行人	羅清維
企劃執行	張緯倫、林義傑
責任行政	陳淑貞
企劃出版	海鴿文化
出版登記	行政院新聞局局版北市業字第780號
發行部	台北市信義區林口街54-4號1樓
電話	02-2727-3008
傳真	02-2727-0603
E-mail	seadove.book@msa.hinet.net
總經銷	知遠文化事業有限公司
地址	新北市深坑區北深路三段155巷25號5樓
電話	02-2664-8800
傳真	02-2664-8801
香港總經銷	和平圖書有限公司
地址	香港柴灣嘉業街12號百樂門大廈17樓
電話	（852）2804-6687
傳真	（852）2804-6409
CVS總代理	美璟文化有限公司
電話	02-2723-9968
E-mail	net@uth.com.tw
出版日期	2023年10月01日　三版一刷
定價	380元
郵政劃撥	18989626　戶名：海鴿文化出版圖書有限公司

國家圖書館出版品預行編目（CIP）資料

一讀就停不下來的大宋史 ／ 劉觀其作.
-- 三版. -- 臺北市 ： 海鴿文化，2023.05
面 ； 公分. --（汲古閣；21）
ISBN 978-986-392-489-0（平裝）

1. 宋史 2. 通俗史話

625.109　　112003968

SeaEagle

SeaEagle

SeaEagle

SeaEagle